Das Spiel der Gegensätze

Sven-Eric Liedman, geb. 1939, ist Professor für Ideen- und Wissenschaftsgeschichte an der Universität Göteborg.

Sven-Eric Liedman

Das Spiel der Gegensätze

Friedrich Engels' Philosophie und
die Wissenschaften des 19. Jahrhunderts

Campus Verlag
Frankfurt/New York

Die schwedische Originalausgabe dieses Buches erschien 1977 beim Bo Cavefors Bokförlag unter dem Titel *Motsatsernas Spel*. Copyright 1977 © Sven-Eric Liedman.

Für die deutsche Ausgabe wurde der Text vom Autor auf etwa ein Drittel des ursprünglichen Umfangs gekürzt.

Übersetzt und gedruckt mit Unterstützung des Schwedischen Forschungsrats für Humaniora und Gesellschaftswissenschaften.

Übersetzung aus dem Schwedischen von Gertie und Michael Tabukasch.

CIP-Kurztitelaufnahme der Deutschen Bibliothek

Liedman, Sven-Eric:
Das Spiel der Gegensätze : Friedrich Engels'
Philosophie u.d. Wiss. d. 19. Jh. / Sven-Eric
Liedman. [Übers. aus d. Schwed. von Gertie u.
Michael Tabukasch]. — Gekürzte Ausg. —
Frankfurt (Main) ; New York : Campus-Verlag,
1986.
   Einheitssacht.: Motsatsernas spel <dt.>
   ISBN 3-593-33417-8

Inhalt

Vorwort zur deutschen Ausgabe

Die erste schwedische Auflage vom *Spiel der Gegensätze* erschien 1977. Sie belief sich auf 738 Seiten. Die zweite Auflage (1983) wurde etwas gekürzt. Die vorliegende deutsche Übersetzung umfaßt lediglich ein Drittel des ursprünglichen Textes. Ich hoffe und glaube dennoch, daß die wesentlichen Thesen bewahrt wurden.

Meine Hauptabsicht mit diesem Buch ist eine historische Rekonstruktion des Philosophen Engels, wie er vor allem im *Anti-Dühring*, in der *Dialektik der Natur* und im *Ludwig Feuerbach* hervortritt. Ich habe dabei vor allem versucht, die zwei großen Fehlinterpretationen, denen Engels rezeptionsgeschichtlich unterliegt, so effektiv wie möglich zu widerlegen. Die erste Position sieht in ihm ein ,Abziehbild' von Marx, jemanden, der dessen Grundeinstellung in allem teilte und der es verstand, sie auf einigen Gebieten, mit denen Marx sich nicht befassen konnte, harmonisch zu entwickeln. In diesem Geist habe Engels das, was Plechanov den dialektischen Materialismus nennen sollte, geschaffen. Dies ist die orthodoxe Auffassung, die nicht schon deshalb wahrer wird, weil sie sich auf einschlägige Äußerungen von Engels selber berufen kann.

Der zweiten Position zufolge besteht zwischen Marx' und Engels' wissenschaftlichen und philosophischen Ausgangspunkten fast gar keine Verbindung. Zumindest aber stehe jener Typus allgemeiner Dialektik, die Engels in seinen späteren Schriften skizziert, inhaltlich beinahe völlig im Gegensatz zu den Implikationen des *Kapital* und der *Grundrisse*. Engels wird in dieser Vorstellungswelt gerne als der böse Genius des Marxismus dargestellt, der diesen endgültig auf jene Irrwege gelenkt habe, die zum Stalinismus und zum sowjetischen Imperialismus führen.

Meine Absicht ist zu zeigen, daß Engels in wesentlichen Abschnitten an Themen anknüpft, die auch für Marx absolut zentral waren. Er versucht dessen Gedankengänge und theoretische Ansätze selbständig weiterzuentwickeln. In bestimmten Bereichen ist er damit erfolgreich, sogar sehr erfolgreich. Sein Gerüst eines *irreduktiven Materialismus* steht nicht nur in Einklang mit entsprechenden Andeutungen bei Marx, sondern wir sollten gerade heute in einer Zeit neuen Wissens, neuer Erfahrungen, aber auch neuer quasireligiöser Frömmigkeit versuchen, dieses Konzept weiterzuentwickeln. Ich meine, daß dieser irreduktive Materialismus einen überzeugenden Interpretationsrahmen für den Geschichtsmaterialismus im engeren Sinne liefert. Für Marx ist es ein zentrales Argument, daß der historische Verlauf qualitativ gesehen diskontinuierlich ist. Die vorkapitalistischen Produktionsweisen waren keine embryonalen Vorstadien des Kapitalismus, sondern wesentlich von ihm verschieden. Der Kapitalismus entwickelte sich zwar „naturwüchsig" aus der feudalen Produktionsweise, aber er beinhaltet etwas, das nicht vorausgesehen oder aus seinen Voraussetzungen deduziert werden konnte. Dies ist ein im Grunde irreduktiver Gedankengang. Er kommt in der Kritik des utopischen Sozialismus (der die sozialistische Gesellschaft lediglich als eine quantitative Weiterentwicklung der kapitalistischen ansieht) und in vielen anderen Gebieten, einschließlich des politischen, wieder vor. Er taucht, was ich in meinem Buch zu zeigen versuche, wie selbstverständlich auf, als die Darwinsche Evolutionsbiologie die Frage nach dem Ursprung der gesamten menschlichen Geschichte stellt. Dies ist offenbar Engels' und Marx' gemeinsames Problem: Wie kann man gleichzeitig behaupten, daß die Menschen ein vollständig natürliches Ergebnis der biologischen Evolution seien und daß die menschliche Geschichte keiner biologistischen Betrachtungsweise untergeordnet werden könne?

Allerdings vermochte Engels nicht, den irreduktiven Materialismus konsequent auszuarbeiten. Ich unterscheide zwei weitere Tendenzen in seinem Werk, zwei Tendenzen, die in hohem Grade seine philosophischen Schriften prägen. Die eine ist unverdaut hegelsch, die andere positivistisch und mechanistisch im Geiste des späten 19. Jh.s (vgl. Kap. 8). Die positivistische Tendenz erreicht ihren Höhepunkt mit der unsinnigen These von den drei dialektischen Gesetzen. Diese These, die eine so schicksalhafte Rolle in der späteren Geschichte des Marxismus spielte, hat, wie ich hier zeigen kann, in Engels' eigenem Werk sowohl einen überraschenden Ursprung als auch eine zweifelhafte Stellung.

In diese deutsche Ausgabe habe ich soweit wie möglich die detaillierte Rekonstruktion von Engels' dialektischem Materialismus aufgenommen. Ein sehr umfangreicher Teil — eine Übersicht über die Wissenschaften des 19. Jh.s von der Mechanik bis hin zur Geschichtsschreibung — mußte hingegen herausgenommen werden. Im Original folgte dieser Teil auf Kapitel 4. Er wird zu Beginn des 5. Kapitels äußerst knapp zusammengefaßt, um immerhin zu verdeutlichen, daß sich die wissenschaftsgeschichtliche Entwicklung des 19. Jh.s als ständiger Konflikt zwischen Spezialisierung und Systembildung darstellt. Die Spezialisierung führte zu einer Vertiefung, praktischen Anwendbarkeit und empirischem Reichtum — aber sie wirkte sich auch beschränkend aus. Der Systemkonstruktion fehlten die Tugenden der Spezialisierung; sie versprach statt dessen einen Überblick und die Anwendbarkeit des wissenschaftlichen Wissens im Kampf zwischen den Ideologien. Wissenschaftlicher Fortschritt war damit keineswegs eindeutig: Er konnte entweder eine zunehmende praktische Beherrschung aller Erfahrungswelten oder eine verwissenschaftlichende Fragmentarisierung menschlicher Anschauung bedeuten. Marx und Engels waren in diesen Konflikt mit seinen unmittelbaren sozialen Konsequenzen verwickelt. Im *Anti-Dühring* und der *Dialektik der Natur* skizziert Engels u. a. ein wissenschaftliches System, das zugleich ein Anti-System sein sollte. Ich hoffe, daß, obwohl eine Übersicht der Wissenschaften des 19. Jh.s hier fehlt, dieser Hintergrund deutlich genug umrissen ist. Es fehlen in dieser Ausgabe ferner einige abschließende Kapitel, in denen ich Engels' Werk in eine umfassendere soziologische und ideologische Perspektive zu stellen versuchte. Hier schließe ich mit der Analyse von Engels' eigenen Texten, mit der Zergliederung ihrer Struktur.

Ich bin erfreut, daß diese Übersetzung zustandegekommen ist. Dies geschah dank des Wohlwollens des Campus Verlags und des Humanistisch-Gesellschaftswissenschaftlichen Forschungsrates in Stockholm. Nicht zuletzt will ich meinen Übersetzern, Gertie und Michael Tabukasch, danken. Michael Tabukasch war derjenige, der die Initiative zur Übersetzung ergriff und der sie sodann geduldig und verdienstvoll aufgrund seiner ausgezeichneten Kenntnisse sowohl der schwedischen Sprache als auch der marxistischen Theorie und Geschichte ausführte.

Göteborg, den 26. März 1984
Sven-Eric Liedman

Einleitung

1. Der Brief

„Heute morgen im Bett ist mir folgendes Dialektische über die Naturwissenschaften in den Kopf gekommen ..." So leitet Friedrich Engels einen vom 30. Mai 1873 datierten Brief ein (MEW 33, S. 80). Er ist an Karl Marx adressiert. Engels wohnt schon seit drei Jahren in London; Marx ist vorübergehend in Manchester, um einen Arzt aufzusuchen, und wird in einigen Tagen wieder nach London zurückkehren (MEW 33, S. 724, Fn. 98). Die Mitteilung ist allem Anschein nach dringend, sonst hätte er diesen Brief nicht geschrieben, sondern Marx' Rückkehr abgewartet.

Es ist offensichtlich, daß er Marx derartige Ideen während ihres fast täglichen Zusammenseins in den vorangegangenen Jahren nicht enthüllt hat. Die Antwort, die er umgehend erhält, deutet auch auf eine gewisse Überraschung oder zumindest Unsicherheit hin. „Dein Brief (hat) mich sehr erbaut", schreibt Marx. Aber er wagt kein Urteil zu fällen, bevor er nicht die „Autoritäten" (die Anführungszeichen sind seine eigenen) um Rat gefragt hat (MEW 33, S. 82). Mit diesen Autoritäten sind offenbar zwei Männer aus Manchester gemeint — Samuel Moore, Jurist und Mathematiker, und Carl Schorlemmer, bedeutender Chemiker. Beide haben die gleichen politischen Ansichten und sind enge Freunde von Marx und Engels.

Während Marx seinen Antwortbrief schreibt — einen Brief, der von allem anderen als von der Dialektik der Naturwissenschaften handelt — erscheint Schorlemmer, der somit an Engels' Gedanken teilnehmen kann. Er „erklärt sich im wesentlichen ganz mit Dir einverstanden", berichtet Marx (MEW 33, S. 84).

Schorlemmer hat einige Bemerkungen zu Engels' Brief gemacht. Es sind Zustimmungen wie z. B. „ganz richtig", „sehr gut; meine eigene Ansicht" (MEW 33, S. 80 f.). Es überrascht nicht sonderlich, daß Engels von Schorlemmer unterstützt wird. In den späten 1860er Jahren hatten sie in Manchester intensiven Kontakt miteinander gehabt, und selbst nach Engels' Umzug nach London trafen sie sich, wann immer sich eine Gelegenheit ergab. Engels war der Stärkere, der Dominierende in ihrer Freundschaft, aber

11

Schorlemmer war dafür Engels' naturwissenschaftlicher Ratgeber und Wegweiser. Sie standen intellektuell einander nahe (s. u., S. 118 ff.).

Doch Schorlemmers Kommentare zeigen gleichzeitig, daß er Engels' weit gesteckte Pläne bis dato noch nicht kannte, sonst hätte er seine Ansicht nicht deutlich machen müssen. Alles deutet darauf hin, daß Engels ganz plötzlich auf diese Idee, die den größten Teil seiner Arbeit bis zu Marx' Tod im Jahre 1883 bestimmte, gekommen ist.

2. Das philosophische Interesse

Engels' Brief ist dramatisch ausgestaltet. Daß man morgens und im Bett auf etwas epochemachend Neues kam, hatte Tradition — auf diese Weise soll ja Descartes seine analytische Geometrie hervorgebracht haben. Außerdem fürchtet Engels, daß man ihm seine Ideen stehlen könnte. Er bittet Marx und die naturwissenschaftlichen Freunde in Manchester, die Sache nicht weiterzutragen (MEW 33, S. 81).

Aber natürlich wird ein großes Projekt nicht aus dem Nichts geboren. Engels und Marx hatten schon seit den späten 1850er Jahren ein erneutes Interesse an Philosophie und Naturwissenschaft bekundet. Hegel war wieder aktuell für sie geworden. Darwin und der Darwinismus drangen in ihre Gedankenwelt ein. Das Energieprinzip (oder die Theorie über die Unzerstörbarkeit der Kraft, wie man es damals oft nannte) beschäftigte besonders Engels.

Die philosophischen Systeme machten gerade zu dieser Zeit ihren Siegeszug durch Europa. „Seit einiger Zeit schießen in Deutschland die Systeme ... auf wie die Pilze", sollte Engels einige Jahre später im Vorwort zum *Anti-Dühring* schreiben (MEW 20, S. 6). Und nicht nur in Deutschland! In England, in Frankreich, in Nordeuropa und anderen Ländern wurden stolze und lebhaft beachtete Versuche, alles gegenwärtige Wissen zu sammeln und zu einer Einheit zu bringen, unternommen. Es war ein Prozeß, in dem die verschiedensten, namhaften Naturwissenschaftler — Huxley, Haeckel, Pasteur u. a. — eine wesentliche Rolle spielten oder doch wenigstens als Anreger auftraten.

Aber es gibt auch andere Umstände, die man nicht vergessen darf. Man schrieb das Jahr 1873 — die Pariser Kommune war tot, die Internationale ging ihrer Auflösung entgegen. Wie auch später in der Geschichte des Marxismus bot dieser Zeitabschnitt, in dem die Revolution nicht mehr vor der Tür stand, Gelegenheit für weitreichende und abstrakte Arbeit. Engels hatte ganz einfach Zeit für die Dialektik, genauso wie sich Lenin nach der ersten russischen Revolution, 1905, ganz seinem *Materialismus und Empirio-*

kritizismus widmen konnte. Als eine andere, noch viel mächtigere revolutionäre Welle — die nach dem Ersten Weltkrieg — abgeklungen war, traten die Fragen über Marxismus und Dialektik, Marxismus und Philosophie, Marxismus und Naturwissenschaft wieder in den Vordergrund.

Die relative Flaute, die einem Revolutionär Anlaß zu Resignation geben konnte, war für Engels zur Voraussetzung für eine theoretische Offensive geworden. Neue Wissensgebiete sollten für Marx' und seine eigene Theorie erobert werden. Die wissenschaftliche Basis des Sozialismus sollte gestärkt werden.

Engels war nicht der einzige mit derartigen Bemühungen innerhalb der erstarkenden Arbeiterbewegung. Eugen Dühring, den er bald als seinen Hauptgegner ansehen sollte, war schon 1868 in sein — und Marx' — Blickfeld geraten.[1] Schon früher, 1865, hatte Engels einen Brief von Friedrich Albert Lange, dem neu-kantianischen Philosophen, mit einer taktvollen Empfehlung seines Buches *Die Arbeiterfrage*[2] erhalten. In seinem Antwortbrief an Lange und in einigen Briefen an Marx drückt Engels u. a. seine Irritation über Langes herablassende Art, Hegel zu behandeln und widerstandslos die darwinistischen Kategorien auf die menschliche Gesellschaft zu übertragen, aus. Die Fragen zu Hegels Bedeutung und dem Anwendungsgebiet des Darwinismus sollten für ihn wesentlich bleiben.

Gegen Ende der 60er Jahre hatte auch Joseph Dietzgen — Gerber und Denker — Marx und Engels das Manuskript zu seinem *Wesen der menschlichen Kopfarbeit* zugesandt. Er wollte in seiner im weitesten Sinne wissenschaftstheoretischen Arbeit ihre Ideen ausführen — oder vielleicht eher eine Grundlage für sie liefern. „Das Wissen von den Denkprozessen bildet die Basis für die Wissenschaft", schreibt er in seinem ersten Brief an Marx, der mit einem „Bravo!" am Rand kommentiert.[3] In einem Brief an Engels erklärt Marx jedoch, daß es Pech für Dietzgen sei, Hegel nicht studiert zu haben (7. 11. 1868, MEW 34, S. 190).

Innerhalb der Arbeiterbewegung gab es allerdings für theoretische Probleme ein weitreichenderes Interesse, als es diese drei einzelnen Philosophennamen verraten. Davon zeugen u. a. die aufreibenden Kämpfe um den *Anti-Dühring* gegen Ende der 70er Jahre. Die Kontroversen brachen nicht über Nacht aus; die gegensätzlichen Standpunkte hatten sich im Laufe der Jahre entwickelt. Die Frage der Weltanschauung war für den Sozialismus von Interesse, und zumindest für die Marxisten sollte sie es — wenn auch mit wechselnder Intensität — bleiben.

3. Engels' philosophische Schriften

In dem Brief von 1873 entwickelt Engels mehrere der zentralen Gedankengänge seiner Dialektik. Zwar macht er halt vor dem Organischen, der Biologie — aber nur „vorläufig". Er behauptet später die unauflösliche Einheit von Materie und Bewegung und folgert, daß der Unterschied zwischen verschiedenen Naturwissenschaften (später wird er sagen: allen Wissenschaften) darin liegt, daß sie verschiedene materielle Bewegungsformen untersuchen. Die Naturwissenschaften stellen eine Hierarchie dar, die einer Hierarchie der Bewegungsformen entspricht. Der Weg geht vom Einfachen zum Komplizierten, von der Mechanik über die „eigentliche Physik" und Chemie bis hin zur Biologie (MEW 33, S. 80 f.).

Es waren solche Gedanken, die er in den folgenden zehn Jahren bearbeiten und entwickeln sollte. In diesen Jahren erweitert er ganz wesentlich seine naturwissenschaftliche Lektüre. Man kann diese Tätigkeit einigermaßen im Detail verfolgen. In seinen Briefen gibt er reichlich Auskunft darüber, was er vorhat. Sicherere Informationen bekommt man jedoch durch zwar seltene, aber oft sehr ausführliche Exzerpte, die er hinterlassen hat.[4]

Es ist wichtig, den Charakter dieser gelehrten Studien zu untersuchen. Erst dadurch kann man entscheiden, inwieweit Engels' Ideen repräsentativ für seine Zeit oder für eine wissenschaftliche und ideologische Situation waren. Es fällt z. B. auf, daß er bei den naturwissenschaftlichen Autoritäten mit mehr Vertrauen und Einfühlung Unterstützung sucht als bei zeitgenössischen systembildenden Philosophen. Sein philosophischer Inspirator ist kein Zeitgenosse; es ist Hegel. Doch neben Hegel stellt er solche naturwissenschaftliche Autoritäten wie Hermann von Helmholtz, Rudolf Clausius, Lord Kelvin, Charles Darwin und Ernst Haeckel.

Es ist keine leichte Aufgabe, so fundamental verschiedene Ideenlieferanten zu vereinigen. Wenn man den Erfolg von Engels' schwierigem Unternehmen zu beurteilen versucht, darf man nicht vergessen, daß er es niemals auch nur annähernd zu einem Ende brachte. Die *Dialektik der Natur* ist ein Torso. Der *Anti-Dühring* (oder, mit dem vollständigen Titel, *Herrn Eugen Dührings Umwälzung der Wissenschaft*) stellt nur einen kurzen Einschub in Engels' Schaffen dar. Er ist allerdings eine bedeutende Schrift. Dort wird Engels erstmals vor die Aufgabe gestellt, seine Ideen über die Naturwissenschaft mit der marxistischen Gesellschafts- und Geschichtsauffassung zu vereinen. Die enorme historische Bedeutung des Buches liegt darin, daß Engels' dialektische Philosophie hauptsächlich nur hierdurch bekannt wurde. Die *Dialektik der Natur* erschien erst 1925.

Der *Anti-Dühring* ist jedoch in erster Linie eine polemische Schrift, und sie hat die einer polemischen Schrift eigene notwendige Begrenztheit. Es ist der Gegenstand der Polemik, also Dührings Schriften, der schließlich den

Ausschlag gibt, was als wesentlich oder unwesentlich abzuhandeln ist. Die militante Absicht des Buches führt gleichermaßen zu Vereinfachungen und Schematisierungen.

Bekanntlich gibt es noch eine dritte Schrift von Engels, die in diesem Zusammenhang wichtig ist: *Ludwig Feuerbach und der Ausgang der klassischen deutschen Philosophie*. Er schrieb sie erst nach Marx' Tod und folglich, nachdem die Herausgabe des zweiten und dritten Bandes des *Kapital* seine publizistische Hauptaufgabe geworden war. Sie umfaßt nur etwa fünfzig Druckseiten und ihr Thema ist überwiegend Philosophie- und Ideengeschichte. Gleichzeitig beinhaltet sie verschiedene sowohl abgeschlossene als auch ausgewogene Gesichtspunkte über den Zusammenhang zwischen Philosophie und Wissenschaft, Ideen und Beobachtungen, Denksystem und Gesellschaftssystem.

Doch weder der *Anti-Dühring* noch *Ludwig Feuerbach* haben die gedankliche Breite, die sich in den Aufsätzen, Exzerpten und Fragmenten, die jetzt unter dem Namen *Dialektik der Natur* (ein Titel, der übrigens nicht von Engels stammt[5]) zusammengefaßt sind, andeutet und auch belegt wird. Will man die Hauptlinien in Engels' Versuch zur Begründung einer allumfassenden Dialektik feststellen, bedarf es einer Rekonstruktionsarbeit, d. h. der Herausarbeitung der Grundzüge, die Engels nicht mehr leisten konnte.

4. Engels in der Geschichte des Marxismus

Eine solche historische Rekonstruktion ist um so bedeutsamer, als es in der umfangreichen Literatur über den Marxismus keine gründliche wissenschaftshistorische oder ideengeschichtliche Untersuchung der Bedingungen und der Hauptlinien der Engelsschen Dialektik gibt. Es mangelt von daher auch an überzeugenden Erklärungen, warum diese Arbeit so unerhört wichtig für ihn selbst und so kontrovers für zeitgenössische und spätere Marxisten wurde.

Zum Teil beruht dies darauf, daß man sich beharrlich geweigert hat, den Marxismus als eine intellektuelle Tradition anzusehen, die mit den gleichen Mitteln wie irgendeine andere theoretische oder wissenschaftliche Tradition zugänglich gemacht werden könnte.[6] Die Literatur, mit der wir bald konfrontiert sein werden, konzentriert sich hauptsächlich auf eine Reihe einfacher, aber nicht ganz sinnvoller Kernfragen wie etwa: Wie verhielt sich Marx zu Engels' Ideen? Wie können der Geschichtsmaterialismus oder die marxistische Gesellschaftstheorie mit umfassenderen Anschauungen vereint werden? Welche praktische — ideologische und politische — Bedeutung haben die auf Engels zurückgehenden Doktrinen für den Marxismus, Sozialismus und Kommunismus gehabt?

Ich bin der Meinung, daß man diese Fragen erst dann beantworten kann, wenn man sie in einen beträchtlich größeren Zusammenhang stellt als gemeinhin üblich. Man muß die historischen Umstände im Detail bestimmen. Darüber hinaus muß man allerdings auch die Konfliktpunkte der späteren Entwicklung der marxistischen Theorie klarlegen. Man muß erklären können, warum die Frage einer allgemeinen Dialektik — eines dialektischen Materialismus, wie es allmählich heißen sollte — zu einer Spaltung in der Entwicklung des Marxismus führt. Es gibt eine Vulgärauffassung darüber, daß marxistische Kontroversen über abstrakte Dinge immer *von etwas anderem handeln*, daß sie Werkzeuge in einem ideologischen oder politischen Machtspiel darstellen und daß sie an sich keine Bedeutung haben.[7] Eine solche Auffassung kann jederzeit überprüft werden: Es ist durchaus möglich zu erkennen, ob ein Bruch in der theoretischen Tradition von einem Bruch in der politischen oder ideologischen Entwicklung diktiert wird. Dadurch erweitert sich die Fragestellung und bezieht sich sogar auf die Rationalität in der Engelsschen Lehre. Ist es eine Lehre, die angemessene intellektuelle Ansprüche und theoretische Bedürfnisse der Zeit, in der sie geschaffen wird, erfüllt? Bewahrt sie ihre Angemessenheit über all die wissenschaftlichen Fundamentalkrisen, philosophischen Umwälzungen, ideologischen Umschwünge und gesellschaftlichen Erschütterungen hinweg, die nach den 1870er und 80er Jahren eintraten? Ist es immer noch angemessen, ontologische Fragen zu stellen, d. h. Fragen über das, was „eigentlich" existiert?

Das Thema dieses Buches ist jedoch Friedrich Engels' Philosophie in seiner Verankerung in der wissenschaftlichen Welt des 19. Jh.s Aber jede Beurteilung des Zusammenhangs — oder bisweilen Mangels an Zusammenhang —, in dem Engels schrieb, setzt Interpretationen voraus, und zu interpretieren bedeutet, auch zwischen den Traditionen, die zwischen ihm und uns liegen, zu wählen. Es wäre lächerlich, hier Treue gegenüber einer einzigen solchen Tradition zu fordern. Es ist wichtig, daß man eine Vorstellung von deren verschiedenen Tragweiten hat. Erst wenn man weiß, wo man sich selbst befindet, kann man sich in der Landschaft orientieren.

Die Geschichte ist niemals jungfräulich. Wir befinden uns immer schon in ihr.

5. Trennungslinien im Marxismus

Die theoretischen Traditionen im Marxismus können als bunter Wirrwarr oder zumindest als eine Reihe von ungeordneten Zickzacklinien erscheinen, die zwischen allen politischen und ideologischen Kontroversen, nationalen und internationalen Zusammenschlüssen und Gegensätzen, theoretischen und wissenschaftlichen Neuorientierungen und grundlegenden gesellschaftlichen Wandlungen verlaufen. Es ist gleichermaßen möglich, eine Folgerichtigkeit in diesen Traditionen und in dem Gegensatz zwischen ihnen auszumachen.

Wir können die Fragen über die Orthodoxie, über den richtigen oder wesentlichen Marxismus beiseite lassen, denn das sind ideologische Fragen. Die theoretische Frage hingegen lautet: Welche wissenschaftlichen Positionen, welche Thesen über die Welt und die Menschen sind nicht nur vereinbar mit der grundlegenden Theorie über die Struktur und Entwicklung der menschlichen Gesellschaft, und im besonderen der kapitalistischen, sondern eignen sich auch dazu, ihr einen reicheren Inhalt zuzuführen, sie mit neuen Problemen zu befruchten, ihr mehr und besseres Wissen zu vermitteln und ihre praktische Anwendbarkeit zu erhöhen?

Was Engels im *Anti-Dühring*, in der *Dialektik der Natur* und in *Ludwig Feuerbach* darlegt, bleiben dominierende Streitfragen im Marxismus. Es gibt nichts, was besser geeignet wäre, die verschiedenen marxistischen Traditionen zu strukturieren, als von deren Verhältnis zu den grundlegenden Behauptungen bei Engels auszugehen. Die zentralen theoretischen Gegensätze beziehen sich auf den Geltungsanspruch der Theorie, ihren Charakter, ihr Verhältnis zu Ideologie und politischer Praxis. Es gibt zwei Fragen — die beide einmal mit Nachdruck von Engels hervorgehoben wurden —, die, wenn nicht selbst der Grund für die Gegensätze, so zumindest die am einfachsten wiedererkennbaren Symptome für diese sind. Sie können als Kriterium dafür gelten, wie man die eine oder andere marxistische Richtung einordnen kann.

Die erste Frage betrifft Hegel. Sie bezieht sich nur in zweiter Linie auf die historische Bedeutung von Hegels Philosophie für das Aufkommen und die früheste Entwicklung des Marxismus. Hauptsächlich betrifft sie Hegels aktuelle Bedeutung oder, genauer gesagt, inwieweit das Studium der Hegelschen Philosophie die Einsichten über den Marxismus vertieft und zur theoretischen Entwicklung des Marxismus beiträgt. Indem man diese Frage beantwortet, nimmt man also nicht in erster Linie zu Hegel Stellung, sondern zum Problem des Charakters des Marxismus und dessen Verhältnis zu anderen wissenschaftlichen Richtungen.

Die andere Frage betrifft den Geltungsanspruch des Marxismus. Gibt es eine allgemeine materialistische Dialektik, eine Naturdialektik eingeschlossen? Kann man, ohne die geschichtsmaterialistische Auffassung zu verfälschen und zu verfehlen, mit den Werkzeugen, die sich innerhalb der marxistischen Gesellschafts- und Geschichtsforschung entwickelt haben, das Gebiet des menschlichen Handelns und der Erkenntnis überschreiten?

Wir können folgendes Schaubild konstruieren, wo „+" (ein bis auf weiteres unqualifiziertes) ‚Ja' bedeutet, „—" ein ‚Nein' auf die Fragen:

Hegel?

	+	—
Natur-dialektik? +	I	II
—	III	IV

Indem man die verschiedenen Marxisten einem der vier Quadrate zuordnet, erhalten wir allerdings keine klaren, deutlichen Kategorien. Wir decken nicht mit einem Schlag vier voneinander getrennte und zusammenhängende Traditionen auf, aber wir haben einen Ausgangspunkt für weitere Präzisierungen.

Im Quadrat I befindet sich natürlich Engels (die kontroverse Frage, wohin Marx gehört, lasse ich offen), und dort stehen auch Kautsky, Lenin, die meisten der sowjetischen, chinesischen und osteuropäischen Marxisten, die Mehrheit der kommunistischen Theoretiker Westeuropas und anderer Teile der Welt. Dort befindet sich, was man mit einer oft etwas lockeren Art den orthodoxen Marxismus zu nennen pflegt.

Das Quadrat II, in das diejenigen einzuordnen sind, die eine allumfassende Dialektik vertreten, jedoch Hegels aktuelle Bedeutung verleugnen, beherbergt mindestens zwei völlig verschiedene Richtungen. Einerseits sind Stalin und die, die seinen Ideen anhingen, hier anzuführen (s. Ballestrem 1968, S. 111; Fetscher 1967, S. 46). Andererseits dürfte die moderne, hauptsächlich französische Schule, deren berühmtester Vertreter Louis Althusser ist, dorthin gehören.[8]

Quadrat III ist homogener. Hier kann man sicher von einer einheitlichen Tradition innerhalb des Marxismus sprechen. Eine bedeutende Schrift in dieser Tradition ist Georg Lukács' *Geschichte und Klassenbewußtsein*

(1923), von wo aus die Fäden zur sogenannten Frankfurter Schule mit Max Horkheimer, Theodor W. Adorno, Herbert Marcuse, Jürgen Habermas, Alfred Schmidt u. v. a. laufen. In die gleiche Richtung gehört aber auch der mehr oder weniger existentialistisch geprägte Marxismus (Jean-Paul Sartre ist dessen bedeutendster Vertreter) und die jugoslawische sogenannte Praxisgruppe.

Quadrat IV wiederum scheint ziemlich heterogen zu sein. Es schließt eher vereinzelte Ansätze als eigentliche Richtungen ein. Hier finden wir z. B. Eduard Bernsteins Revisionismus, aber auch den späten Karl Korsch (Verfasser von *Karl Marx*, 1938) und wahrscheinlich sogar C. Wright Mills, der *The Marxists* (1962) geschrieben hat. Es ist unnötig, hier mehr Namen aufzuzählen — das, was die Gruppe zusammenhält, ist augenfällig genug. Hier herrscht eine Abneigung, dem Marxismus eine Art wissenschaftliche Exklusivität zuzuschreiben; hier wird somit Abstand genommen von dem Gedanken einer besonderen marxistischen Philosophie. Hier gibt es überhaupt den Vorsatz, den Marxismus zu einer Gesellschaftslehre unter anderen zu machen, die allgemeine Forderungen nach empirischen Forschungseinstellungen erfüllt. Man könnte vielleicht von dem „empirischen Marxismus" sprechen.

Das Schema kann uns auf die Spur der großen — allzu selten beachteten — Grenzlinien innerhalb des Marxismus bringen. Diejenigen, die die allgemeine Dialektik verleugnen (einschließlich der Naturdialektik), sehen den Marxismus ausschließlich als eine mehr oder weniger besondere Methode an, Probleme zu stellen und zu lösen. Ihre Anhänger dagegen sehen im Marxismus eine Theorie (oder eine Gruppe von Theorien bzw. ein System) der Wirklichkeit. Den ersteren zufolge kann der Marxismus seine Identität bewahren, selbst wenn er allmählich gezwungen wird, alle seine ursprünglichen Grundannahmen über die Gesellschaft und die Menschen aufzugeben, sofern er nur seine grundlegende Methode bewahrt (so z. B. Lukács 1968, S. 58 f.). Den letzteren zufolge gibt es zumindest einige generelle Thesen, die dem Marxismus unveräußerlich sind, und ihnen zufolge muß der Marxismus immer eine so ausgearbeitete und umfassende Theorie wie möglich formulieren.

Die Frage der Aktualität Hegels für den Marxismus offenbart keine ebenso deutliche Grenze; aber sie ist wesentlich für jeden Versuch, die verschiedenen Auffassungen über die theoretische Besonderheit des Marxismus zu beurteilen.

6. Die Bestimmungsmomente der Wissenschaft

Das obige Schaubild gibt jedoch nur Symptome wieder. Es lehrt uns nichts über die Bedingungen der widersprüchlichen Entwicklung des Marxismus. Dazu bedarf es einer Perspektive und eines Begriffsapparates, die im Prinzip auf alle wissenschaftlichen und allgemein-theoretischen Entwicklungen anwendbar sein müssen. Es ist wichtig, daß man dem Marxismus keine Sonderstellung zuschreibt — tut man es doch, geht man davon aus, daß er unerklärbar ist.

Zur Klärung der Frage, was eine Theorie oder ein System von Theorien in die eine oder andere Richtung treibt, bedarf es der Unterscheidung einiger Bestimmungsmomente (ich verwende den Terminus „Bestimmung" anstelle des gebräuchlicheren „Faktor" oder „Funktion" mit seinen quasi-exakten Assoziationen), die auf unterschiedliche Weise und mit unterschiedlicher Stärke die in Frage stehenden Theorien prägen. Die Bestimmungsmomente sollen in ihrer Gesamtheit ein rationales Ganzes ausmachen, das konkretisierungsfähig ist.

Zuallererst bedarf es einer Unterscheidung der *inneren* Bestimmungsmomente von den *äußeren*. Läßt man das Innertheoretische mit den Anwendungen, die eine Theorie erfährt, oder den Bedürfnissen, die sie zufriedenstellen kann, oder den außerwissenschaftlichen Kräften, die sie im weitesten Sinne beeinflussen können, zusammenfallen, dann sieht man sie nicht länger als Theorie — d. h. als Versuch, etwas Wesentliches über einen kleineren oder größeren Sektor der Wirklichkeit auszusagen — an.

Sehen wir also für einen Augenblick von den äußeren Umständen der Theorien und der gesamten wissenschaftlichen Arbeit ab. Beachtet man auf diese Weise lediglich die inneren Verhältnisse, so erweist sich alle wissenschaftliche Entwicklung als Resultat entweder harmonischer oder widersprüchlicher Relationen zwischen Problemen und Beobachtungen, großen und kleinen Perspektiven, Theorie und Empirie. Ich werde im folgenden diese inneren — die theoretischen wie empirischen — Bestimmungsmomente darstellen.

Die Geschichte der Wissenschaften ist voll von Beispielen für spekulative Theorien und Thesen. In diesen Fällen sind die theoretischen Bestimmungsmomente stark, die empirischen schwach ausgeprägt. Aber es lassen sich auch Beispiele für eine Faktensammlung ohne Ausrichtung an einer bestimmten Theorie finden. Schließlich lassen sich Fälle aufzeigen, wo sowohl die theoretischen als auch die empirischen Bestimmungsmomente stark sind. Es handelt sich dabei um theoretisch fortgeschrittene Disziplinen (mit der Physik als Paradebeispiel), bei denen Theorie und Empirie normalerweise in einem harmonischen Verhältnis zueinander stehen.

Je entwickelter eine Wissenschaft ist, desto schwerer ist es, in ihren Resultaten die Gesellschaft, die sie umgibt und die sie hervorbringt, auszumachen. Dies bedeutet nicht, daß die betreffende Disziplin sich isoliert und jeden Anwendungsbezug verloren hätte — ganz im Gegenteil. Die Anwendbarkeit einer Wissenschaft entspricht nicht ihren inneren Qualitäten. Zwei große Anwendungsgebiete gilt es im Gedächtnis zu behalten. An das eine werden wir ohnedies ständig erinnert. Es sind die *praktisch-materiellen* Anwendungen, die besagen, daß die wissenschaftlichen Erkenntnisse in der Entwicklung der sozio-ökonomischen Basis zum Tragen kommen. Die andere Anwendungsart — die im wesentlichen diametral entgegengesetzte — wird heute leicht übersehen. Ich nenne sie die *praktisch-ideelle* oder kurz die *ideologische* Anwendung. Damit wird zum Ausdruck gebracht, daß die wissenschaftlichen Resultate dazu benutzt werden, um die Vorstellungen der Menschen über die Welt und die Gesellschaft sowie deren Bewertung zu befestigen, zu stärken oder zu verändern.[9]

Es ist von äußerster Wichtigkeit, sich dieser ideologischen Anwendung zu erinnern, wenn man Engels' philosophische Arbeiten und die marxistischen Traditionen, die sich auf unterschiedliche Weisen auf sie beziehen, studiert. Aber dieses Anwendungsgebiet lediglich zu konstatieren, genügt keineswegs. Man muß darüber hinaus die Frage stellen, in welchem Grade die Anwendung einer Theorie oder Vorstellung eben jene Theorie oder Vorstellung prägt. Man muß untersuchen, ob das Resultat der wissenschaftlichen Arbeit praktisch-materiell oder ideologisch bestimmt ist. Wenn ja, dann muß dies keineswegs ihre wissenschaftliche Verzerrung oder Minderwertigkeit bedeuten. Sowohl die praktisch-materielle als auch die ideologische Anwendung haben in der Geschichte der Wissenschaften oft eine außerordentlich progressive Rolle gespielt.

Die äußeren Bestimmungsmomente können auf zweifache Weise die innerwissenschaftlichen Verhältnisse prägen: Zum einen können wir von einer quantitativen Bestimmung sprechen, die besagt, daß sich Aufmerksamkeit und Ressourcen auf ein bestimmtes, anwendungsfähiges Gebiet, das daher ein schnelleres Wachstumstempo verzeichnet, richten — vielleicht auf Kosten anderer Wissenschaftsgebiete. So ist z. B. die Entwicklung gewisser biologischer Disziplinen im späten 19. Jh. unbegreiflich, wenn man nicht die ideologische Anwendbarkeit des Darwinismus in Betracht zieht. Ebensowenig kann man die etwa gleichzeitig stattfindende Expansion der Chemie verstehen, wenn man von ihrer wachsenden Bedeutung für die Entwicklung der Landwirtschaft und der Industrie absieht.

Aber die Bestimmungsmomente können auch qualitativer Natur sein. In diesem Fall wird die gesamte wissenschaftliche Arbeit von dem äußeren Bedarf, den sie zu erfüllen hat, beeinflußt. Beispiele für eine qualitative ideologische Bestimmung sind zahlreich. Selbst eine qualitative Prägung muß keineswegs bedeuten, daß die theoretischen Resultate verdreht werden. Man braucht sich nur an die Befreiung und Entwicklung zu erinnern, die viele Disziplinen durchliefen, nachdem sie erst einmal von den neuen bürgerlichen Vorstellungen ergriffen waren. Welche Bedeutung eine bestimmte Anwendung für die wissenschaftliche Produktivität haben kann, ist nur auf innerwissenschaftlichem Wege entscheidbar. Man muß sehen, wie weit die Anwendung in das Spiel zwischen Theorie und Empirie eingreift, z. B. mit der Theorie davoneilt und wichtige empirische Daten unbeachtet läßt.

Ich spreche also von vier Bestimmungstypen, zwei inneren — einem theoretischen und einem empirischen — und zwei äußeren — einem praktisch-materiellen und einem ideologischen. Deren Beziehung untereinander stelle ich mir folgendermaßen vor: Die praktisch-materielle Bestimmung fördert normalerweise und im großen und ganzen die Ausrichtung der Forschung auf das Empirische, das Konkrete, das Spezialisierte. Was die ideologische Bestimmung betrifft, so bekommt ein ideologisches Argument um so größere Schlagkraft, je größer der Teil der wissenschaftlichen Hierarchie ist, der sie stützt, d. h. je breiter, je umfassender er ist oder die Theorien sind, die eine bestimmte Weltanschauung, Lebensanschauung, politische Ideologie, Morallehre oder Ästhetik bekräftigen sollen. Dies impliziert, daß die ideologische Bestimmung, im Gegensatz zur praktisch-materiellen, die theoretische Bestimmung stärkt.

Ohne das ideologische Bestimmungsmoment ist das ganze Unternehmen, auf das sich Engels einläßt, völlig unerklärlich.

In einem materialistischen Gesellschaftsschema können die äußeren Bestimmungsmomente auf die Basis bezogen werden. Die Zugehörigkeit der materiellen Anwendung zum materiellen Produktionsprozeß ist selbstverständlich. Aber die Ideologien — in der hier gebrauchten weiten Auffassung — können letztlich mit den Gesellschaftsklassen, wenn auch auf eine indirekte und abstrakte Weise, verbunden werden. Es ergibt sich folgendes Modell:

Überbau	innere Bestimmungen: theoretisch	*Überbau* ideologische Bestimmung
----------------- praktisch- materielle *Basis* Bestimmung	empirisch	----------------- *Basis*

Dies ist natürlich ein äußerst approximatives Bild. Es illustriert ein normales Verhältnis zwischen der Wissenschaft und dem sie umgebenden Milieu.

7. Marxismus und Ideologie

Jede Behandlung der Ursprünge des dialektischen Materialismus sowie seiner Entwicklung setzt die Kenntnis der gewaltigen ideologischen Auseinandersetzungen in den verschiedenen Wissenschaften, die gegen Ende des 19. Jh.s so auffällig sind, voraus. Hier wurden auf einem Gebiet nach dem anderen Theorie gegen Theorie, Ideologie gegen Ideologie gestellt. Wir müssen uns fragen: Was bedeutet dies für den Charakter der einzelnen Disziplinen und deren Entwicklung? Wie prägte dies die gängigen Versuche zur Synthese und Weltanschauung „auf wissenschaftlicher Grundlage"? Welche Bedeutung hatte dies für die Ideologien?

Was die Wissenschaftsgeschichte betrifft, ist die damalige Zeit nicht nur durch das ideologische Engagement gekennzeichnet. Eine Anzahl neuer Disziplinen wurde in der materiellen Produktion auf eine nie dagewesene Weise eingesetzt. Wir treffen nun auf das, was Veblen (1923, Kap. X) die „Technologie von Physik und Chemie" genannt hat, also auf den Anfang der Periode, in der die fortgeschrittenste Physik und Chemie direkt in Technologie transformiert werden können. All dies beeinflußte die Einschätzung der Wissenschaft und stärkte deren Autorität.

Als die Physik zu Beginn des 20. Jh.s ihre berühmte Fundamentalkrise durchlief, zogen viele daraus die Konsequenz, daß sich die Wissenschaft nicht als Grundlage für Weltanschauungen eignete. Aber es gab noch andere Umstände, die das ideologische Engagement in der Wissenschaft verringerten. Immer mehr Philosophen gaben den Versuch auf, großangelegte Synthesen menschlichen Wissens zu konstruieren. In vielen wissenschaftlichen Disziplinen bekam die materielle Ausrichtung das Übergewicht über die ideologische — die nützliche Genetik z. B. etablierte sich, die großen Debatten über den Darwinismus ebbten ab. Die Ideologien selbst wurden verändert. Nicht zuletzt grenzten die politischen Anschauungen ihr Interessengebiet in vielen Fällen auf das gesellschaftliche ein.

Es ist selbstverständlich, daß diese Veränderung die Entwicklung des dialektischen Materialismus beeinflußte. Sicherlich gab es Marxisten wie Karl Kautsky und Georgij Plechanov, die in erster Linie Positionen, die sie als wesentlich im Marxismus von Marx und Engels ansahen, zu behaupten versuchten. Aber sie befanden sich in der Defensive. Die Offensive ging von jenen aus, die den Marxismus zu revidieren und von dem, was sie als antiquiert und dem 19. Jh. zugehörig auffaßten, zu befreien suchten. Hegel — und damit auch Engels' Begründungsversuch einer materialistischen Weltanschauung, einer Ontologie auf Basis der Wissenschaften — geriet in die Schußlinie. Bernstein sprach in seiner berühmten Schrift *Die Voraussetzungen des Sozialismus* (1899) von den „Fallstricke(n) der hegelianisch-dialektischen Methode" und suchte nach einem sozialdemokratischen Kant

(Bernstein 1899, S. 256 f.). Von kantianischen Ausgangspunkten her versuchte er, den ontologischen Materialismus auszusondern und lediglich den Geschichtsmaterialismus übrigzulassen. Die Frage nach einem Weltbild wies er als schlechte Metaphysik zurück. Die Erkenntnis- und Wissenschaftstheorie geriet in den Blickpunkt. Während Engels den Fragen nach dem Verhältnis von Erkenntnis und ihrem Gegenstand nur begrenztes Interesse schenkte, richtete sich nun die Aufmerksamkeit auf dieses Gebiet.

Lenins Schrift *Materialismus und Empiriokritizismus* (1909), die für die Nachwelt als ein außergewöhnlich energischer Versuch dasteht, den Einfluß von Engels im Marxismus aufrechtzuerhalten, weist ebenfalls diese Perspektivverschiebung auf. Lenin wendet sich nicht in erster Linie gegen die Kantianer, sondern gegen die bolschewistischen Parteigenossen, die in der Philosophie von Ernst Mach und Richard Avenarius eine neue Basis für die marxistische Geschichtsauffassung und Gesellschaftstheorie zu finden hofften. Aber das, was Lenin in den Vordergrund rückt, ist der Erkenntnisrealismus oder die These, daß die Erkenntnis ihren Gegenstand „widerspiegelt". Für diesen Standpunkt hätte er gewiß Engels' Unterstützung gefunden. Es fällt jedoch auf, daß Engels' Hauptproblem — eine zusammenhängende Philosophie oder Theorie über die Welt auf der Grundlage der aktuellen Wissenschaften zu schaffen —, bei Lenin sekundär wird. Darin zeigt sich, wie das Interesse für spezifische wissenschaftliche Theorien abnimmt und wie dies die marxistische Diskussion prägt. Die allgemeine Frage lautet nicht länger: „Was bedeuten die Standpunkte der verschiedenen Wissenschaften für ein zusammenhängendes Weltbild?", sondern: „Was ist wissenschaftliche Erkenntnis?".

Fragen nach der wissenschaftlichen Hierarchie und dem Platz, den die marxistische Gesellschaftsauffassung darin einnimmt, kommen erst nach der Gründung der Sowjetunion wieder in den Vordergrund — und damit in der kommunistischen Weltbewegung. Für diese Entwicklung gibt es einige wichtige Voraussetzungen. In den 20er und 30er Jahren des 20. Jh.s trifft man in der gesamten wissenschaftlichen Welt nicht mehr — wie noch 1870—1880 — auf das Interesse für „wissenschaftliche Weltbilder". Die Sowjetunion ist hinreichend isoliert und selbständig, um auf eigene Faust eine derartige Tradition zu begründen. Die ideologisch entscheidende Frage, was wirklicher und konsequenter Marxismus ist, wird auf allen Ebenen — auch auf der wissenschaftlichen — aktualisiert. Erst jetzt erkennt man das umfassend angelegte Programm von Engels — erst jetzt wird die *Dialektik der Natur* veröffentlicht. Nun werden auch Lenins fragmentarische *Anmerkungen zu Hegels Logik*, die er 1914 verfaßte, herausgegeben. Lenin zeigt dort ein völlig anderes Interesse als in *Materialismus und Empiriokritizismus*, das besser mit Engels harmoniert.

Die großen Debatten um den Marxismus und die Dialektik in der Sowjetunion zeugen gleichzeitig davon, daß das Erbe von Lenin und Engels auf verschiedene Weise angewendet werden kann. Die Auseinandersetzungen zwischen A. M. Deborin und seinen Anhängern auf der einen Seite und der sogenannten Mechanizisten auf der anderen belegen dies. Der Streit betraf in nicht geringem Ausmaß den Zusammenhalt der wissenschaftlichen Hierarchie: In welchem Grade muß z. B. die Wissenschaft vom Organischen von der des Anorganischen geschieden werden, wie die Wissenschaft von der Gesellschaft und den Menschen von der der Biologie? Dies war für Engels die Kernfrage. Charakteristisch für die Debatte der 20er Jahre ist allerdings, daß Engels zur Verteidigung völlig entgegengesetzter Auffassungen herhalten mußte.

Die sowjetische Entwicklung wurde gleichzeitig dadurch geprägt, daß innerhalb des revolutionären Sozialismus eine Richtung entstand, die den Anspruch des dialektischen Materialismus offen leugnete. Georg Lukács erklärte in *Geschichte und Klassenbewußtsein* (1923), daß Engels einen Fehler begangen hätte, als er von einer besonderen Naturdialektik sprach. Diese Behauptung wurde später von der Frankfurter Schule aufgegriffen und weiterentwickelt. Indem die Gegensätze, die sich an der Naturdialektik entzündeten, mit konkreten ideologischen und politischen Meinungsunterschieden zusammenfielen, wurde die gesamte Diskussion um den dialektischen Materialismus mit ideologischen Obertönen geführt und mit politischen Mitteln gesteuert. Die Frage, inwieweit die Entwicklung einiger Wissenschaften seit Engels' Tod seine Ideen gegenstandslos gemacht haben könnte, geriet völlig in den Hintergrund. Ganze Theorien wurden als „undialektisch" zurückgewiesen — so z. B. Einsteins Relativitätstheorie bis 1955 als unvereinbar mit dem Marxismus gebrandmarkt (vgl. dazu Müller-Markus 1966).

In den 30er Jahren, nachdem Stalin die Diskussion zwischen Deborin und seinen Gegnern abgeblasen und eine Generallinie sogar in der Philosophie abgesteckt hatte, erreicht der Handbuchmarxismus in der Sowjetunion seine Vollendung. Der dialektische Materialismus wird im Sinne über- und untergeordneter Sätze kodifiziert. Theorie und Ideologie werden eins.

Diejenigen, die Marxisten bleiben wollen, aber den dialektischen Materialismus ablehnen, drängen von der anderen Seite her die Frage nach dem Verhältnis der marxistischen Gesellschaftsauffassung zu den Wissenschaften völlig in den Hintergrund. Oft heißt es — z. B. bei den Vertretern der Frankfurter Schule —, daß zwischen der Naturwissenschaft und der Wissenschaft vom Menschen eine unüberbrückbare Kluft besteht. Das, was nicht nur für Engels, sondern für das gesamte späte 19. Jh., eine Hauptfrage war, wird somit über Bord geworfen.

Im großen und ganzen haben diese beiden Hauptrichtungen die mehr theoretisch ausgerichtete marxistische Debatte bis in die heutige Zeit geformt. Der Standpunkt der Frankfurter Schule wurde in neuen, aber ähnlich gelagerten Richtungen — z. B. innerhalb des existentialistisch geprägten Marxismus, innerhalb der oppositionellen Praxisgruppe in Jugoslawien und anderswo — weiterentwickelt. Der Marxismus in der Sowjetunion und in Osteuropa kann immer noch in *Osnovy marksizma-leninizma*, in einem Handbuch der Grundlagen des Marxismus-Leninismus, zusammengefaßt werden. Das gleiche gilt für China.

Dennoch haben sich die Traditionen weiterentwickelt. Der dialektische Materialismus ist als Lehrgebäude neuen wissenschaftlichen Richtungen und Theorien nicht mehr so verschlossen. Es gibt heute kaum noch eine dominierende wissenschaftliche Theorie, die mit dem Argument, sie widerspreche den marxistischen Grundprinzipien, verworfen wird. Gleichzeitig hat man eine Reihe von neuen Techniken und Methoden entwickelt, mit deren Hilfe der dialektische Materialismus entfaltet und verdeutlicht werden soll.[10] Die Einschätzung des Anwendungsgebiets des dialektischen Materialismus ist weiterhin ausnahmslos von Unsicherheit gekennzeichnet; sie läßt sich bis auf Engels zurückverfolgen. Der dialektische Materialismus kann auf der einen Seite als bloßes Hilfsmittel der Interpretation und der Aufdeckung von Zusammenhängen zwischen verschiedenen wissenschaftlichen Resultaten betrachtet werden. Er kann jedoch darüber hinaus als Lieferant von heuristischen Prinzipien, die in der wissenschaftlichen Arbeit selbst zur Anwendung kommen, angesehen werden. Wenn man von einem dialektischen Ausgangspunkt aus die gleichen Theorien, die anderswo üblich sind, akzeptiert, so muß der heuristische Wert äußerst begrenzt sein. Es scheint demnach, daß man nun *de facto* zugesteht, daß der Forschungsprozeß selbst — zumindest in den Naturwissenschaften — der gleiche ist, ob man nun von einer marxistischen Grundanschauung ausgeht oder nicht. Man zögert allerdings, dies offen zuzugestehen.

Ganz allgemein kann festgestellt werden, daß die dialektisch-materialistische Tradition in wesentlicher Hinsicht ihre Exklusivität verloren hat. Dazu hat in höchstem Grade die vom Marxismus unbeeinflußte Entwicklung der Wissenschaft und der Philosophie beigetragen. Das Interesse für ontologische Fragen, für Fragen, die das wissenschaftliche Weltbild betreffen, nimmt zu. Engels großangelegtes Unternehmen stellt sich heute nicht mehr als so phantastisch und unrealistisch dar wie zu seinen eigenen Zeiten. Das hängt — zumindest teilweise — mit dem verstärkten Interesse für die Wissenschaft überhaupt und damit für ihre ideologische Bestimmung zusammen. Die Rolle der Wissenschaft, in der spätkapitalistischen wie in der sozialistischen Welt, ist problematisch geworden. Es ist nicht mehr möglich, sie lediglich als Lieferant von grenzenlosem Nutzen zu sehen — der Nutzen kann sich in Gefährdung verkehren. Ihre Anwendung muß auf irgendeine Weise unter Kontrolle gebracht werden — dies ist jedoch nur möglich, wenn man sie in ihren inneren und äußeren Zusammenhängen begreift. Auf Engels' unvollendete und in vielem widersprüchliche Arbeit zurückzugehen, ihren Hintergrund und ihre Anwendung im späten Marxismus zu studieren, ist deshalb ein in vieler Hinsicht aktuelles Unterfangen. Wir lernen dadurch ein Stück unserer eigenen Geschichte kennen, wir erhalten Klarheit, was Marxismus zumindest *sein kann*, und wir kommen in Kontakt mit einer Betrachtungsweise der Wissenschaften, die wichtig und gewinnbringend sein kann.

Kapitel I
Zurück zu Hegel

1. Die Elemente des Marxismus

Die hundertjährige Geschichte des Marxismus ist von Auseinandersetzungen über den Umfang und die Grenze der eigenen Theorie, ihren Charakter und ihr Verhältnis zu anderen intellektuellen Traditionen erfüllt.

Die Marxisten haben Anspruch auf Originalität auf mindestens vier verschiedenen Gebieten erhoben. Der Anspruch betrifft:

1. die Theorie der materiellen Produktion, im besonderen die kapitalistische;
2. die Theorie über das Verhältnis der materiellen Produktion zu anderen gesellschaftlichen Erscheinungen (die materialistische Geschichtsauffassung);
3. eine allgemeine Weltanschauung auf der Grundlage der Spezialwissenschaften;
4. eine Erkenntnis- und Wissenschaftstheorie.

1. und 2. werden üblicherweise unter der Rubrik ‚Geschichtsmaterialismus‘ zusammengefaßt, die beiden anderen fallen unter den Begriff ‚dialektischer Materialismus‘, ein von G. Plechanov geprägter Terminus.[11] Eine der großen offensichtlichen Kontroversen innerhalb des Marxismus betrifft die Berechtigung des dialektischen Materialismus, insbesondere die allgemeine Ontologie. Es geht dabei also um die theoretisch fundamentalen Fragen: Was zeichnet die materialistische Geschichtsauffassung, in Sonderheit die Theorie der kapitalistischen Produktionsweise, aus? Was unterscheidet sie von anderen, entsprechenden Auffassungen und Theorien? Welches sind ihre erkenntnis- und wissenschaftstheoretischen Voraussetzungen? Haben diese Voraussetzungen Konsequenzen für andere Wissenschaftsgebiete?

2. Der Geschichtsmaterialismus

Ließen sich die Konturen des Geschichtsmaterialismus ohne weiteres zeichnen, dann wäre die Frage nach seinem Charakter nicht so schwer zu beantworten. Wir brauchen hier noch nicht auf die verschiedenen Auffassungen einzugehen, bzw. es genügt, soweit Rücksicht auf sie zu nehmen, wie sie die historische Frage, wie sich der Geschichtsmaterialismus für Marx und Engels darstellt und wie er in ihrer intellektuellen Mitwelt verankert war, berühren. Dies führt uns zu einer anderen Frage, die im Zentrum unserer Darstellung steht: Weshalb wurde die Marxsche Geschichtsauffassung und Gesellschaftstheorie mit einer Anzahl weitläufiger Probleme, die andere Wissenschaften und Theorien und sogar das Fundament der gesamten wissenschaftlichen Tätigkeit betrafen, verknüpft? Wie rational war diese Anknüpfung? In welchem Ausmaß war sie ideologisch bestimmt — d. h. bestimmt durch das Streben, eine sozialistische Weltanschauung in Konkurrenz mit anderen Weltanschauungen zu schaffen?

Einige triviale Daten gilt es im Gedächtnis zu behalten. Es ist allgemein anerkannt, daß die materialistische Geschichtsauffassung, zumindest in ihren Hauptzügen, schon in der *Deutschen Ideologie*, der unvollendeten Schrift, die Marx und Engels 1845—46 zusammen verfaßten, vorliegt.[12] Dort heißt es, daß das „Bewußtsein" durch das „Sein" bestimmt wird, daß es die praktisch-materiellen Lebensbedingungen der Menschen sind, die die Geschichte zu einem zusammenhängenden und begreifbaren Prozeß machen und die Grundlage ihrer Vorstellungen abgeben (MEW 3, S. 29 ff.). In dieser allgemeinen Formulierung erkennt man die berühmte Unterscheidung zwischen Basis und Überbau wieder, die Marx im Vorwort der Schrift *Zur Kritik der politischen Ökonomie* (1859) trifft (MEW 13, S. 8 ff.). Ein prinzipieller Unterschied zu den allgemeinen Äußerungen über die menschliche Geschichte, die Engels in seinen großangelegten Arbeiten — z. B. *Anti-Dühring* (MEW 20, S. 136 ff.) — macht, läßt sich nicht feststellen.

Damit ist allerdings festgehalten, daß weder Marx noch Engels ihre Geschichtsauffassung vollständig darstellen. Die Konsequenzen ihrer Äußerungen sind weitreichend, aber sie begnügen sich durchweg mit ziemlich allgemeinen Behauptungen. Sie lassen dadurch die Möglichkeit offen, daß das Verhältnis zwischen Basis und Überbau unterschiedlich interpretiert werden kann. Noch 1890 war Engels gezwungen, einige Mißverständnisse, die den Geschichtsmaterialismus betrafen, zurechtzurücken. Dies geschah u. a. in einem Brief an Joseph Bloch, einem jungen Berliner Studenten. Er erklärte dort, daß die Geschichte nur „*in letzter Instanz*" durch die „Produktion und Reproduktion des wirklichen Lebens" bestimmt wird. Er gestand, daß er und Marx in ihrer Polemik gegen die idealistische Geschichtsauffassung es oft versäumt hatten, die aktive Bedeutung des Überbaus — der politischen und rechtlichen Formen sowie der Ideen — hervorzuheben.[13]

Aber die Uneinigkeit über den Charakter der marxistischen Geschichtsauffassung war damit nicht beendet. Unterschiedliche Auffassungen darüber, was die Basis-Überbau-Beziehung bedeutet und welche Gültigkeit sie hat, sind wesentlich für die Abgrenzung der verschiedenen marxistischen Richtungen untereinander. Dies war so zu Beginn des Jahrhunderts, in den heftigen Auseinandersetzungen der 20er Jahre, und ist es auch heute noch. Der leninistisch geformte Marxismus findet seine Bestätigung in Lenins lapidaren Aussagen, wie etwa, daß „das gesellschaftliche Bewußtsein das gesellschaftliche Sein *widerspiegelt*" (Lenin, Werke, Bd. 14, S. 326). Man kann sich ebenso an Althusser anlehnen mit seiner strengen Einteilung der Gesellschaft in verschiedene Niveaus — eines sozio-ökonomischen, politisch-juristischen und eines ideologischen —, die alle relativ selbständige Entwicklungen aufweisen, wobei jedoch das sozio-ökonomische Niveau dadurch eine Sonderstellung hat, daß es entscheidet, welches Niveau dominant ist (vgl. Althusser 1968, S. 86 ff. u. 160 f.; 1973). Innerhalb der Frankfurter Schule hat man sich hingegen vom „Gerede" über Basis und Überbau abgewandt oder zumindest erklärt, daß die Unterscheidung keine allgemeine Gültigkeit beanspruchen und z. B. nicht auf den Spätkapitalismus angewendet werden kann (vgl. Árnason 1971, S. 94; Lichtheim 1971, S. VIII).

Wir brauchen in diese Diskussion nicht tiefer einzudringen, die sicherlich mehr Gründe hat als nur die Vieldeutigkeit der Äußerungen von Marx und Engels über Geschichte. Bis auf weiteres können wir uns auf die Frage beschränken, welche Art Aussagen Marx und Engels überhaupt über die Entwicklung der menschlichen Gesellschaft machen. Schon in der *Deutschen Ideologie* betonen sie, daß sie kein „Rezept oder Schema" aufstellen wollen. Sie wollen lediglich einige Voraussetzungen angeben, auf die man beim konkreten historischen Studium Rücksicht nehmen muß (MEW 3, S. 27). Ähnliche Äußerungen finden sich auch später. In einem anderen „Korrekturbrief" aus dem Jahre 1890 — an den Philosophen und Sozialdemokraten Conrad Schmidt — legt Engels dar, daß die Geschichtsauffassung von Marx „vor allem eine Anleitung zum Studium, (aber) kein Hebel der Konstruktion à la Hegelianertum" (MEW 37, S. 436 f.) sei.

Es liegt nahe, diese Äußerungen so zu deuten, als sei die Basis-Überbau-These bloß eine methodische Empfehlung, die Bedingungen für das politische, rechtliche und geistige Leben einer Epoche in der sozio-ökonomischen Basis zu suchen. Demnach hätten Marx und Engels gar keinen Anspruch erhoben, ein wirkliches und immer bestimmbares Verhältnis zwischen „der Produktion und der Reproduktion des wirklichen Lebens" auf der einen Seite und den juristischen, politischen und geistigen Gegebenheiten auf der anderen festgestellt zu haben. Sie hätten also lediglich ein methodisches Prinzip angegeben, aber keine theoretische Aussage getroffen.

Sind Marx und Engels wirklich so anspruchslos? Sagen sie nicht in der *Deutschen Ideologie* geradeheraus, daß es keine Geschichte der Politik, des Rechts, der Wissenschaft, der Kunst oder der Religion gebe, d. h. daß diese Erscheinungen im Überbau nicht isoliert von der Geschichte der Basis verstanden werden können (vgl. MEW 3, S. 539)? Besagt dies nicht, daß es doch einen reellen und allgemeinen Zusammenhang zwischen Basis und Überbau gibt?

Behauptet man, daß die materialistische Geschichtsauffassung bloß eine Methode und keine Theorie ist, so hat man eine ganz bestimmte Vorstellung, was eine Theorie ausmacht — nämlich eine geordnete Menge mehr oder weniger allgemeiner Aussagen über die Wirklichkeit, wobei die weniger allgemeinen direkt und unzweideutig aus den allgemeineren abgeleitet werden können. Was Marx und Engels schreiben, zeigt eindeutig, daß ihre Auffassung von Geschichte nicht in einer Theorie von diesem Typus ausgedrückt werden kann.

Aber kann man sich eine andere Art Theorie vorstellen? Kann man sich Aussagen über die Wirklichkeit denken, die anders aufeinander bezogen sind?

Irgendwo um diese Fragen herum läßt sich meiner Meinung nach der rationelle Ausgangspunkt für Marx' und Engels' Ausflüge in allgemeinphilosophische, wissenschaftstheoretische und weltanschauungsbezogene Bereiche ausmachen.

3. Die Theorie des Kapitalismus

Es könnte der Eindruck entstehen, daß der Geschichtsmaterialismus für Marx und Engels recht unproblematisch war. Sie skizzieren ihn nur, sie führen ihn nicht aus. Erst als es offensichtlich wurde, daß die Skizzen Anlaß zu Mißverständnissen gaben, nimmt Engels einige Abgrenzungen vor.

Hier muß man sich erinnern, daß die wissenschaftliche Hauptaufgabe von Engels und insbesondere von Marx in den Jahrzehnten nach der *Deutschen Ideologie* die Entwicklung einer Theorie der kapitalistischen Produktionsweise war. Es ist die im *Kapital* entwickelte Theorie, der Marx in der umfangreichen Manuskriptsammlung aus den späten 50er Jahren, die später unter dem Titel *Grundrisse* bekannt wurde, nachspürt.

Die ganze Spannweite des Geschichtsmaterialismus kommt in diesen Schriften nicht zum Tragen. Aber er gibt hier die unverzichtbare Voraussetzung ab — gleichermaßen als Hintergrund und als Richtmarke. Nur so wird die Bedeutung, die Marx und Engels diesen Studien zuschreiben, faßbar.

Das Kapital ist keine Abhandlung über das Verhältnis zwischen kapitalistischer Produktionsweise und bürgerlicher Gesellschaft oder der bürgerlichen Vorstellungswelt. Ihr Gegenstand ist, wie Marx schon im Vorwort zum ersten Band betont, die kapitalistische Produktionsweise und die Verkehrs- und Produktionsverhältnisse, die ihr entsprechen (MEW 23, S. 12, 15 f.). Als er mit dem Projekt, das im *Kapital* endet, begann, hatte er die Absicht, auch andere Produktionsweisen als die kapitalistische zu analysieren (s. *Grundrisse*, S. 375—413).[14] Dazu kam es zwar nur ansatzweise, aber immer blieb doch die Basis Hauptgegenstand seiner Studien.

Während Marx und Engels bereits in den 40er Jahren die allgemeinen Prinzipien für ihren Geschichtsmaterialismus entwickelten, gelingt Marx erst in den folgenden Jahrzehnten die Grundlegung einer Theorie des Kapitals. Er erreicht dies durch das erneute und vertiefte Studium der klassischen Ökonomen, in erster Linie von Ricardo.

Erst jetzt trifft er die für seine Theorie so wesentliche Unterscheidung zwischen Arbeit und Arbeitskraft, wobei erstere eine qualitative Größe, ein Gebrauchswert, ist, und letztere eine quantitative, ein Tauschwert. Diese Unterscheidung findet man nicht in der früheren ökonomischen Literatur. Sie ist absolut grundlegend für Marx' Darstellung. In neueren Untersuchungen über den Ursprung und die frühere Entwicklung des Marxismus hat man diese Unterscheidung mit Recht als einen Wendepunkt dargestellt.[15]

Die Theorie der kapitalistischen Produktionsweise gerät in dieser Untersuchung nur soweit in den Blick, als sie den Weg für Marx' und Engels' erneutes Interesse für allgemeine Fragen der Erkenntnis und der Wissenschaft bereitet. Daß sie dies tatsächlich leistete, steht außer Zweifel.

Die Theorie über das Kapital wird im Rahmen einer besonderen wissenschaftlichen Tradition entwickelt. Es ist die Tradition, in der Smith und Ricardo stehen. Gleichzeitig begründet sie eine neue Etappe innerhalb dieser Richtung. Marx sieht das entscheidende Problem aus einer anderen Perspektive, seine gesamte Sichtweise der ökonomischen Zusammenhänge in einer kapitalistischen Ökonomie ist eine andere.

Das hängt damit zusammen, daß sich die Konsequenzen aus den ökonomischen Lehrsätzen für Marx von denen, die Smith und Ricardo ziehen, unterscheiden. Die Differenzen treten, lange bevor die Theorie des Kapitals entwickelt ist, hervor, ja schon als Marx sich erstmals mit Ökonomie beschäftigt. In den vieldiskutierten *Pariser Manuskripten* (bzw. den *Ökonomisch-philosophischen Manuskripten*), wo sich Marx im großen und ganzen damit begnügt, die führenden Ökonomen zu zitieren und zu referieren, macht er gelegentlich Äußerungen, die in die Richtung seiner späteren systematischen Auseinandersetzung mit der klassischen Nationalökonomie weisen. Er sagt u. a., daß vor allem Smith und Ricardo vom Privateigentum als einem Faktum ausgehen, dieses Faktum aber nicht zu erklären versuchen, daß sie bestimmte Gesetze aufstellen, diese jedoch nicht begreifen — demnach den Zusammenhang, in dem sie stehen, übersehen (MEW, Erg.-Bd. 1, S. 510 f.). Noch näher kommt er der späteren, ausgearbeiteten Perspektive, wenn er den Unterschied zwischen den ökonomischen Hauptkategorien, zwischen Gewinn, Grundrente und Arbeitslohn usw., als einen *„historische(n)*, nicht im Wesen der Sache begründeten Unterschied"(ebd., S. 525) erklärt.

Der unmittelbare Anlaß für Marx, schon hier die Formen der kapitalistischen Ökonomie als historische und vergehende zu sehen, liegt darin, daß er — im Gegensatz zu seinen Vorgängern — überzeugt ist, daß die gesamte kapitalistische Gesellschaft untergehen wird. Als Sozialist glaubt er nicht an Adam Smith' stationäres Stadium (Smith 1978, S. 82).

Sollte die Meinungsverschiedenheit nur darauf beruhen, würde sie sich auf ideologische Differenzen beschränken und hätte keinerlei wissenschaftliche Bedeutung. Je weiter Marx jedoch seine ökonomische Theorie entwickelt, desto deutlicher wird es, daß er sich auf einer fundamentalen innerwissenschaftlichen Ebene von Smith' Ansatz unterscheidet. Er versucht niemals, eine exklusive ökonomische Theorie zu formulieren; er glaubt nicht an die Möglichkeit, durch eine Abstraktion, in der die ökonomischen Kategorien als reine und unverfälschte auftreten, der Wirklichkeit näher zu kommen. Seine Ökonomie ist gleichzeitig eine Soziologie, eine Lehre von den Klassen und dem Klassenkampf.

Darüber hinaus versucht er den vergänglichen Charakter der kapitalistischen Verhältnisse immer genauer herauszuarbeiten. Deren Gesetzmäßigkeit hatte nicht immer Geltung; es gab — und es gibt noch — Produktionsweisen, die sich grundsätzlich von der kapitalistischen abheben. Die Eigendynamik des Kapitalismus treibt ihn immer mehr zu seiner eigenen Auflösung. Expansion ist eine Lebensbedingung der kapitalistischen Ökonomie, aber der Gegensatz zwischen Kapital und Arbeit wird sie allmählich dämpfen und die herrschende Ordnung in immer schwerere und schließlich unvermeidbare Krisen stürzen. Das wesentliche Resultat der Theorie, die Marx formulierte, ist der unabwendbare Untergang des Kapitalismus.

All dies ist voll ausgearbeitet in den *Grundrissen*. Bereits in der Einleitung zeigt Marx, daß man in der nationalökonomischen Tradition die grundlegenden Verhältnisse des Kapitalismus als allzeit gültige voraussetzte. Man ging aus vom schiffbrüchigen Robinson und postulierte, daß die Umstände, die in einer entwickelten Ökonomie herrschen, in seinen Lebensbedingungen wiederzufinden sind, wenn auch in einer einfacheren und deshalb anschaulicheren Weise (*Grundrisse*, S. 5 ff.).

Demgegenüber versucht Marx zu zeigen, daß die kapitalistische Ökonomie nur zu begreifen ist, wenn man sie als grundsätzlich unterschieden von anderen Ökonomien sieht. Er will darstellen, wie sie aus der feudalen Wirtschaft hervorwächst, jedoch einen Charakter annimmt, der in wesentlichen Teilen neu ist. Sie hat. wie er sagt, ihre Voraussetzungen, die sie hinter sich läßt und die folglich nicht als konstituierendes Moment in sie eingehen. Daß man im späten Mittelalter Geld spart, ist eine unumgängliche Bedingung für den späteren Kapitaleinsatz; dieses Sparen selbst ist „nicht-kapitalistisch", denn der Kapitalismus setzt voraus, daß der Reichtum, das Produktionsresultat, wieder reinvestiert wird, damit die Räder der Produktion noch schneller rollen. Der Kapitalismus ist eine expansive Ökonomie, anders als der Feudalismus, aus dem heraus er sich entwickelt (ebd., S. 363).

Marx behauptet also, im Gegensatz zu seinen nationalökonomischen Vorgängern, daß die Geschichte qualitativ neue Verhältnisse hervorbringt, die nicht logisch aus den früheren Verhältnissen abgeleitet werden können. Die Bedeutung dieser Marxschen Auffassung kann man kaum überbetonen. Sie ist entscheidend; sie bildet den Ausgangspunkt für Marx' und Engels' erneutes Interesse an der Dialektik und der Natur der Erkenntnis.

Das historische Studium der Entstehung des Kapitalismus ist in der Tat ein wichtiger Aspekt sowohl der *Grundrisse* wie des *Kapital*, denn vor allem hier wird die These von der grundsätzlichen Veränderlichkeit der Geschichte — vorläufig wesentlich der ökonomischen Geschichte — belegt. Im *Kapital* verwendet Marx viel Energie darauf zu zeigen, wie entscheidend es für die kapitalistische Entwicklung ist, daß „freie" Arbeiter auftauchen, d. h. Menschen, die ihre Arbeitskraft verkaufen können und die nicht an bestimmte Herren, Orte oder Beschäftigungen gebunden sind. Erst dann kann die kapitalistische Mehrwertproduktion beginnen (MEW 23, S. 74). Er behauptet auch, daß der Übergang vom Handwerk zur Manufaktur sukzessiv und kontinuierlich ist: werden viele Arbeiter gleichzeitig beschäftigt, schlägt das Handwerk in Manufaktur um. Damit beginnt etwas qualitativ Neues; eine Form, die völlig anderen ökonomischen Gesetzen als denen des alten Handwerks folgt, entsteht. — Genau an dieser Stelle im *Kapital* bekennt sich Marx zu dem Hegelschen „Gesetz" des Umschlagens von Quantität und Qualität; es hat hier ebenso „wie in der Naturwissenschaft"(ebd., S. 326 f.) Gültigkeit. Auf diese Äußerung werden wir zurückkommen müssen (s. unten S. 133).

Den größten Arbeitsaufwand treibt Marx allerdings nicht bei der Frage nach dem Durchbruch des Kapitalismus, sondern in bezug auf dessen Funktionsweise. Marx will durch die Erforschung der für den Kapitalismus kennzeichnenden Gesetzmäßigkeiten bestätigen, daß dieser auf seinen eigenen Untergang zusteuert und aus ihm eine qualitativ neue Ökonomie hervorwächst. Der Kapitalismus hat einen Anfang und ein Ende.

Was unterscheidet nun Marx' Theorie grundsätzlich von der Smith' und Ricardos? Marx und Engels begnügen sich nicht damit, auf den ideologischen Unterschied hinzuweisen. Sie belassen es nicht dabei aufzudecken, daß Smith und Ricardo das kapitalistische System akzeptieren und dessen Verwirklichung als den absoluten Höhepunkt der Geschichte begreifen. Mit einer derartigen Kritik wären sie nicht über das hinausgekommen, was sie verächtlich utopischen Sozialismus nannten (vgl. z. B. MEW 4, S. 489 ff.; MEW 19, S. 181 ff.) — der Unterschied zwischen bürgerlicher und sozialistischer Auffassung wäre einzig ein Unterschied zwischen verschiedenen Wertungen, verschiedenen Idealen. Weil sie jedoch vor allem postulieren, daß ihre Theorie die ökonomische und soziale Wirklichkeit besser erklärt, muß folglich der Unterschied auch ein theoretischer sein.

Marx müht sich außerordentlich, die Geschichte der ökonomischen Theorie zu erforschen. Er bezieht sie auf die Entwicklung der ökonomischen Wirklichkeit. Er unternimmt den Versuch zu zeigen, daß eine bestimmte abstrakte Theorie nur dann entwickelt werden kann, wenn die ökonomische Wirklichkeit einigermaßen komplex und entwickelt ist. Aristoteles konnte nicht die Arbeit als einzig wertschaffende Größe erkennen, weil die Sklavenhaltergesellschaft seinen Blick einschränkte (MEW 23, S. 74). Adam Smith hingegen konnte zu dieser Abstraktion vordringen, weil er eine stark differenzierte Ökonomie als Studienobjekt vor sich hatte. Für ihn war Arbeit nicht eine bestimmte Art von Arbeit, weder Feld- noch Industrie- oder sonst eine Arbeit, sondern schlicht Arbeit (*Grundrisse*, S. 24).

Es gibt eine verbreitete Ansicht, daß die Marxsche Theorie nicht mit der von Ricardo oder John Stuart Mill vergleichbar sei, auch nicht mit der von Darwin oder Newton. Es sei ein Fehler — den Marx und besonders Engels gelegentlich selbst begingen —, sie überhaupt als bestimmten Theorietyp auszugeben. Zu dieser Auffassung Stellung zu beziehen, ist für unseren Zusammenhang äußerst wichtig, da sie entscheidend ist für die Kritik an Engels' dialektischen Bemühungen. Engels versucht, die materialistische Geschichtsauffassung, einschließlich der Theorie über das Kapital, in eine Hierarchie wissenschaftlicher Theorien, von der Mechanik aufwärts, einzufügen. Schon dadurch habe er — so heißt es — die theoretische Ausrichtung des Marxismus mißverstanden.

Diese Kritik nimmt oft ihren Ausgangspunkt mit der elften These über Feuerbach: „Die Philosophen haben die Welt nur verschieden *interpretiert*; es kommt aber darauf an, sie zu *verändern*." (MEW 3, S. 535) Marx schrieb die Thesen 1845, kurz bevor er und Engels in der *Deutschen Ideologie* mit den Junghegelianern abrechneten und die Grundlagen für ihren Geschichtsmaterialismus legten. Diese These, so wird nun argumentiert, sei ein Zeichen dafür, daß Marx eine Theorieauffassung habe, die sich nicht mit der von Engels in den 70er und 80er Jahren vereinbaren ließe. Damit ihre Rechnung aufgeht, haben die Kritiker vom älteren Marx, bzw. von gewissen Zügen seines Denkens, Abstand nehmen müssen. So spricht z. B. J. Habermas (1971, S. 397) vom „ökonomischen" Marx der späten 50er Jahre, der sich jedoch gegenüber dem „metaphysischen" Engels an bestimmten Stellen eigentümlich nachgiebig zeige. Für Habermas ist es selbstverständlich, daß die Parallelen, die Marx zwischen seiner Theorie und gewissen naturwissenschaftlichen Theorien zieht, fremde Anleihen sind.

Habermas schreibt dies bereits 1957 in einer Übersicht über die damals relativ neue deutsche Marxliteratur, in der eine völlige Einigkeit darüber besteht, daß Engels die Marxsche Theorie verdreht und verfälscht habe. Die Auffassung, der er Ausdruck verleiht, ist immer noch repräsentativ. Der Marxismus ist demzufolge ein „revolutionärer Humanismus" und kein Materialismus in irgendeiner der gängigen philosophischen Bedeutungen (ebd., S. 394). Der historische Materialismus ist „wesentlich eine Revolutionstheorie" (ebd., S. 397), demnach eine Theorie nur soweit, wie er der gesellschaftlichen Veränderung als Werkzeug dient.[16]

Die wissenschaftstheoretische Eigentümlichkeit des Marxismus liegt demzufolge also darin, wie er das Verhältnis zwischen Theorie und Praxis bestimmt. Es scheint, als ob man in dieser Kritik am „metaphysischen" Engels und am „ökonomischen" Marx den entscheidenden Unterschied zwischen Marx' und Ricardos ökonomischer Theorie, die These von der Vergänglichkeit der Produktionsweisen, über alle Gebühr strapaziert: Alles befindet sich in einem ständigen Fluß, der sich nicht in einigen allgemeinen Behauptungen fixieren läßt. In einer der sorgfältigsten und lohnendsten Auseinandersetzungen mit Engels' Dialektik aus dem Umkreis der Frankfurter Schule — A. Schmidts *Der Begriff der Natur in der Lehre von Marx* — findet man z. B. eine Kritik an Engels' Vorstellung von Raum und Zeit, die darauf hinausläuft, daß sogar diese Kategorien historisch bedingt sind (Schmidt 1971, S. 55). Die äußerste Konsequenz einer derartigen Sichtweise wäre, daß nichts, was historisch veränderlich ist, auch nur provisorisch bestimmt werden kann; die einzige legitime Aufgabe für einen Marxisten wäre dann, alle Aussagen, die je gemacht wurden, mit den historischen Umständen, unter denen sie zustandekamen, in Beziehung zu setzen.

Daß die Vorstellung des Fließenden und schwer Fixierbaren in Marx' theoretischer Arbeit zentral ist, ist unbestritten; aber sie ist dies in hohem Grade auch bei Engels. Diejenigen, die den Marxismus hegelianisch zu rekonstruieren versuchen — z. B. die Vertreter der Frankfurter Schule —, sind mit der Schwierigkeit konfrontiert, daß Hegel ein System entworfen hat. Er hat nicht nur über die ständige Veränderbarkeit gesprochen, er hat darüber hinaus den inneren Zusammenhang des gesamten gewaltigen Entwicklungsprozesses gesucht, dessen Anfang und Ende.

Hat Hegel dabei nicht den gleichen Fehler wie später Engels und in gewisser Weise Marx gemacht? Ist Engels lediglich dem schlechten Beispiel

Hegels gefolgt, wie Lukács in seinem Buch von 1923 behauptete? Diesen Gedanken verfolgt Theodor W. Adorno konsequent in seiner *Negativen Dialektik*. Hegel unterscheidet zwischen dem Geistigen und dem Materiellen und glaubt, daß das Geistige primär ist. Engels differenziert zwischen dem Geistigen und dem Materiellen und meint, daß das Materielle primär ist. Genau darin liegt nach Adorno der Fehler beider. Die dialektische Methode, die Hegel entwickelte, kann niemals zu einem System, zu einem geschlossenen Ganzen von Lehrsätzen über die Welt führen. Ebensowenig kann man zwischen Geistigem und Materiellem unterscheiden, sie sind unauflöslich vereint in der Kette der Geschehnisse (s. Adorno 1966, S. 25 ff., 31 ff., 102 ff., 195 f.; vgl. auch Lichtheim 1971, S. 22 ff.).

4. Theorie und Praxis

Es bedarf keiner weiteren Vertiefung in diese Art von Marxismusinterpretation, die man sogar weit außerhalb der Mauern der Frankfurter Schule antreffen kann. Wenn man von ihren allgemeinphilosophischen und wissenschaftstheoretischen Voraussetzungen und Implikationen absieht und sich streng an die historischen Fragen hält, dann ist es offensichtlich, daß diese Interpretation darauf hinausläuft, vieles von dem, was nicht nur Engels, sondern auch Marx seit dem Ende der 50er Jahre behauptet haben, als unmarxistisch abzustempeln. Der wirkliche Marxismus findet sich in ihren — oder doch zumindest Marx' — Schriften der 1840er Jahre.

Wie konnten sich Marx und Engels auf so absonderliche und unmarxistische Spekulationen in reifem Alter einlassen? Daß sie ab und zu inkonsequent waren, daß sie sich kleine Ausflüge weg von den Grundauffassungen, die sie teilten, erlaubten, ist nicht sonderbar, sondern im Gegenteil sehr verständlich und darüber hinaus in ihren Schriften leicht zu belegen. Aber wie konnten sie hartnäckig und ziemlich konsequent einen Weg einschlagen, der sie weit ab von dem führen würde, für das sie wirklich standen?

Man hat in der historisch-kritischen Interpretation des Marxismus auf eine betrübliche Weise die naheliegendsten geschichtlichen Umstände in Engels' und besonders in Marx' wissenschaftlicher Entwicklung vergessen. Als sie die *Deutsche Ideologie* Mitte der 40er Jahre schrieben, hatten sich beide gründlich mit der neuen Nationalökonomie und einer Reihe sozialistischer Lehren vertraut gemacht. Ihr Angriff galt jedoch der deutschen idealistischen Philosophie in linkshegelianischem Gewand. Sie setzten sich mit Feuerbach, der gewiß ein Materialist war, aber eine historische Perspektive vermissen ließ, auseinander.

Als sich beide Ende der 50er Jahre abermals mit Philosophie und insbesondere Hegel befassen, haben sie ihre Auffassung vom Sozialismus und der Revolution weiter ausgearbeitet. Vor allem jedoch hat Marx nun eine eigene Theorie der sozio-ökonomischen Zusammenhänge entwickelt. Dies ist sein großer Neugewinn in den 50er Jahren.

Wenn Marx und Engels die Einheit von Theorie und Praxis betonen, so tun sie dies in polemischer Abgrenzung gegenüber den deutschen Philosophen. Es sind ja die *Philosophen*, die bloß die Welt interpretieren, die glauben, daß eine neue Gesellschaft aus ihren Ansichten über das Wesen des Christentums entsprießen wird. Der Philosoph Feuerbach nennt sich Kommunist nur deshalb, weil er eingesehen hat, daß die Menschen einander bedürfen. Er „will also, wie die übrigen Theoretiker, nur ein richtiges Bewußtsein über ein *bestehendes* Faktum hervorbringen, während es dem wirklichen Kommunisten darauf ankommt, dies Bestehende umzustürzen" (MEW 3, S. 42). Die gleiche Kritik gilt allen Sozialisten, die glauben, daß man die Welt mit der bloßen Idee einer guten Gesellschaft verändern kann — so z. B. Pierre-Joseph Proudhon, den Marx in *Das Elend der Philosophie* (1847) auseinandernimmt.

Wie verhält es sich nun mit den Nationalökonomen, was die Frage nach dem Verhältnis zwischen Theorie und Praxis betrifft? Dieses Problem wurde — merkwürdigerweise — völlig aus der Diskussion herausgehalten. Dennoch ist es entscheidend.

Adam Smith, David Ricardo, Jean-Baptiste Say, Thomas Robert Malthus oder John Stuart Mill waren keine Revolutionäre. Man kann sie nicht anklagen, den Sozialismus mit Hilfe von Ideen und Theorien verwirklichen zu wollen, da sie gar keinen Sozialismus verwirklichen wollten. Im großen und ganzen waren sie Anhänger der bürgerlichen und kapitalistischen Gesellschaft. Wie aber verhielten sie sich zur bürgerlichen Praxis? Wie verhielten sie sich zur Frage nach dem Verhältnis zwischen ihrer ökonomischen Theorie und den tatsächlichen ökonomischen, sozialen und politischen Maßnahmen ihrer Zeit?

Die klassische Nationalökonomie ist in vielem ein Kind der Aufklärung. Sie teilt deren optimistischen Kardinalgedanken, daß die Wahrheit nützlich und Nutzen nur auf dem Wege der Erkenntnis erreichbar ist. Adam Smith selbst ist ein typischer Aufklärer. Er stellt den Zusammenhang zwischen der politischen Ökonomie und dem politischen Nutzen niemals in Frage. Wie sollte er auch? Er ist Professor der Moralphilosophie. Seine ökonomische Theorie wächst aus seinen — völlig traditionell strukturierten — Studien der „Jurisprudence", die in die vier Gebiete „justice, police, revenue and arms" aufgegliedert sind. „Revenue", Einkommen, ist die Hauptfrage der Ökonomie.

Er stellt die Frage nach der Ökonomie von Anfang an als eine praktische Frage: es kommt darauf an, „the most proper way of securing wealth and abundance" (Smith 1896, S. 157) zu finden. Er ist darauf bedacht zu zeigen, wie mangelhafte Kenntnis der ökonomischen Zusammenhänge zu schädlichen politischen Maßnahmen geführt hat. Die merkantilistische These, daß sich Reichtum in Geld oder edlen Metallen ausdrückt, hat „many prejudical errors in practice" (ebd., S. 200) zur Folge gehabt.

Diese selbstverständliche Verbindung zwischen Theorie und Praxis findet man durchgehend in *Wealth of Nations* (1776). Ausgehend von seiner grundlegenden Überzeugung, daß die Arbeit auf die eine oder andere Weise den Tauschwert schafft[17], zieht er Schlußfolgerungen darüber, wie die Gesellschaft eingerichtet sein müsse, um den größtmöglichen Reichtum zu erzielen. Die politische Ökonomie ist für ihn eine praktische Wissenschaft. In seinen Ausführungen über die Ausbildung schließt er sich der klassischen aristotelischen Unterscheidung zwischen theoretischen und praktischen Disziplinen an — dies ist eine Einteilung, die „der Natur der Dinge vollkommen zu entsprechen scheint" (Smith 1978, S. 652). Das Ziel der Moralphilosophie — zu der für Smith auch die Ökonomie gehört — ist es, eine möglichst systematische Ordnung der gesellschaftlichen Praxis zu errichten. Die Theorie von der Praxis zu trennen und zu glauben, daß die bloße Theorie genüge, um das praktische Leben zu verändern — ein derartiger Gedanke ist weder Adam Smith noch David Ricardo gekommen.

Mit Ricardo hat sich das Feld für die ökonomische Theorie freilich verengt; die wissenschaftliche Spezialisierung hat auch die Ökonomie geprägt. Seine *Principles of Political Economy* (1817) handeln keineswegs von so vielen gesellschaftlichen und historischen Erscheinungen wie *Wealth of Nations*. Gleichzeitig ist die theoretische Struktur viel straffer geworden. Die politische Ökonomie hat im Verhältnis zur allgemeinen Moralphilosophie an Selbständigkeit gewonnen.

Dies bedeutet allerdings nicht, daß Ricardo das Verhältnis zwischen Theorie und ökonomischer und politischer Praxis prinzipiell anders sehen würde als Smith. Er ist genauso eifrig darauf bedacht, nützliche Schlüsse aus seinen Thesen zu ziehen. Wenn er z. B. über Löhne spricht, wendet er sich gegen „the poor laws", die nicht den Armen helfen, sondern nur die Reichen ärmer machen. Inzwischen weiß man um diesen Effekt der Armengesetze, und damit besitzt man „the remedy" (Ricardo 1903, S. 82 ff.).

Ricardos Problem ist ein streng theoretisches — es geht darum, eine Erklärung zu finden, weshalb die Distribution des Reichtums einer Gesellschaft zwischen den drei dominierenden Klassen (Grundbesitzer, Kapitalisten und Arbeiter) in verschiedenen Entwicklungsstadien der Gesellschaft unterschiedlich ist (ebd., S. 1). Aber seine Theorie hat praktische Implikationen, und er ist bemüht, den Weg zur Umsetzung der Theorie in Handlung aufzuzeigen.

Marx hat dies gesehen. Er schrieb viele tausend Seiten über die bürgerlichen Nationalökonomen — in den *Grundrissen*, dem *Kapital*, den *Theorien über den Mehrwert* —, nirgendwo warf er ihnen vor, sie hätten den wirklichen Zusammenhang zwischen Theorie und Praxis aus den Augen verloren. Sie strebten lediglich eine andere Praxis als er an, und sie hatten eine andere Theorie. Aber sie hatten keinen vollständig anderen *Typ* von Theorie; ihre und Marx' Theorie sind vergleichbar.

Es gibt demnach keinen besonders verdammungswürdigen „ökonomischen" im Unterschied zum philosophischen und revolutionären Marx, der zusammen mit Engels die materialistische Geschichtsauffassung in der *Deutschen Ideologie* skizzierte. Es bleibt abzuwarten, ob es wenigstens einen „metaphysischen" Engels gibt.

5. Erneutes Interesse für Hegel

Der Unterschied zwischen der Marxschen und den klassischen nationalökonomischen Theorien des Kapitalismus besteht nicht wesentlich darin, daß sie auf ungleichem empirischem Material aufbauen. Die fortgeschrittenste kapitalistische Gesellschaft, die englische, war und blieb das zentrale Studienobjekt (vgl. MEW 23, S. 12). Gewiß, Marx benutzte andere Quellen als seine Vorgänger, vor allem die offizielle Statistik. Die soziologischen Gegebenheiten spielten bei ihm eine wesentlich größere Rolle: Es gab für ihn nicht schlicht „Armut" oder „Arbeiter". Aber all dies kann den Unterschied nicht erklären. Marx hatte, genau wie Engels in seinen früheren Schriften scheinbar ein für allemal mit Hegel und dem hegelianischen Erbe abgerechnet. Er hatte die Hegelsche Rechts- und Staatsphilosophie kritisiert, er hatte Hegel in den *Pariser Manuskripten*, die Linkshegelianer in *Die Heilige Familie* und der *Deutschen Ideologie* zurückgewiesen; Proudhon, der sich mit Hegelschen Kategorien schmückte, wurde im *Elend der Philosophie* abgekanzelt.

Im Jahr der politischen Unruhen, 1848, und danach werden philosophische und Methodenfragen für Marx und Engels in den Hintergrund gedrängt. Als die Welt wieder ruhiger wird, nehmen sie andere Dinge in Angriff: Marx die ökonomischen Theorien, Engels die praktischen Aufgaben des Alltags. Hegel und die hegelianischen Fragen verschwinden fast vollständig aus ihren Aufzeichnungen und Briefen.

Gegen Ende der 50er Jahre ist es an der Zeit, die gewonnen Erfahrungen und Erkenntnisse zu summieren. Jetzt, wenn nicht schon früher, wird es offensichtlich, daß das Besondere, das Einmalige ihrer Vorstellungswelt auf irgendeine Weise mit der hegelianischen Philosophie zusammenhängen muß. Zwar haben sie endgültig von Hegel Abstand genommen, aber es ist trotz allem Hegel, der die Basis, von der aus sie ihr Denken entwickeln, abgibt.

Was Engels betrifft, so hängt sein neues Hegelinteresse auch mit einer wachsenden Neugier den Naturwissenschaften gegenüber zusammen. Dies ist teilweise eine andere Geschichte, auf die wir zurückkommen werden und die verknüpft ist mit der durchgreifenden Wandlung des gesamten intellektuellen Klimas in England und Europa. Zum Teil ist es jedoch auch dieselbe Geschichte: Ist die Frage nach dem Verhältnis einer Wissenschaft zu einer anderen erst einmal geweckt, dann dehnt sie sich bald auf weitere Theorien, auf weitere Gebiete aus.

Darüber hinaus gibt es ein besonderes Problem für Marx und Engels, das für einen späteren Beobachter immer akut ist, das sie aber selbst nicht auf eine klare und unzweideutige Weise formulieren. Die Theorie der kapitalistischen Produktionsweise, die Marx entwickelt, ist eine Theorie der ökonomischen Basis; es ist eine Theorie innerhalb des Rahmens der materialistischen Geschichtsauffassung. Sie deckt allerdings nur einen Teil der historischen Wirklichkeit ab, die insgesamt durch die materialistische Geschichtsauffassung erklärt werden soll. Wir haben es also einerseits mit einem allgemeineren und einem spezielleren Teil derselben theoretischen Konzeption zu tun. Andererseits ist die materialistische Geschichtsauffassung, wie sie in der *Deutschen Ideologie* formuliert wurde, *in Relation* und *im Gegensatz* zum Hegelschen Geschichtsidealismus verfaßt — die Theorie des Kapitals hingegen bezieht sich auf die klassische Nationalökonomie. Der Unterschied zwischen einer Geschichtsphilosophie wie der Hegelschen und einer ökonomischen Theorie wie der von Smith oder Ricardo liegt nicht nur in einer Differenz des Geltungsbereichs. Es handelt sich um unterschiedliche Theorietypen; sie unterscheiden sich im Erklärungsinteresse, in der Problemstellung und im Gegenstandsbezug voneinander. Ob Ricardos oder Smith' Theorie in einer idealistischen oder einer materialistischen Geschichtsauffassung Platz finden — eine derartige Frage wird im Rahmen der Theorie selber nicht gestellt. Wir wissen z. B., daß John Stuart Mill die Ideen als die Triebkräfte der Geschichte ansah; wir können dies jedoch nicht seiner ökonomischen Theorie, sondern müssen es seinen anderen Theorien und Vorstellungen, z. B. jenen, die er in *On Liberty* (1859)[18] entwickelt, entnehmen. Genausowenig sinnvoll ist es, den Hegelschen Geschichtsidealismus mit den ökonomischen Ansichten, denen er Ausdruck verleiht, unmittelbar zu verknüpfen. Aus diesem Grund wenden sich Marx und Engels sozusagen in verschiedene Richtungen, je nachdem, ob sie die Geschichts- oder die Kapitaltheorie vor sich haben. Gleichzeitig muß ihre Geschichtsauffassung die Theorie der ökonomischen Basis enthalten und von dieser ausgehen.

Geschichtsmaterialismus und Kapitaltheorie heben sich folglich in Marx' und Engels' Arbeiten von unterschiedlichen Hintergründen ab. Die These, daß das Sein das Bewußtsein bestimmt und nicht umgekehrt, weist auf die Bedeutung der Entwicklung der Erkenntnis des gesellschaftlichen Seins, der Basis, hin; aber sie gibt keine Hinweise darauf, wie diese Erkenntnis strukturiert werden soll. Es ist äußerst aufschlußreich, daß das, was für Marx der Haupteinwand gegen die klassischen Nationalökonomen ist, daß sie eben den vergänglichen Charakter der Produktionsweise nicht begreifen, in seinen und Engels' allgemeinen Darstellungen des Geschichtsmaterialismus keine Rolle spielt — die Einsicht der Veränderlichkeit der Geschichte war ja in der Hegelschen Tradition tief verankert.

Kapitel II
Die rationelle Methode

1. Die „Grundrisse"

Unter allen Schulen und Richtungen, die um die richtige und angemessene Interpretation von Marx kämpfen, herrscht nunmehr eine große Einigkeit darüber, daß die *Grundrisse* entscheidend für das Verständnis seines gesamten Werkes sind.[19]

Das umfassende Manuskript wurde zwischen August 1857 und März 1858 fertiggestellt. Die Eile beruhte nicht nur darauf, daß Marx glaubte, im wesentlichen mit seinem Stoff fertig zu sein. Er glaubte auch, daß die Zeit drängte. Eine Revolution konnte vor der Tür stehen, und da galt es, mit einer ausgearbeiteten Theorie vorbereitet zu sein. Nach den Ereignissen 1848/49 waren er und Engels überzeugt, daß eine Revolution nur im Zusammenhang mit einer durchgreifenden kapitalistischen Krise durchführbar war. 1857 war eine solche Krise im Anmarsch. Sie begann in den USA, und Marx erwartete ihre Ankunft in England und auf dem Kontinent. Er führte Buch über ihre Ausbreitung, wie er Engels am 18. 12. 1857 mitteilte (s. MEW 29, S. 232). Gleichzeitig arbeitete er an seinen *Grundrissen*.

Während dieser Arbeit wird das Abstrakteste des Abstrakten, Hegels Philosophie, zu einem akuten Problem für ihn. Er macht sich zunächst an die Einleitung, die knapp 30 Seiten lang wird. Er kommt darin einer wirklichen Untersuchung seiner eigenen Methode am nächsten. Er nimmt, wenn auch nur kurz, Stellung zu Hegel und den Hegelianern. Als es darauf ankommt, will er die Einleitung jedoch nicht drucken lassen. Allmählich läßt er seinen Gedanken, ein einziges Riesenwerk zu publizieren, fallen und will statt dessen eine Reihe mit Heften herausgeben. Lediglich das erste Heft *Zur Kritik der politischen Ökonomie* wird fertig. Im Vorwort erklärt er, daß er es unterläßt, eine „allgemeine Einleitung", die er geschrieben hat, zu veröffentlichen, „weil mir bei näherem Nachdenken jede Vorwegnahme erst zu beweisender Resultate störend scheint und der Leser, der mir überhaupt folgen will, sich entschließen muß, von dem einzelnen zum allgemeinen aufzusteigen" (MEW 13, S. 7). Statt dessen rekonstruiert er seine eigene intellektuelle Entwicklung und stellt zugleich die allgemeinen Prinzipien klar, die für seine Arbeit wegweisend waren.

Die Einleitung zu den *Grundrissen* wurde endlich nach der Jahrhundertwende in der führenden sozialdemokratischen Zeitschrift, Kautskys *Die Neue Zeit* (1903, Heft 31), publiziert. Seitdem hat sie eine außerordentliche Bedeutung für verschiedene Richtungen innerhalb des Marxismus gehabt. Max Adler, der versuchte, Marx und Kant zu vereinen, bezog sich oft auf sie (z. B. Adler 1908, S. 6 u. 82 ff.) — desgleichen Lukács, als er in *Geschichte und Klassenbewußtsein* eine Marxismusinterpretation vorlegte, die sich von der Adlers radikal unterschied (Lukács 1968, S. 75 ff.). In neueren einflußreicheren Darstellungen des Marxismus spielt die Einleitung durchgehend eine entscheidende Rolle, wenn auch weiterhin als Grundlage für nicht völlig zu vereinbarende Interpretationen. Sie ist kein leicht verständlicher Text.

Es ist sicher richtig, wie Louis Althusser in *Für Marx* (1968, S. 123) schreibt, daß die Einleitung der *Grundrisse* einer Darlegung der Marxschen dialektischen Methode am nächsten kommt. Marx gedachte allerdings selbst eine weitere Darstellung derselben zu geben. Im Januar 1858, als er an späteren Partien der *Grundrisse* arbeitet, teilt er Engels in einem Brief mit, daß er in seiner laufenden Arbeit großen Nutzen daraus zog, „by mere accident" einige Werke Hegels in die Hand bekommen zu haben. Er fügt hinzu: „Wenn je wieder Zeit für solche Arbeiten kommt, hätte ich große Lust, in 2 oder 3 Druckbogen das *Rationelle* an der Methode, die H(egel) entdeckt, aber zugleich mystifiziert hat, dem gemeinen Menschenverstand zugänglich zu machen." (MEW 29, S. 260)

Die Zeit für eine solche Arbeit fand Marx offensichtlich nie, aber die Idee läßt ihn nicht los. Er aktualisiert sie wieder, als er mit Joseph Dietzgens philosophischer Arbeit bekannt wird. In einem Brief an Dietzgen im Mai 1868 teilt er ihm seinen Plan für eine „Dialektik" mit. Er gebraucht fast die gleichen Worte wie in seinem Brief an Engels vor einem Dezennium (s. MEW 32, S. 547). Als er fünfzehn Jahre später stirbt, ist eine derartige Darstellung das Erste, wonach Engels in seinen Hinterlassenschaften — vergebens — sucht (s. Brief von Engels an P. L. Lawrow v. 2. 8. 1883, in: MEW 36, S. 3).

Was Marx in seinen letzten Jahrzehnten über sein Verhältnis zu Hegel zu sagen hat, beschränkt sich deshalb in der Hauptsache auf eine lange Reihe einzelner Aussagen in den *Grundrissen*, dem *Kapital* und an anderen Stellen. Engels empfand den Mangel einer zusammenhängenden Darstellung des Verhältnisses zwischen Hegels Philosophie und dem Marxismus als belastend. Sein *Ludwig Feuerbach* ist ein letzter Versuch, die Lücke zu füllen (MEW 21, S. 263 f.).

2. Die Einleitung

Die Einleitung der *Grundrisse* ist in erster Linie ein Versuch, den Unterschied zwischen den Ergebnissen der klassischen Nationalökonomie und Marx' eigenen zu erklären. Der zentrale Abschnitt handelt von der Methode der politischen Ökonomie. Aber Marx geht auch auf Hegel und die Hegelianer ein.

Marx betont von Anfang an, daß er von der materiellen Produktion, also der Basis, spricht (1953, S. 5). In einem abschließenden Teil, der hauptsächlich aus Stichpunktfragmenten besteht, geht er auch auf das Verhältnis von Basis und Überbau ein (ebd., S. 29 ff.). Es bleibt aber bei vagen Hinweisen.

Marx knüpft in seinem Text unmittelbar an seine früheren Bestimmungen der materialistischen Geschichtsauffassung an. Die Ähnlichkeit in der Wortwahl zu der in der *Deutschen Ideologie* ist wahrscheinlich kein Zufall. Zumindest, als er etwa ein Jahr später das Vorwort zu *Zur Kritik der politischen Ökonomie* schreibt, hat er das vergilbte Manuskript der 40er Jahre in frischer Erinnerung (MEW 13, S. 10). In der *Deutschen Ideologie* heißt es, daß die Voraussetzungen, von denen die Verfasser ausgehen, die wirklichen Voraussetzungen sind, es sind „die wirklichen Individuen, ihre Aktion und ihre materiellen Lebensbedingungen, sowohl die vorgefundenen wie die durch ihre eigene Aktion erzeugten" (MEW 3, S. 20). In den *Grundrissen* sagt Marx: „In Gesellschaft produzierende Individuen — daher gesellschaftlich bestimmte Produktion der Individuen ist natürlich der Ausgangspunkt." (1953, S. 5)

Die vagen Ausdrücke der früheren Jahre wurden gegen einen einzigen und bestimmteren ausgetauscht — Produktion. Der Ausdruck „Aktion" hat keine selbstverständliche Anbindung an die materielle Basis, und in dem älteren Zitat taucht die Gesellschaft nicht auf. Man kann sagen, daß die entwickelte Theorie der Basis die Differenz der beiden Äußerungen ausmacht.

Der Fehler der Junghegelianer und überhaupt der traditionellen deutschen Philosophen war nach Marx und Engels, daß sie von dem ausgingen, was die Menschen behaupteten und sich einbildeten, der Mensch damit für sie der ‚behauptete' und eingebildete Mensch wurde. Der wirkliche Ausgangspunkt müssen hingegen die Menschen sein, die an ihre praktischen Umstände, ihre materiellen Verhältnisse, ihre wirklichkeitsnahe Tätigkeit gebunden sind. Die Philosophen ließen sich vom Ideenhimmel auf die Erde nieder. Marx und Engels wollen von der Erde zum Ideenhimmel aufsteigen (MEW 3, S. 26).

Die Kritik an den Nationalökonomen richtet sich nicht gegen ihren Idealismus. Wenn sie Idealisten waren, dann spielte dies keine bedeutende

Rolle für ihre ökonomische Theorie im engeren Sinne. Der Hauptangriff in der Einleitung gilt zwar dem Geschichtsidealisten Mill, aber es ist nicht sein Idealismus, sondern die Struktur seiner ökonomischen Theorie, die der Kritik ausgesetzt ist.

In ihrer ökonomischen Theorie gehen die Nationalökonomen von den materiellen Umständen und nicht, wie die idealistischen Philosophen, von den Ideen aus. Es fragt sich, wie sie das Wesentliche der materiellen Umstände zu bestimmen versuchen. Sie setzen voraus, daß das einsame Individuum — Robinson auf seiner Insel — das übersichtlichste und abstrakteste Bild der ökonomischen Verhältnisse in jeder beliebigen Gesellschaft abgibt. Der konsumierende und produzierende Einsiedler gehorcht den gleichen ökonomischen Gesetzen wie ein Kollektiv.

Marx sieht in dieser Vorstellung eine Auswirkung des bürgerlichen Individualismus. Damit hat er die Verfahrensweise der Ökonomen nur ideologisch bestimmt. Er hat nicht deren wissenschaftliche Methodik aufgedeckt. Er weist darauf hin, daß das Individuum in der bürgerlichen Gesellschaft allerdings als eine selbständige Einheit dasteht — die sozialen Formen treten dann „dem Einzelnen als bloßes Mittel für seine Privatzwecke entgegen" (1953, S. 6). In früheren Gesellschaftsformen gehen die Individuen jedoch in verschiedene Typen von Kollektiven (Familie, Stamm usw.) ein, und sie treten nur in einer Gesellschaft — innerhalb eines *bestimmten* und fortgeschrittenen Gesellschaftstyps — als selbständige Individuen auf.

Die bürgerliche individualistische Geschichtsauffassung ist also unhaltbar. Warum ist sie das? Nach Marx liegt die Antwort in ihrer Art, wissenschaftliche Abstraktionen zu bilden und anzuwenden. Abstraktionen sind notwendig für jeden Typ wissenschaftlicher Arbeit. Aus der Mannigfaltigkeit des empirischen Materials muß man gewisse Züge oder Erscheinungen heraussieben und als wesentlich bezeichnen. Man muß das Zufällige überwinden und das Gemeinsame, das Verbindende, das Entscheidende herausfinden. Damit ist aber keineswegs gesagt, *wie* sich die verschiedenen Abstraktionen zueinander oder zu dem konkreten Material verhalten sollen.

Die Ökonomen haben vorausgesetzt, daß gewisse Abstraktionen immer gültig sind — und auf jedem Niveau. Deswegen konnten sie von einem Gesellschaftstyp auf alle Typen und von der Gesellschaft im großen auf das einzelne Individuum schließen. In diesem Fall müssen die verschiedenen Abstraktionen voneinander isolierbar sein, man muß sie als selbständige „Akteure", die die Geschichte durchlaufen und die für Individuen, Gruppen und ganze Gesellschaften gelten, behandeln können. Wenn die Verhältnisse zwischen den Abstraktionen von Epoche zu Epoche variieren, oder wenn man sie nur teilweise voneinander unterscheiden kann, dann kann man nicht mit ihrer Hilfe gerade Linien in vergangener und zukünftiger Geschichte ziehen.

Die ökonomischen Theoretiker haben auf unterschiedliche Weise versucht, diese Manöver durchzuführen. Die große Schwierigkeit liegt darin, die materielle *Produktion* von der *Distribution* der Produktionsergebnisse zwischen verschiedenen Gesellschaftsklassen zu trennen. Ricardo nimmt die Produktion als etwas Gegebenes, das außerhalb der eigentlichen Problemsphäre der Ökonomie liegt. Die zentrale Frage der ökonomischen Theorie ist für ihn die Veränderung der Distribution zwischen den drei Gesellschaftsklassen: Grundbesitzer, Kapitalisten und Arbeiter (vgl. oben S. 36 und Marx 1953, S. 17). J. S. Mill verfolgt einen ähnlichen Gedankengang. Die Produktion entwickelt sich mit der Notwendigkeit eines Naturgesetzes. Sie ist demnach nicht der menschlichen Berechnung und dem menschlichen Willen unterworfen. Die Natur liefert den Rahmen, innerhalb dessen sich die Menschen zu bewegen haben. Beeinflußt werden kann nur die Distribution. Die Produktion bestimmt die Größe des Kuchens, aber die Menschen können sich den Kuchen auf verschiedene Weise teilen (s. Mill 1968, Bd. 5, S. 210 ff.).

Es wäre in diesem Zusammenhang interessant gewesen, wenn Marx auf Mills *System of Logic* oder genauer gesagt, auf Mills Ansicht der wissenschaftlichen Methodik und Theoriebildung, die so eng mit seiner Argumentation in der Ökonomie verknüpft ist, eingegangen wäre. Marx nimmt jedoch, genauso wenig wie Engels, nähere Notiz von der empirischen englischen Philosophie — nur deren konkretes Ergebnis, die ökonomische Theorie, wird gegen Marx' eigene allgemeine Wissenschaftsphilosophie gestellt.

Für Marx ist Mills These von der Naturgesetzlichkeit der Produktion ein Versuch, die kapitalistische Produktionsweise zur ewigen Gültigkeit zu erheben: Es hat sie immer gegeben, wenn auch in mehr oder weniger primitiven Formen, und es wird sie immer geben, wenn auch in entwickelter und fortgeschrittener Gestalt. Auf einer streng ökonomisch-theoretischen Ebene unterscheidet sich Marx von Ricardo und Mill durch die Auffassung, daß Produktion und Distribution durchgreifenden historischen Veränderungen unterworfen sind und daß die Produktion faktisch entscheidend für diese Veränderung ist.

Diese theoretischen Unterschiede können keineswegs auf Unterschiede im Resultat reduziert werden; es sind auch Differenzen in der wissenschaftlichen Verfahrensweise. Für Ricardo und Mill ist es eine selbstverständliche Voraussetzung, daß man Produktion und Distribution voneinander isolieren kann. Wenn Mill die Frage stellt, was die Menschen in bezug auf die Ökonomie tun können, dann wird es bei seiner Methodik notwendig, die Produktion als eine Konstante im Verhältnis zu den menschlichen Handlungen zu betrachten, wohingegen die Distribution eine Variable darstellt, auf die sich Maßnahmen konzentrieren können.

Für Marx hingegen sind Produktion und Distribution voneinander abhängige Variablen. Um den Vorteil seiner Betrachtungsweise zu demonstrieren, führt Marx eine längere Begriffsanalyse der ökonomischen Hauptkategorien Produktion, Distribution, Austausch und Konsumtion durch (1953, S. 10—21). Diese Kategorien sind ständig ineinander verwoben, sie können nur provisorisch oder für begrenzte analytische Zwecke voneinander isoliert werden. Schon rein logisch hängen sie zusammen: z. B. ist die Produktion immer auch Konsumtion (der Rohwaren), die Konsumtion ist immer auch Produktion (z. B. des eigenen Körpers). In dieser Hinsicht herrscht — wie Marx sagt — eine unmittelbare Identität zwischen ihnen. Aber es gibt auch ein mittelbares, ein indirektes Verhältnis zwischen ihnen. Die Produktion bestimmt die Konsumtion — nur das, was produziert wurde, kann konsumiert werden —, die Konsumtion bestimmt aber auch die Produktion — das, was nicht konsumiert wird, kann auf Dauer nicht produziert werden. Zwischen der Produktion und der Konsumtion liegt der Austausch und die Distribution. Der Versuch, die Distribution zu isolieren, nimmt sich schon aus diesem Grunde recht aussichtslos aus. Marx zeigt, daß die Ökonomen, die derart verfuhren, nicht umhin konnten, etliche Kategorien — z. B. das Kapital — doppelt zu bestimmen, weil sie sie teils in Relation zur Produktion, teils zur Distribution setzen mußten.

Die Struktur der Distribution ist durch die Produktionsstruktur bestimmt, sagt Marx. Das bedeutet nicht, daß die Distribution völlig abhängig von der Produktion ist. Man kann z. B. feststellen, daß die Distributionsform historisch gesehen der entsprechenden Produktionsform vorhergehen kann (so wie der Handelskapitalismus dem Industriekapitalismus vorausgehen kann). Darüber hinaus ist die Distribution nicht bloß Distribution von Produkten; sie beginnt also nicht da, wo die Produktion endet. So wie es eine Distribution der Produktionsinstrumente gibt, so gibt es auch die Distribution der Gesellschaftsmitglieder zwischen den verschiedenen Produktionsarten.

Marx zeigt schließlich, daß das abschließende Glied in der Kette von der Produktion zur Distribution, der ökonomische Austausch (und die Zirkulation), auf entsprechende Weise in die ökonomische Ganzheit eingeht.

3. Zelenýs Interpretation

Gegenüber den klassischen Nationalökonomen behauptet Marx, wie wir sahen, daß die ökonomischen Kategorien nicht einmal rein begrifflich und abstrakt auseinandergehalten werden können. Jede Produktionsweise bildet eine einmalige Kombination der verschiedenen Kategorien. Die klassischen Nationalökonomen konnten annehmen, daß der Kapitalismus eine ewige Produktionsform ist, weil sie die Produktion nicht in Zusammenhang mit den übrigen ökonomischen Kategorien brachten. Indem sie nicht mit zusammengesetzten Ganzheiten rechneten, waren sie unfähig, das Neue und Einzigartige in der jeweiligen Produktionsweise zu sehen.

Wie läßt sich jetzt der wesentliche Unterschied in der Verfahrensweise zwischen Ricardo und Mill auf der einen Seite und Marx auf der anderen bestimmen?

Einen äußerst achtenswerten Versuch einer derartigen Bestimmung hat der tschechische Philosoph Jindřich Zelený in seinem Buch *Die Wissenschaftslogik bei Marx und „Das Kapital"* (1970) unternommen. Er stellt dort Ricardo und Marx gegenüber und zieht aus diesem Vergleich interessante Schlußfolgerungen.

Ricardos Analyse des Kapitalismus zeichnet sich nach Zelený dadurch aus, daß sie zwischen den empirischen Phänomenen und dem dahinterliegenden Wesen, das als unveränderlich angesehen wird, unterscheidet. Das Wesen kann demnach keine qualitativen Veränderungen durchlaufen, und damit können auch keine qualitativ unterschiedenen Ökonomien in der Geschichte auftauchen. Die Fragen, die Ricardo aufgreifen kann, sind in Übereinstimmung mit dem gewählten Ausgangspunkt quantitative Fragen (Zelený 1970, S. 23 ff.).

Während Ricardo von dem „fixen Wesen" ausgeht, also von einer Abstraktion, die für alle ökonomischen Verhältnisse gelten soll, beginnt Marx ebenfalls mit einer Abstraktion, aber einer Abstraktion, die als „Zelle", d. h. als die kleinste veränderliche Einheit in einem veränderlichen Organismus, aufgefaßt wird. Die Ware ist bekanntlich jene abstrakte Einheit, von der er im *Kapital* und anderswo ausgeht. Nach Zelený sollte demnach die Ware als die Zelle der kapitalistischen Produktionsweise verstanden werden können (ebd., S. 53 ff.).

Zelenýs Interpretation hat viele feine Details, auf die ich hier nicht eingehen kann. Aber sein allgemeiner Versuch zu bestimmen, wodurch Marx sich von Ricardo unterscheidet, scheint nicht ganz geglückt. Das Bild mit der Zelle trifft nicht. Weder zu Marx' Zeiten noch später haben Biologen eine gewisse Art von Organismus dadurch zu bestimmen versucht, daß sie von dessen Zellen ausgingen. Es ist auch nicht die Zellveränderung, die, entwicklungsgeschichtlich gesehen, den Übergang von einer Art zu einer anderen markiert. Die Analogie wird sicherlich nicht dadurch besser, daß Marx selbst sie angewendet hat (z. B. MEW 23, S. 12).

Wichtiger als die Ware-Zelle-Analogie ist jedoch die Perspektive, in die Zelený die Marxsche Methode rückt. Zelený (1970, S. 23) betont, daß Ricardos Vorstellung eines fixen Wesens in der mechanistischen Vorstellungswelt zuhause ist. Demgegenüber rechnet er Marx' ökonomische Theorie zu einer in gewissem Sinne biologisch ausgerichteten Tradition — genauer: in eine Tradition, die die menschlichen, historischen und gesellschaftlichen Verhältnisse in Analogie zu biologischen sieht. In dieser Tradition finden sich Hegel und die romantischen Naturphilosophen mit Schelling an der Spitze. Gegen den Versuch, die Grundprinzipien der Newtonschen Mechanik auf alle Gebiete anzuwenden, machen sie das Organische, das Zusammengesetzte und Veränderliche in allen historischen und menschlichen Prozessen geltend.

Zelenýs Interpretation ist deswegen interessant, weil sie einen rationalen Grund angibt, der Marx veranlaßt hat, sein Problemfeld von der ökonomischen Theorie im besonderen und der Geschichte im allgemeinen auf eine angrenzende Wissenschaft, nämlich die Biologie, auszudehnen: Zwischen Marx' eigener ökonomischer und historischer Methode und der Biologie bestehe eine Affinität.

4. Der Organismusbegriff

Marx' Kontakte mit der Naturwissenschaft werden wir später untersuchen. Einschränkend können wir hier vorausschicken: Die biologische Inspiration der Ausführungen in den *Grundrissen* ist minimal. Sie wird lediglich einmal sichtbar, als Marx zum Ausdruck bringt, daß die vorkapitalistischen ökonomischen Systeme nur verstanden werden können, wenn man von der komplexeren kapitalistischen Gesellschaft ausgeht, und zur Bestätigung eine Parallele zur Anatomie zieht: „In der Anatomie des Menschen ist ein Schlüssel zur Anatomie des Affen." (1953, S. 26)

Diese Analogie hat einigen gelehrten Abhandlungen in der Marxliteratur als Ausgangspunkt gedient (vgl. z. B. Schmidt 1971, S. 34 f.). Für einen romantischen Naturphilosophen wie Lorenz Oken (z. B. 1833/41, Bd. 4, Vorwort) war es eine Selbstverständlichkeit, daß der Mensch in seinem Wesen die gesamte biologische Hierarchie zusammenfaßt und daß diese Hierarchie vom Menschen aus verstanden werden kann. Ähnliche Gedanken findet man auch bei Hegel, für den z. B. im *System der Philosophie* (Werke, Bd. 10, S. 19) der Geist die „Wahrheit" der gesamten Natur ist[20]; und sie können auch bei Feuerbach aufgespürt werden, z. B. in seinen *Grundsätzen der Philosophie der Zukunft* (Werke, Bd. 2, S. 258 f.). Es waren die Gedanken der romantischen Naturphilosophen, die die wirkliche Forschung innerhalb der vergleichenden Anatomie anleiteten; es waren diese Ideen, die eine lebendige und fruchtbare Tradition in der Biologie bis zum Durchbruch des Darwinismus konstituierten (vgl. Liedman 1966, S. 171 ff.).

Offensichtlich hat diese romantische Sichtweise mit dem methodologischen Gedankengang, den Marx in den *Grundrissen* entwickelt, nichts zu tun.

Im *Kapital* spielen die Parallelen zur Naturwissenschaft und zur naturwissenschaftlichen Forschung eine relativ gewichtigere Rolle; Marx' Interessenausrichtung hat sich gewandelt. Aber auch dort findet man keine spezielle Betonung des Organischen, des Biologischen. Im Vorwort zur ersten Auflage kommt der von Zelený akzentuierte Vergleich zwischen Zellen und Körper vor — als Bild, welches das Verhältnis zwischen dem Einfachen und dem Zusammengesetzten, das in den *Grundrissen* mit Hilfe der romantischen Biologie veranschaulicht wird, beleuchten soll. Aber die neue Analogie sagt nicht mehr aus als die alte. Sie bedeutet nicht, daß es ein direktes Band zwischen der Weise der Biologen, sich einem Problem zu nähern, und der eines Gesellschaftsforschers gibt. Marx kann übrigens im gleichen Zusammenhang eine Parallele zwischen seiner Arbeit und der eines Physikers ziehen (MEW 23, S. 12). Erst gegen Ende des Vorworts macht er einen scheinbar substantielleren Vergleich mit dem Gegenstand der Biologie, als er zum Ausdruck bringt, „daß die jetzige Gesellschaft kein fester Kristall, sondern ein ... im Prozeß der Umwandlung begriffener Organismus ist" (ebd., S. 16). Hier findet man eine wirklich rationale Anknüpfung an die darwinistische Biologie: Die Probleme der Entwicklung betreffen nicht nur die historischen Verhältnisse. Auf der anderen Seite wird mit einer solchen Aussage auf keine Weise Marx' eigene Ansicht über die historische Entwicklung spezifiziert.

In der Tradition, die in Hegel kulminiert, läßt sich eine Reihe sehr bestimmter Vorstellungen darüber aufweisen, was den Organismus oder — was für die Philosophen das gleiche war — eine organische Ganzheit auszeichnet. Kant hatte in der *Kritik der Urteilskraft* einige der Kennzeichen von Organismen aufgezählt. Seine Aufzählung behauptete sich bis zu Schleidens und Schwanns Zelltheorie gegen Ende 1830, derzufolge die grundlegenden Teile von Organismen nicht länger als verschiedene Organe zu identifizieren waren, sondern als gleichartige Zellen. Kant hatte folgende Besonderheiten unterschieden:

1. Die Teile eines Organismus sind nur denkbar in Relation zur Gesamtheit.
2. Jeder Teil muß sowohl Ursache als auch Wirkung der Eigenschaften der anderen Teile sein.
3. Jeder Teil muß notwendigerweise als für die Ganzheit und die anderen Teile, d. h. als Werkzeug oder als Organ, existierend gedacht werden (Kant, Ges. Schriften, Bd. 5, S. 373 f.).

Man glaubte, daß diese Kennzeichen in den für Organismen spezifischen Prozessen, wie Zeugung, Entwicklung und selbstregulierendes Gleichgewicht, zum Ausdruck kämen (ebd., S. 371 f.; Schelling, Werke, Bd. 2, S. 29 f.). In der idealistischen Philosophie schließt das Organische bekanntlich mehr als nur die lebenden Wesen ein — Nationen und Staaten, Gesetzgebung und Sprache, Kunst und Moral und vieles andere konnte mit dem Terminus ‚organische Ganzheit‘ benannt werden. Gegen das mechanistische Ideal der Aufklärer wurde auf beinahe allen Niveaus ein organisches gestellt.

An dieser Vorstellungswelt nimmt auch Hegel teil. Es ist allerdings offenbar, daß die biologische Inspiration bei ihm, relativ gesehen, schwächer ist als bei den romantischen Naturphilosophen.[21] Er benutzt lieber Worte wie „Ganzes“ oder „Totalität“, um eine ähnliche Vorstellung zu bezeichnen, aber er kann auch tiefer in die biologische Begriffswelt einsteigen und vom „Thier“ oder der „Pflanze“ sprechen. In einem so zentralen Text wie dem Vorwort zur *Phänomenologie des Geistes* (1807) glänzt er mit Ausdrücken wie „Wachstum“ und „Blüte“. Dennoch haben die Vorstellungen, die er mit zusammengesetzten Ganzheiten — welchen Namen man ihnen auch geben mag — verknüpft, nicht in der Weise auf die Biologie wie jene von Schelling z. B.

Dagegen können die Charakteristika für Organismen, die Kant gegeben hat, im großen und ganzen von Hegel akzeptiert werden. Seine Ganzheiten, Totalitäten oder Organismen sind zusammengesetzte Größen, deren Teile, Momente oder Organe den Ganzheiten untergeordnet sind und nur in Relation zu ihnen verstanden werden können. Der Ganzheitsbegriff und nicht der spezifischere Organismusbegriff öffnet den Weg zu einem Verständnis des Hegelschen Denkens. Und es ist auch der Ganzheitsbegriff und nicht irgendein biologisch verankerter Organismus- oder Zellbegriff, der den Unterschied zwischen Marx' Theorie auf der einen, Hegel und den klassischen Nationalökonomen auf der anderen Seite markiert.

5. Hegel, Marx und die Identität

Zurück zu den *Grundrissen*. Nachdem Marx seine Auffassung von Mill und Ricardo abgegrenzt hat, ist er sofort darauf bedacht, sie ebenfalls von Hegel abzusetzen. Nach Ausführungen über das heikle Verhältnis zwischen Produktion und Konsumtion bemerkt er: „Hiernach für einen Hegelianer nichts einfacher als Produktion und Konsumtion identisch zu setzen.“ (1953, S. 15) Kurz darauf präzisiert er: „Das Resultat, wozu wir gelangen, ist nicht, daß Produktion, Distribution, Austausch, Konsumtion identisch sind, sondern daß sie alle Glieder einer Totalität bilden, Unterschiede innerhalb einer Einheit.“ (Ebd., S. 20) Den Ganzheitsbegriff hat er mit Hegel gemeinsam im Gegensatz zu den empirisch gesinnten Nationalökonomen. Es ist der Identitätsbegriff, den er gegen Hegel wendet.

Wir können unmittelbar sehen, wie schlecht seine Auffassung von der Totalität mit den Organismusvorstellungen, die innerhalb der idealistischen Philosophie entwickelt wurden, zusammenpaßt. Dort ist jeder Teil der Ganzheit untergeordnet, jeder Teil dient dem Zweck der Ganzheit. Die Organismen in dieser Vorstellungswelt bilden eine — wenn auch nur zufällige — harmonische Einheit.

Aber Hegels Ganzheitsbegriff, der so viel mehr als das Organische sogar in dieser weitgefaßten Bedeutung umfaßt, baut auf einer bedeutend komplexeren und komplizierteren Vorstellung der Identität auf, als die organizistischen Gedankengänge — über Teile eingeordnet in oder vielmehr verschmolzen mit der Ganzheit — ahnen lassen. Marx' Polemik gegen die Hegelsche Identitätsvorstellung muß in diesen weiteren Zusammenhang eingeordnet werden.

Hegel vertritt bekanntlich die allgemeine Auffassung, daß alles der Veränderung unterworfen ist, daß alles einem rastlosen Entwicklungsprozeß folgt. In jedem derartigen Prozeß bilden sich Ganzheiten aus einander entgegengesetzten Teilen, aber diese Ganzheiten sind zufällig und werden gesprengt, um von neuen komplexeren Ganzheiten abgelöst zu werden.

Marx' Vorstellung der Entstehung, Etablierung und Auflösung der verschiedenen Produktionsverhältnisse scheint lediglich eine spezielle Anwendung dieses allgemeinen Hegelschen Entwicklungsgedankens zu sein. Marx stimmt jedoch nicht mit Hegel überein: Für ihn hat dieser das Verhältnis zwischen Teilen in Ganzheiten auf eine falsche und spekulative Weise verstanden.

Hegel versucht in seinen Arbeiten einen einfachen oder nicht zusammengesetzten Ausgangspunkt, der den Anfang der endlosen, immer komplizierter werdenden Entwicklungsprozesse ausmacht, zu finden. In der *Phänomenologie des Geistes*, in der er dem Weg der Erkenntnis folgt, geht er von der „sinnlichen Gewißheit" (Werke, Bd. 2, S. 81 ff.) aus, in der *Wissenschaft der Logik* vom „unqualifizierten Sein" (Werke, Bd. 4, S. 69 ff.). Welchen Ausgangspunkt man auch wählt, man läßt immer andere mögliche aus. Wer „Etwas" zum Gegenstand seiner Untersuchung nimmt, läßt „ein Anderes" (ebd., S. 132 ff.) außer Betracht. Dann wird allerdings das Andere zum Problem, und vor allem wird das Verhältnis oder die Relation[22] zwischen dem Ersten und dem Anderen zum Problem. Beide Erscheinungen müssen in eine Ganzheit eingefügt werden. Aber diese Ganzheit schließt bereits wieder dritte und vierte Erscheinungen aus, die ihrerseits einzufügen sind. Zwischen den in die erste Ganzheit eingehenden Teilen besteht immer noch ein Gegensatz: Sie hören auch in ihrer Vereinigung nicht auf, „Etwas" und „ein Anderes" zu sein.

Dies ist eine Beschreibung eines theoretischen Prozesses, eines Erkenntnisprozesses. Aber Hegel in seiner idealistischen Grundauffassung behauptet, daß jede reelle Entwicklung den gleichen Verlauf nimmt. Der Weg der Erkenntnis entspricht dem Entwicklungsprozeß der Wirklichkeit.

Marx' Kritik betrifft zunächst nicht Hegels Idealismus, sondern dessen Vorstellung, wie sich die einzelnen Teile im Ganzen, die Momente in der Totalität zueinander verhalten. Bevor wir verstehen können, was Marx kritisiert, müssen wir Hegels Gedankengang begreifen.

Eine Schlüsselrolle bei Hegel (genauso wie bei Marx) spielt das Gegensatzpaar abstrakt-konkret. Der einfache Ausgangspunkt ist deshalb immer abstrakt, weil er „das Andere" ausschließt. Die Einheit von dem „Etwas" und dem „Anderen" ist konkret im Verhältnis zu den in sie eingehenden Momenten. Abstraktion bedeutet, daß man das Konkrete in seine Bestandteile zerlegt.[23] Marx' Anwendung dieser Begriffe unterscheidet sich im Prinzip nicht von der Hegels. Marx sagt in den *Grundrissen*: „Das Konkrete ist konkret, weil es die Zusammenfassung vieler Bestimmungen ist, also Einheit des Mannigfaltigen." (1953, S. 21) Die Worte sind einfacher, aber der Inhalt ist ähnlich.

Der Unterschied in der Auffassung von Hegel und Marx liegt im Verhältnis der in die konkrete Totalität eingehenden abstrakten Bestimmungen zueinander. Um das Verhältnis zwischen den Momenten in einer vorläufig stabilisierten Ganzheit zu beschreiben, verwendet Hegel vorzugsweise ein Wort, das in verschiedener Hinsicht von äußerster Wichtigkeit in der Geschichte des Marxismus ist: nämlich „Reflexion".[24] Dieser Ausdruck paßt ausgezeichnet zu Hegels Vorhaben, die Übereinstimmung zwischen dem Ideellen und dem Reellen, der Idee und der Wirklichkeit zu zeigen. Die Reflexion ist in erster Linie ein Moment im intellektuellen Prozeß. Sie ist die Analyse einer Totalität, also ein Abstraktionsprozeß. Sie ist jedoch nicht irgendeine Analyse. Das eine Moment wird einem anderen gegenübergestellt; man hat zwar die Ganzheit vor Augen, hält aber dennoch die Momente getrennt. In Wirklichkeit unterscheidet Hegel zwischen verschiedenen Arten von Reflexion (Werke, Bd. 4, S. 492 ff.), auf die wir hier nicht einzugehen brauchen.

„Reflexion" hat indes nicht nur die Alltagsbedeutung von Nachdenken, sondern kann im gewöhnlichen Sprachgebrauch auch auf Lichtphänomene bezogen sein: Widerschein, Widerspiegelung. Diese Doppeldeutigkeit des Wortes nutzt Hegel aus. Die Momente in einer Totalität werden nicht nur in der Reflexion zerlegt — darüber hinaus reflektiert jedes sich selbst und zugleich die anderen Momente. Aus dieser Widerspiegelung geht die Einheit der Totalität für die Reflexion hervor.

Zwischen Reflexion und Identität gibt es einen engen Zusammenhang im Denken Hegels. Das Identitätsgesetz der Logik $a = a$ ist der Gipfel der

Abstraktion, und mit seiner Hilfe kann man überhaupt keine Veränderung, keinen Prozeß, verstehen. Die „äußere" Reflexion bleibt bei dem rein tautologischen Identitätssatz stehen. Eine höhere Form der Reflexion begreift indes, daß die Identität eine Identität zwischen getrennten Momenten ist. Die „bestimmende" Reflexion bestimmt eine Erscheinung, indem sie sie von einer anderen abgrenzt: Auf diese Weise bleibt sowohl „Etwas" als auch „ein Anderes" im Blickfeld (ebd., S. 508 ff.).

Aber die Identität ist wie die Abstraktion keine Erscheinung, die einzig Denkprozesse betrifft. Der Identitätsbegriff findet in gleicher Weise Anwendung auf reelle Objekte. In einer beliebigen reellen Totalität sind die in sie eingehenden Momente miteinander identisch und dennoch unterschieden.

6. Die Ganzheit nach Marx

Gegen diese Identitätsvorstellung wendet sich Marx.

In den von mir angeführten Zusammenhängen spricht sich Hegel über allumfassende, überall gültige Erscheinungen aus. Marx beschäftigt sich mit einer begrenzten und spezifizierten Theorie. Für Hegel erhebt sich die einheitschaffende Vernunft über die verschiedenen Formen der Reflexion. Mit seiner Philosophie will er in erster Linie die großen spekulativen Fragen, die in der idealistischen Tradition formuliert wurden, lösen.

Die Totalität, von der Marx spricht, ist die der materiellen Produktion. Hegels Totalitäten können alles mögliche sein. Dieser Unterschied ist wesentlich. Indem er seine eigene Auffassung mit der Hegels konfrontiert, stellen sich für Marx weitreichende methodologische und theoretische Fragen. In der Einleitung zu den *Grundrissen* löst er die Unterschiede im Geltungsanspruch nicht auf. Er nennt den zentralen Abschnitt „Die Methode der politischen Ökonomie". Aber er redet, als ob seine Äußerungen für jedwede wissenschaftliche Methode Geltung beanspruchen würden. Wie verhält sich die Totalität, deren Struktur er erforscht, zu anderen Totalitäten? Die Frage wird halbwegs offen gelassen. Erst seinen späteren Texten ist zu entnehmen, daß ihm die Hegelsche Methode in ihrer gesamten Tragweite klarer ins Bewußtsein gedrungen ist.

Bereits in der Einleitung hat er Schlüsselbegriffe von Hegel entliehen. Worte wie „Bestimmung", „Totalität", „Moment" usw. sind in der Tradition von Smith, Mill und Ricardo genauso unbekannt oder zumindest bedeutungslos wie sie für Hegel zentral sind. Wenn Marx zum Ausdruck bringt, daß die Teile in der Ganzheit der materiellen Produktion nicht identisch sind, meint er damit zweifelsohne Identität in einer — im Hegelschen Sinne — höheren, dialektischen Bedeutung. Hegel definiert „Moment"

(d. h. Moment in einer Totalität) als etwas, das aufgehoben wurde oder eine Einheit mit seinem Gegensatz gebildet hat, also etwas, das „ein Reflektiertes" ist (Werke, Bd. 4, S. 121). Die Momente in einer Totalität spiegeln demnach einander wider. Sie sind der höheren Einheit der Totalität untergeordnet.

Die Auffassung, die Marx als seine eigene hervorhebt, ist bis ins Detail auf Hegel bezogen. Was Marx über die Totalität der materiellen Produktion sagt ist folgendes:

1. Eines der Momente, die Produktion, prägt sowohl sich selbst als auch die übrigen Momente (die Produktion „greift über", sie dominiert die Ganzheit). „Eine bestimmte Produktion bestimmt also bestimmte Konsumtion, Distribution, Austausch und *bestimmte Verhältnisse dieser verschiedenen Momente zueinander.*" (1953, S. 20)

2. Die Produktion wird *„in ihrer einseitigen Form"* (ebd.) von den anderen Momenten bestimmt. Zwischen allen Momenten herrscht Wechselwirkung.

Durch die Verwendung des Terminus „Wechselwirkung" wird deutlich, worin sich Marx und Hegel voneinander unterscheiden. Nach Hegel bedeutet die Vorstellung einer Wechselwirkung eine Weiterentwicklung der Kausalitätsidee (a verursacht b, b ist die Wirkung von a). Rechnet man nur mit Kausalitäten, so bezieht man die verschiedenen Größen bloß „äußerlich" aufeinander, d. h. sie gehen nicht in die gleiche Ganzheit oder Totalität ein. Geht man indes von Wechselwirkungen aus, so kann man die verschiedenen Größen nicht länger voneinander isolieren.

Bloße Wechselwirkung konstituiert noch keine Totalität, weder für Hegel noch für Marx. Im ersten Teil seiner *Enzyklopädie* erklärt Hegel, daß die Wechselwirkung „sozusagen an der Schwelle des Begriffs" steht. Er führt in diesem Zusammenhang ein Beispiel an, das für unsere Darstellung von Interesse ist; nicht nur weil es in der späteren marxistischen Tradition Aufmerksamkeit erregte (Lenin, Werke, Bd. 38, S. 154), sondern auch deshalb, weil es so konkret ist, daß es unmittelbar mit Marx' Gegenstand, der materiellen Produktion, verglichen werden kann. Das Beispiel betrifft das Verhältnis zwischen dem Charakter und den Sitten eines Volkes sowie dessen Gesetzgebung. Hält man sich an die einfache Kausalität, dann muß man entscheiden, was Ursache und was Wirkung sein soll. Man kommt jedoch der Wahrheit näher, wenn man sagt, daß beide in die gleiche Ganzheit eingehen und sich gegenseitig prägen (Hegel, Werke, Bd. 8, S. 346 f.).

Es handelt sich also um den gleichen Typ von Wechselwirkung zwischen Momenten in einer Ganzheit, von dem auch Marx spricht. Es gibt jedoch einen Unterschied, dessen Bedeutung schwer einzuschätzen ist. Marx behauptet, daß die Wechselwirkung zwischen vier verschiedenen Momenten herrscht. Hegel spricht nie von mehr als zwei Größen — es handelt sich immer um „Etwas" und „ein Anderes". Er definiert „Verhältnis" als eine gegenseitige „Beziehung von zwei Seiten aufeinander" (Werke, Bd. 3, S. 125), und gerade das „Verhältnis" ist sein terminus technicus für die Beziehung in einer Totalität, wohingegen der weitere Ausdruck „Beziehung" keine besondere Rolle in seiner Terminologie spielt (vgl. Wall 1966, S. 3). Es ist bedeutsam, daß Hegel nur von jeweils zwei Momenten spricht — seine Logik läßt nicht mehr zu. Dies hängt mit seinem Identitätsbegriff zusammen, also jenem Begriff, gegen den Marx opponiert.

Hegel meint, daß die bloße Feststellung einer Wechselwirkung zwischen zwei Momenten — in obigem Beispiel Sitten und Gesetze — uns die in Frage stehende Ganzheit nicht begreiflich macht. Erst mit dem Begriff werden die beiden Momente in einer Einheit koordiniert, wird der Gegensatz zwischen dem Einen und dem Anderen aufgehoben; erst mit dem Begriff verschmelzen sie zu einer wirklichen Totalität. Ja, man kann hier genauso gut sagen, daß sie erst dadurch die Synthese erreichen. Die beiden „Seiten" der Wechselwirkung werden als „Momente eines Dritten, Höheren . . ., welches dann eben der Begriff ist" (Werke, Bd. 8, S. 347), erkannt.

Da Marx das Erreichen dieser Einheit als nicht notwendig oder nicht möglich ansieht, kann er vier Bestimmungen in die gleiche Ganzheit einfügen. Marx sucht nicht den Punkt, an dem die Unterschiede zwischen den Momenten aufhören; er sucht statt dessen ein dominierendes oder übergreifendes Moment, ein Moment, das gleichzeitig die übrigen (und sich selbst) bestimmt und in Wechselwirkung mit ihnen steht.

7. Die Ökonomie der Ökonomen, Hegels ganze Philosophie

Es gehört zu den unzweifelhaften Verdiensten von Louis Althusser, hervorgehoben zu haben, daß der Unterschied zwischen Hegels und Marx' Dialektik nicht nur ein Unterschied zwischen Idealismus und Materialismus ist, sondern auch ein Unterschied in der Auffassung der dialektischen Struktur (Althusser 1968, S. 78). Im Gegensatz dazu ist Althussers Charakterisierung von Marx als eines notorischen Nicht-Hegelianers weniger überzeugend. Die Dynamik, die Spannung in Marx' Verhältnis zu Hegel kann mit derartig einfachen Postulaten nicht erklärt werden. Es sind keine Launen oder Zufälle, die Marx — wie Engels — dazu treiben, sich mit Hegel nochmals auseinanderzusetzen.

Die Einleitung der *Grundrisse* beinhaltet nicht nur eine Auseinandersetzung mit dem Hegelschen Identitäts- und Systembegriff. Marx untersucht darüber hinaus Hegels Ansicht über die Beziehung zwischen Erkenntnis und ihrem Objekt. Seine Abrechnung mit dem Hegelschen Idealismus spielt sich hier ab. Ich werde zu zeigen versuchen, daß diese Auseinandersetzung, die im Text direkt auf die Untersuchung des Totalitätsbegriffs folgt, auf der gleichen von Hegel abweichenden Auffassung von der „Identität" und dem „Unterschied" aufbaut.

Wiederum grenzt Marx seine Auffassung sowohl von den klassischen Nationalökonomen als auch von Hegel ab. Er ist einig mit ihnen, daß man in der wissenschaftlichen Behandlung eines Objekts — im vorliegenden Fall der politischen Ökonomie — mit dem Abstrakten beginnen muß. In der älteren ökonomischen Theorie ist man ausgegangen von „dem vorgestellten Konkreten", von „dem lebendigen Ganzen" (Marx 1953, S. 21) — z. B. der Bevölkerung eines Landes —, aber auf diesem Weg läßt sich keine wirkliche Erkenntnis der ökonomischen Zusammenhänge erhalten. Es war deshalb ein großer Fortschritt, als Smith von allen konkreten Unterschieden und Besonderheiten absah und die Arbeit an sich zum Ausgangspunkt seiner Lehre machte. Aber Smith und seine Nachfolger begingen den Fehler, daß sie, als sie schließlich eine stichhaltige Abstraktion gefunden hatten, glaubten, diese wäre für die gesamte Geschichte und auf die immer gleiche Weise gültig.

Hegel verstand die theoretische Arbeit als einen Weg vom Abstrakten zum Konkreten, und wie Marx, aber im Unterschied zu den Ökonomen, sah er diesen Prozeß nicht als einen formallogischen an, sondern als eine „hervorbringende" Entwicklung, d. h. eine Entwicklung, in der die Abstraktionen aufgrund ständig neuer Inhalte modifiziert werden müssen. Dem konkreten Geschichtsverlauf kann nicht gerecht werden, wer starr an überkommenen Abstraktionen festhält.

Hegel war der Meinung, weil die Erkenntnis ein intellektueller Prozeß sei, müsse auch ihr Gegenstand, die Wirklichkeit, ihrer Natur nach ideell sein. Dagegen wendet sich Marx. Der Weg vom Abstrakten zum Konkreten ist sicherlich ein Denkprozeß, gleichzeitig ist das Konkrete das, was der Wirklichkeit am meisten entspricht, also die beste Erkenntnis. Dies bedeutet jedoch nicht, daß das Konkrete als Resultat der wissenschaftlichen Arbeit gleichzeitig die Wirklichkeit *ist* oder der Denkprozeß vom Abstrakten zum Konkreten einer wirklichen Entwicklung von etwas Abstraktem zu etwas Konkretem entspricht. Das Konkrete in der Erkenntnis ist eine „Gedankentotalität", ein „Gedankenkonkretum" (Marx 1953, S. 22). Es darf deshalb nicht mit dem Konkreten in der äußeren Wirklichkeit identifiziert werden. Marx verwendet viel — vielleicht zuviel — Energie darauf zu zeigen, daß die ökonomische Entwicklung nicht durchgehend und nicht in konsequenter Weise von einfacheren zu zusammengesetzteren Verhältnissen fortschreitet. Die Geschichte der Ökonomie ist in keiner Hinsicht so verlaufen, daß sie mit dem Weg der entwickelten ökonomischen Theorie vom Abstrakten zum Konkreten übereinstimmt (ebd., S. 22 ff.).

Tatsächlich wendet sich Marx in dieser Darlegung sowohl gegen Hegel als auch gegen die klassischen Nationalökonomen. Letztere gingen ja davon aus, daß die kapitalistischen Verhältnisse in der gesamten Geschichte aufzufinden sind — lediglich desto einfacher und primitiver, je weiter man in der Zeit zurückgeht. Hegel nahm an, daß jede Entwicklung, also auch die geschichtliche, von etwas Einfachem und Abstraktem ausgeht — auf gleiche Weise wie das Denken oder die Theorie.

Die bislang begrenzte Kritik an Hegels Identitätsauffassung umfaßt nun also auch den eigentlichen Kardinalgedanken, die Identität von Theorie und Gegenstand. Hegel behauptete, daß jede Totalität eine Einheit — wenn auch eine zufällige — der in sie eingehenden Momente darstellt. Dagegen wendet Marx ein, daß dies für die Totalität der materiellen Produktion nicht zutrifft. Aber jetzt erweitert sich plötzlich die Perspektive. Was er über das Verhältnis des Konkreten im Denken zum Konkreten in der Wirklichkeit behauptet, impliziert, daß er prinzipiell die gleiche Kritik gegen Hegels Idee einer absoluten Verschmelzung auf erkenntnistheoretischem Gebiet wie gegen jene auf dem Gebiet der ökonomischen Theorie richtet. Er behauptet, daß es eine Übereinstimmung zwischen Denken und Wirklichkeit gibt, diese Übereinstimmung allerdings nicht als Identität aufgefaßt werden darf.

Die Einleitung der *Grundrisse* erhält ihre außerordentliche Bedeutung dadurch, daß Marx dort nicht nur wie bereits früher seinen Geschichtsmaterialismus gegen Hegels Geschichtsidealismus stellt, sondern darüber hinaus seine Theorie der Basis mit der Hegelschen Methodologie konfrontiert. Seine Darstellung gibt jedoch keine Antwort auf die wesentliche Frage, in welchem Maße das, was er über die Methode der politischen Ökonomie sagt, auf *jede* wissenschaftliche Methodologie zutrifft.

Es scheint, als ob die Frage nach der Methode *anderer* Wissenschaften noch nicht in Marx' Blickfeld geraten ist. Aber die Frage ist in dem, was er sagt, angelegt. Wenn er von der politischen Ökonomie spricht, *als ob* es sich um jedwede Erkenntnis handle, so muß unweigerlich das Problem auftauchen, wie sich die politische Ökonomie zu anderen Disziplinen verhält.

Vergleicht man die „Einleitung" mit entsprechenden — wenn auch sporadischeren, zufälligeren, unzusammenhängenderen — Äußerungen im *Kapital* (I. Band), so erkennt man, daß gerade die Frage des Verhältnisses von politischer Ökonomie und Naturwissenschaften wie Physik, Chemie und vor allem Biologie später für ihn wesentlich und entscheidend geworden ist. Es wird eine wichtige Aufgabe für uns sein, die Bedingungen für diese Veränderung herauszufinden.

Die „Einleitung" wirft auf jeden Fall die Frage nach dem Verhältnis zweier Erkenntnisgebiete auf. Das eine ist das der materiellen Produktion (also die politische Ökonomie in engerer Bedeutung) und das andere das der Gesellschaft und der Geschichte im großen, d. h. das Gebiet des Geschichtsmaterialismus. Leider hat Marx seine Gedanken an dieser Stelle nicht ausgeführt; er begnügt sich mit einigen die „Einleitung" abschließenden Stichpunkten, die für uns gleichwohl von großem Wert sind.

Einer dieser Punkte — der sechste — bezieht sich auf das „unegale Verhältnis der Entwicklung der materiellen Produktion z. B. zur künstlerischen" (1953, S. 29). Zunächst sieht es so aus, als ob es sich hier um ein ziemlich banales Problem handele, das Marx nur aufgreift, um sich gegen diverse vulgäre Vorstellungen, der Fortschritt auf einem Gebiet bedeute immer zugleich einen entsprechenden Fortschritt auf allen anderen Gebieten, abzusichern. Nach einer solchen Auffassung wäre z. B. die griechische Kunst der modernen notwendigerweise weit unterlegen.

Marx weist nicht nur den einfältigen Gedanken zurück, der Entwicklungsgrad der materiellen Produktion gäbe den Bewertungsmaßstab für alle Kulturprodukte ab, sondern er spricht auch und vor allem davon, daß die „Blütezeiten" der Kunst keineswegs der allgemeinen Entwicklung der Gesellschaft entsprechen (ebd., S. 30). Damit relativiert er die Idee von der Sonderstellung der materiellen Produktion: Zwar bleibt die materielle Produktion für die historische Entwicklung im großen und ganzen bestimmend, dies aber besagt nicht, daß alle gesellschaftlichen Erscheinungen lediglich davon abhängen.

Diese Äußerungen stehen in einem logischen Zusammenhang mit denen, die Marx in den vorangegangenen Passagen der „Einleitung" über die Totalität der materiellen Produktion und über das Verhältnis von Erkenntnis und ihrem Objekt gemacht hat. Es geht ihm die ganze Zeit über um „unegale Verhältnisse", wo *ein* Moment — die Arbeit in der Totalität der materiellen Produktion, die materielle Produktion in der der Gesellschaft, das Erkenntnisobjekt in der des Erkenntnisprozesses — eine Sonderstellung einnimmt und als dominierendes herausgehoben wird, aber dennoch nicht als das einzig entscheidende, das unabhängige oder ausschlaggebende gilt.[25] Es geht folglich um Strukturgleichheiten auf verschiedensten Gebieten. Diese Strukturgleichheiten werden in Engels' späteren Bemühungen um den dialektischen Materialismus zum eigentlichen Kernpunkt und zum heiklen Problem.

In seiner „Einleitung" ist Marx jedoch noch weit von einer Systematisierung entfernt. Er vermeidet es sogar, seine Geschichtsauffassung materialistisch zu nennen, und spricht von der realen (im Gegensatz zur idealen) Geschichtsschreibung. An anderer Stelle kündigt er seine Absicht an, auf die „Vorwürfe", seine Auffassung sei materialistisch, einzugehen und seine Beziehung zum „naturalistischen Materialismus" zu untersuchen (1953, S. 29). Was er damit meint, ist nicht auszumachen.

8. Das Verhältnis zu den Frühschriften

Bislang haben wir das, was Marx über Hegel gegen Ende der 50er Jahre sagt, nicht auf seine wesentlich ausführlicheren Auseinandersetzungen mit Hegel in den 40er Jahren bezogen. Das mag eigenartig erscheinen. Im größten Teil der Marxliteratur wurde sein Verhältnis zu Hegel vornehmlich anhand der Frühschriften analysiert. Ein beinahe klassisches Beispiel ist *Reason and Revolution* (1941) von Herbert Marcuse, der Marx einen Platz in der Hegelschen Tradition zuweist und die „marxistische Dialektik" mittels einiger Aussagen in den Frühschriften bestimmt (Marcuse 1972, S. 241 ff.). An und für sich ist das, was Marx in früheren Jahren über Hegel sagt, unendlich umfassender und erschöpfender als das, was er im *Kapital* und in den *Grundrissen* leistet. Als Marcuse sein großes Buch schrieb (und noch einige Jahrzehnte danach), hatten die Frühschriften außerdem den Charme und den Reiz des Neuentdeckten. Es kam darauf an, den Philosophen Marx vom Ökonomen und Politiker abzugrenzen. Den Philosophen entdeckte man nur in den vor 1848 verfaßten Schriften, und in deren Licht sollten nun die späteren Arbeiten gesehen werden.[26]

Der Anlaß, nur den jungen Marx zum Philosophen zu erklären, ist ziemlich äußerlich. Marx befaßt sich zunächst, noch ganz im Geiste der Junghegelianer und Feuerbachs, mit der „Kritik", die ihren Ausgangspunkt in der „Philosophie" habe. In einem Artikel der *Rheinischen Zeitung* schreibt er, daß man die Politik und die Religion aus der Philosophie heraus kritisieren müsse, denn diese sei „die geistige Quintessenz ihrer Zeit" (MEW 1, S. 97 ff.).

Frühzeitig kommt jedoch ein neuer Bezugspunkt ins Blickfeld: die Wissenschaft. Bereits in den *Pariser Manuskripten*, wo er erstmals ernsthaft über seine Beschäftigung mit der klassischen Nationalökonomie Rechenschaft ablegt, spricht er von der Naturwissenschaft als „Basis der *menschlichen* Wissenschaft" (MEW, Erg.-Bd. 1, S. 543). Etwa ein Jahr später, in *Die heilige Familie*, reden Marx und Engels von Wissenschaft sowohl in dieser allgemeinen Bedeutung als auch in einem qualitativen Sinne, d. h. von einer besseren oder schlechteren Wissenschaft oder wissenschaftlicher und unwissenschaftlicher Forschung (MEW 2, z. B. S. 32).

Die Wissenschaft nimmt folglich Schritt für Schritt den Platz der Philosophie ein. Wenn Marx seine späteren ökonomischen Arbeiten mit dem Titel oder (wie im *Kapital*) Untertitel *Zur Kritik der politischen Ökonomie* versieht, dann deshalb, weil er bei dieser Kritik nicht mehr von seiner (zudem noch unreifen Jugend-)Philosophie ausgeht, sondern von seiner wohl ausgearbeiteten wissenschaftlichen Theorie.

Das ist zu vergegenwärtigen, wenn man seine Äußerungen über Hegel in den *Grundrissen* und später analysiert. Er ist nicht der gleiche Hegel, für den er sich nun interessiert. Es sind nicht mehr die gleichen Fragen, die für ihn wichtig sind. Man begeht einen großen Fehler, wenn man unterstellt, daß Marx sich nach seinen Frühschriften philosophisch nicht mehr weiterentwickelt habe. Wir können dies an einem Beispiel verdeutlichen. Gerd Dicke erklärt im Vorwort seiner gelehrten Abhandlung *Der Identitätsgedanke bei Feuerbach und Marx* (1960), daß Marx zuallererst als Philosoph verstanden werden muß. Folglich geht er von dessen frühen, explizit philosophischen Arbeiten aus. Für Dicke verkürzt sich dann Marx' Identitätsbegriff auf den Identitätsbegriff der Frühschriften. Aus diesem Grunde entdeckt Dicke auch nicht die neue und spezifische Kritik des Hegelschen Identitätsbegriffs in den *Grundrissen*, die keine Entsprechung in den Arbeiten der 40er Jahre hat, die aber von entscheidender Bedeutung für das Verständnis des Verhältnisses zwischen Marx' voll entwickelter Theorie und Hegels Philosophie ist.

Gewiß, Marx distanziert sich nirgends von den Hauptpunkten seiner frühen Hegelkritik, wie sie in dem großen fragmentarischen Manuskript *Kritik des Hegelschen Staatsrechts* (1843) oder in den *Pariser Manuskripten* (1844) formuliert wurde. Auf dem Weg zu den *Grundrissen* legt er jedoch mehrere Etappen zurück. In den früheren Schriften greift er Hegel von Feuerbachs Position her an. Hegel geht demzufolge von der Idee und nicht vom Sinnlichen, vom Empirischen aus; er macht „überall die Idee zum Subjekt" (MEW 1, S. 209), also z. B. in seiner politischen Philosophie die Staatsidee zur Triebkraft der Entwicklung. Die wirklichen Menschen hingegen werden zum bloßen Ausdruck der Ideen, zu deren „Prädikat" oder „Objekt". Für ihn steht die Logik obenan — „das *entäußerte*, daher von der Natur und dem wirklichen Menschen abstrahierende *Denken*; das *abstrakte* Denken" (MEW, Erg.-Bd. 1, S. 571 f.). Noch in *Die heilige Familie* erklärt Marx, daß das wesentliche Kennzeichen der Hegelschen Methode die Erfassung der „*Substanz*" als „*Subjekt*", als „*innerer* Prozeß", als „absolute Person" ist (MEW 2, S. 62).

In späteren Arbeiten verändert Marx in dieser Hinsicht nicht mehr seine Position: Er zweifelt nicht daran, daß das empirisch Gegebene der Ausgangspunkt der wissenschaftlichen Arbeit ist. Auch wenn er später seine Einschätzung in andere Worte kleidet, so hält er an der Auffassung, die er in den *Manuskripten* zum Ausdruck brachte, fest, daß das Große und wirklich Verdienstvolle an Hegel die Darstellungsweise der Geschichte als zusammenhängender Prozeß ist (MEW, Erg.-Bd. 1, S. 574). Dennoch gibt es äußerst wichtige Veränderungen in seinem Verhältnis zu Hegel. Noch in den *Manuskripten* und anderen frühen Auseinandersetzungen mit Hegel schließt er sich Feuerbachs Idee vom Wesen des Menschen an, das in der Gesellschaft entweder entfremdet oder verwirklicht werden könne. Ab der *Deutschen Ideologie*, oder richtiger: ab den kurzen *Thesen über Feuerbach*, gibt er diese Vorstellung *eines* menschlichen Wesens auf; anstelle *vom* Menschen spricht er jetzt *von den* Menschen (MEW 3, S. 6). Mit dieser Auflösung des Feuerbachschen Wesensbegriffs beginnt die materialistische Geschichtsauffassung. Das bedeutet nicht nur, daß nun die historische Perspektive in den Vordergrund gerückt wird. Es bedeutet zuallererst, daß die menschlichen Individuen nicht in Relation zu einem gedachten Wesen gesetzt werden, sondern in Relation zu den herrschenden materiellen Umständen, durch die sie geprägt werden und die sie ihrerseits prägen.

Die frühere, von Feuerbach inspirierte Kritik an Hegel hat zwar nicht ihre Gültigkeit, aber in gewisser Weise an Aktualität verloren. Das ursprüngliche Kritikmuster enthielt durchaus eine individualistische Komponente: Ausgangspunkt war der Mensch im Singular. Die Kritik an Hegels Kollektivbegriffen wie Staat und Nation erhielt dadurch ihre besondere Schärfe. Jetzt befinden sich Marx und Engels auf dem Wege der Entwicklung neuer Kollektivbegriffe — vor allem der des Klassenbegriffs —, die im Unterschied zu denen Hegels nicht aus irgendeinem Ideenhimmel, sondern aus den praktischen Umständen der Menschen stammen.

Der (zu begründende) Geschichtsmaterialismus gibt aber nicht unmittelbar Anlaß, erneut die Hegelsche Philosophie aufzugreifen. Mit der *Deutschen Ideologie* scheinen Marx und Engels in einen sicheren Abstand von ihr geraten zu sein. Erst als Marx seine ökonomische Theorie ausarbeitet, wird Hegel wieder aktuell.

9. Die wissenschaftliche Methode

Marx hat seinen Plan, das Rationelle der Hegelschen Methode darzustellen, nie ausgeführt. Um zu verstehen oder zumindest zu ahnen, was er damit gemeint haben könnte, verbleiben uns nur die sparsamen Äußerungen in der „Einleitung" der *Grundrisse*, teilweise im *Kapital* und, noch sporadischer, in Briefen und ähnlichem.

Eine Frage, die sich nicht unmittelbar anhand dieses Materials beantworten läßt, ist zentral genug, um dennoch gestellt zu werden: Was versteht Marx unter Methode in diesem Zusammenhang? Er benutzt diesen Terminus in der „Einleitung", wo er von der „Methode der politischen Ökonomie" spricht. Aber er sagt nicht explizit, was er damit meint. Offensichtlich setzt er voraus, daß sich dieser Begriff von selbst versteht und nicht extra erläutert werden muß.

Die Frage der Methode ist jedoch, wie wir gesehen haben, eine Schicksalsfrage im Marxismus: Eine der großen Auseinandersetzungen bezieht sich darauf, ob der Kern des Marxismus ausschließlich in der Methode zu suchen ist oder nicht. Mit anderen Worten: Sollte Marx, falls er irgendwann einmal die rationelle Methode dargestellt hätte, damit auch den Kern seiner eigenen Doktrin fixiert haben?

Wir müssen uns daran erinnern, daß er nur eine Darstellung des Rationellen in der *Hegelschen* Methode anvisierte. Ob er auf diese Weise einer rationellen Methode an sich näher kommen wollte, wissen wir nicht. Wir wissen lediglich, daß er — wie auch Engels — derart weitläufige Fragen beinahe ausschließlich in Relation zu Hegel diskutiert. Dies bringt eine außerordentliche Schwierigkeit mit sich. Um eine klare Vorstellung seiner Auffassung über eine adäquate Methode zu bekommen, kann man sich nicht damit zufriedengeben, die Entsprechungen und die Unterschiede zwischen Marx und Hegel herauszustreichen. Gleichwohl bildet ein derartiger Vergleich den notwendigen Ausgangspunkt. Man entdeckt dann unmittelbar, daß zwischen Marx und Hegel eine wesentliche Diskrepanz herrscht, auf die Marx uns nicht explizit aufmerksam macht. Hegel spricht von der Methode der Philosophie im Unterschied zur Methode der Spezialwissenschaften. Marx spricht von (dem Rationellen in) dieser Methode in Anwendung auf eine Spezialwissenschaft, die politische Ökonomie. Für Hegel kommt es darauf an, eine philosophische Interpretation der Resultate der Spezialwissenschaften zu leisten — für Marx, ein Resultat innerhalb einer Spezialwissenschaft zu gewinnen.

Es gibt eine Möglichkeit, diesen Unterschied aufzulösen: indem man nämlich davon ausgeht, daß die politische Ökonomie für Marx die gleiche grundlegende Stellung hat wie für Hegel die Philosophie. Der Unterschied wäre dann der zwischen Hegels Idealismus und Marx' Geschichtsmaterialismus. Jedoch kann die politische Ökonomie nur grundlegend für andere Gesellschafts- und Geschichtsdisziplinen sein — was Marx und Engels übrigens schon in der *Deutschen Ideologie* behaupten (z. B. MEW 3, S. 539) —, kaum aber für Physik, Chemie oder Biologie. Die Frage der Angemessenheit der Methode für derartige Disziplinen bedarf einer Antwort.

Hegel grenzt seine eigene Methode in erster Linie gegenüber anderen philosophischen Methoden ab, d. h. gegenüber solchen Methoden, die bei ganzheitlichen Entwürfen von Erkenntnis und Welt Anwendung fanden. Der entscheidende Fehler der konkurrierenden Methoden liegt nach Hegel darin, daß sie die absolute Sonderstellung der Philosophie gegenüber anderen Wissenschaften nicht berücksichtigen, sondern manchmal so verfahren, als ob es sich bei der Philosophie ebenfalls um eine Erfahrungswissenschaft handele. Die Erfahrungswissenschaften gründen auf einer Methode, die ihrem Gegenstand angepaßt ist; für Hegel schließt diese Methode zuallererst ein, daß man das Material definiert und klassifiziert.[27] Außerdem hat man versucht, sich der Mathematik zu bedienen, die es mit reinen Quantitäten zu tun hat. Diesen beiden Verfahrensweisen stellt Hegel nun eine dritte gegenüber, die der eigenen inneren Entwicklung des Inhalts (also dem philosophischen Objekt) entspricht — oder vielmehr eins mit ihm ist. Dies ist die dialektische Methode (Werke, Bd. 4, S. 50 ff.).

Hegel deutet demnach einen Unterschied zwischen formellen Disziplinen (der reinen Mathematik) und materiellen oder reellen (den Erfahrungswissenschaften) an; und über sie erhebt sich die Philosophie, die Form und Inhalt vereint.

Diese Auffassung hat Hegel selbstverständlich in seinem Idealismus verankert: Das Denken, oder genauer gesagt: das höhere, zusammenfassende, philosophische Denken ist mit seinem Objekt identisch. Marx will nun die Hegelsche Methode von ihrer idealistischen Voraussetzung befreien. Er akzeptiert nicht, daß das Denken oder die Erkenntnis, also die Form, mit ihrem Gegenstand identisch ist, aber er behauptet, daß man beide mit der dialektischen Methode optimal zur Übereinstimmung bringen kann.

Hegel benennt die Methoden, die er verwirft oder auf lediglich fachwissenschaftliche Ebenen verweist, nicht konsequent. Manchmal knüpft er an Kants Sprachgebrauch an, z. B. wenn er erklärt, daß die philosophische Methode gleichzeitig analytisch und synthetisch ist (z. B. Werke, Bd. 3, S. 187; Bd. 8, S. 436 ff.). Die reine Mathematik ist in diesem Zusammenhang als eine analytische Disziplin zu betrachten, während die Erfahrungswissenschaften synthetisch sind. Die Philosophie sollte also beides sein; sie sollte den Gegensatz auf einem höheren Niveau aufheben.

Hegel und Marx (und später Engels) sind allerdings leichter zu verstehen, wenn wir, in anderer Terminologie, von der induktiven und der deduktiven Methode reden und die dialektische Methode darauf beziehen. Um es ganz schlicht zu bezeichnen: Die induktive Methode besagt, daß man von dem erfahrungsmäßig Gegebenen ausgeht — von Daten oder Fakten oder wie man es sonst nennen mag — und nur auf diesem Weg zu generellen Aussagen oder Theorien über die Wirklichkeit kommt. Die deduktive Methode besagt umgekehrt, daß man vom Allgemeinen ausgeht und sukzessive auf das Einzelne schließt.

Die Begriffe deduktiv, induktiv und dialektisch können trotz ihrer provisorischen Vereinfachung Licht auf das werfen, was Marx über die Methode der politischen Ökonomie in der „Einleitung" sagt. Was wir hier eine induktive Methode nennen, wird von denen vertreten, die direkt von der ökonomischen Wirklichkeit in ihrer ganzen schwer überschaubaren Mannigfaltigkeit ausgehen. Das ist der Weg, den die Ökonomen vor Smith gingen, behauptet Marx.

Der entgegengesetzte Weg beginnt bei den abstrakten Kategorien und nähert sich von dort aus der Mannigfaltigkeit der Erscheinungen (Marx 1953, S. 21 ff.).

Die „Einleitung" legt den Eindruck nahe, daß diese Methode die einzig richtige sei. In der berühmten Passage des Nachwortes zur zweiten Auflage des *Kapital* (Bd. 1) hingegen legt Marx den Unterschied zwischen Darstellungs- und Forschungsweise dar.[28] „Die Forschung hat den Stoff sich im Detail anzueignen, seine verschiedenen Entwicklungsformen zu analysieren und deren innres Band aufzuspüren." (MEW 23, S. 27) Die Darstellung beginnt statt dessen bei diesem „innren Band", um dann „die wirkliche Bewegung entsprechend" darzustellen. Dabei kann es scheinen, sagt Marx, als ob man es mit einer „Konstruktion a priori" zu tun habe (ebd.). Von daher resultiert das verbreitete Mißverständnis, daß Marx — im Gegensatz zu Hegel — einer rein deduktiven Verfahrensweise das Wort rede (s. dazu ebd., S. 25). In diesem Fall wäre der prinzipielle Unterschied zwischen seiner und Smith' oder Ricardos Methode allerdings unbegreiflich.

Die Unklarheit beruht darauf, daß Marx sein allgemeines Wissenschaftsideal auf nichts anderes als die Hegelsche Philosophie bezieht. Untersucht man die Darstellungsweise, die er wirklich in den *Grundrissen* oder im *Kapital* anwendet, oder dringt man in seine Kritik der klassischen Ökonomie ein, dann werden die Unterschiede jedoch offensichtlich. Im *Kapital* geht er von der Ware aus, die er als gleichzeitig konkret (als Gebrauchswert) und abstrakt (als Tauschwert) bestimmt. Der Weg, den er dann verfolgt, geht nicht schnurgerade auf das immer Konkretere zu. So folgt z. B. auf das höchst konkrete achte Kapitel über den Arbeitstag das offensichtlich abstrakte über den Mehrwert. Entsprechendes gilt auch für die *Grundrisse*, obschon sie keine fertige Darstellung sind. Daß dieser Zickzackweg zwischen dem Abstrakten und dem Konkreten, zwischen den allgemeinen theoretischen Behauptungen und den empirischen Feststellungen, mit Absicht beschritten wurde, ist offenbar. In einem Brief aus dem Jahr 1870 (an Kugelmann) bezieht sich Marx ironisch auf Friedrich Albert Langes Feststellung, er bewege sich im *Kapital* „mit seltenster Freiheit im empirischen Material" (Lange 1875, S. 29). Lange versteht nicht, daß dies „die *Methode*, den Stoff zu behandeln — nämlich die *dialektische Methode*" (MEW 32, S. 686) ist. Man kann nur bedauern, daß Marx diesen Gedanken nicht weiter entwickelt.

Die dialektische Methode repräsentiert für Marx — wie für Hegel — eine höhere Vereinigung dessen, was wir hier induktive und deduktive Methode genannt haben. Seine immer wiederkehrende, aber nie prinzipiell ausformulierte Kritik an der Methode der klassischen Nationalökonomie ist die Kritik an einer deduktiven Verfahrensweise, die mit immer denselben Abstraktionen dem qualitativ Neuen einer sich historisch verändernden Wirklichkeit nicht gerecht werden kann.

Wenn Lukács in *Geschichte und Klassenbewußtsein* (1968, S. 58 f.) behauptet, daß die marxistische Methode selbst dann gültig bliebe, wenn alle einzelnen, von Marx aufgestellten Thesen widerlegt wären, sieht er davon ab, daß es ein inneres Band zwischen Methode, Theorietypus und Erkenntnisresultat gibt.[29] Wie auch immer man die „rationelle Methode" bei Marx darstellen mag, sie beinhaltet notwendig dezidierte Behauptungen über die Wirklichkeit. Sie ist untrennbar von der erkenntnistheoretischen Annahme über den Primat des Objekts im Erkenntnisprozeß, aber auch von der ontologischen Annahme des Primats der Materie in der Geschichte. Sie ist ebensowenig nachzuvollziehen ohne die These, daß der historische Prozeß sich nicht linear entwickelt, sondern zu jeweils qualitativ neuen Verhältnissen führt.

Methode und Theorie sind für Marx keine voneinander unabhängigen Begriffe. Genau wie Hegel weigert er sich, zwischen Form und Inhalt, Prozeß und Resultat eine absolute Trennungslinie zu ziehen. Seine Äußerungen zum Methodenproblem sind wohl eher als Rationalisierung denn als Arbeitsanweisung für andere Wissenschaftler zu verstehen.

Kapitel III
Engels über Marx und Hegel

1. Marx und Engels

Bislang haben wir uns fast ausschließlich mit Marx' Schriften beschäftigt. Dabei sollte eigentlich Engels die Hauptperson sein. Es war Engels und nicht Marx, der den *Anti-Dühring*, *Die Dialektik der Natur* und den *Ludwig Feuerbach* geschrieben hat. Es war Engels, der den Platz der materialistischen Geschichtsauffassung in der Hierarchie der Wissenschaften anzugeben versuchte.

Eine Bewertung seiner Aktivitäten ist jedoch unmöglich, ohne die allgemeinen Ausgangspunkte der theoretischen Arbeit von Marx zu untersuchen. Wir haben gesehen, daß Marx schon in den *Grundrissen* vor Probleme gestellt wird, die sozusagen ihre natürliche Fortsetzung in den Fragen findet, die Engels später stellt — nämlich in denen nach dem Charakter der Wissenschaft oder vielmehr aller Wissenschaften, aller Erkenntnis. Die Suche nach einer „sozialistischen Weltanschauung" wäre folglich nicht nur ideologisch begründet, d. h. dem Bedürfnis geschuldet, für den Marxismus als revolutionäre Ideologie eine Stütze in der Wissenschaft überhaupt zu finden; sie wäre auch theoretisch begründet.

Aber damit ist noch nicht gesagt, daß die Probleme, mit denen Engels sich allmählich auseinanderzusetzen beginnt, den Kern der Marxschen Theorie betreffen. Dies bleibt abzuwarten. Wir müssen Engels' Bemühungen, sich den allgemein philosophischen, wissenschaftstheoretischen und naturwissenschaftlichen Fragen seiner Zeit zu nähern, sorgfältig nachgehen. Wir müssen diese schließlich mit Marx' eingeschränkteren Bemühungen auf dem gleichen Gebiet vergleichen. Bevor wir so weit gehen können, müssen wir zunächst eine andere Frage klären: In welchem Grade war Engels einverstanden mit der theoretischen Arbeit, die ihren ersten unvollständigen Ausdruck in den *Grundrissen* erhielt? Die Chronologie ist hierbei behilflich: Die *Grundrisse* wurden fertiggestellt, bevor Engels seine philosophischen und naturwissenschaftlichen Studien ernsthaft aufnahm. Wir haben also die Möglichkeit, Engels' Verhältnis zu Marx zu überprüfen, bevor die großen philosophischen Fragen wieder aktuell für ihn wurden.

Die Frage des Verhältnisses zwischen Marx und Engels ist allerdings schon immer eine heikle Angelegenheit gewesen, und so wie sie oft gestellt wird — „Marx und Engels, oder nur Marx?" —, ist sie ziemlich einfältig. Als Lukács *Geschichte und Klassenbewußtsein* publizierte, wurde er sofort angeklagt, Marx und Engels gegeneinander ausspielen zu wollen (vgl. z. B. Deborin 1924). Diese Anklage ist ungerechtfertigt; für etliche spätere Interpreten wäre sie zutreffender.[30]

Sicherlich gibt es ambitiösere Versuche, die Grenzlinie zwischen Marx und Engels zu ziehen. Den ausführlichsten Versuch hat Hermann Bollnow unternommen. Er will zeigen, daß Engels von Anfang an und während seiner gesamten langen Schaffensperiode eine völlig andere Grundanschauung als Marx hatte. Bollnow beginnt mit Engels' *Grundsätzen des Kommunismus* (1847), einer Vorlage des *Kommunistischen Manifestes*. Er behauptet, daß Engels darin die kommende proletarische Revolution auf eine Weise zur industriellen Revolution in Analogie setze, die der gesamten Marxschen Gesellschaftsauffassung fremd sei. Engels mißachte die Bedeutung politischer Handlungen und betrachte die Gesellschaftsentwicklung im Sinne eines gesetzmäßigen Naturverlaufs (Bollnow 1954, S. 77 ff.). Ohne Frage vergleicht Bollnow den Engels von 1847 mit einem noch früheren Marx — und dieser „philosophische" Marx ist, gemäß Interpreten, die in der Tradition Bollnows stehen, der einzig wahre. Hätte Bollnow statt dessen die *Grundsätze* mit dem verglichen, was Marx über Basis und Überbau im Vorwort zu *Zur Kritik der politischen Ökonomie* sagt, wäre er wahrscheinlich zu dem entgegengesetzten Resultat gekommen, nämlich, daß Marx geneigter war als Engels, die Gesellschaftsentwicklung in Analogie mit einem Naturprozeß zu sehen.

Natürlich gibt es Unterschiede, entscheidende Unterschiede zwischen Marx' und Engels' intellektueller Erscheinung. Es gibt Differenzen in ihren Interessensausrichtungen, ihren Kenntnissen und ihrer Belesenheit. Beide drücken sich nicht auf die gleiche Weise aus. Marx' Stil ist schwierig und beschwerlich, seine Sätze scheinen nur mit Mühe den massiven Ideengehalt zu tragen. Engels formuliert einfacher und verständlicher. Er hat eine Neigung zu popularisieren, manchmal zu vereinfachen. Marx wendet einen schwer verständlichen, aber konsequenten Begriffsapparat an. Engels benutzt bei weitem nicht so viele termini technici, sondern versucht mit allgemeinverständlichen, aber wechselnden Ausdrücken, das, was er meint, darzulegen. Marx' vollendete Schriften sind auf eine sinnreiche, aber nicht immer leicht durchschaubare Weise komponiert. Engels' Entwürfe folgen einem einfachen Prinzip; die Kapitel sind linear angeordnet.

Trotz der Verschiedenheiten konnten sie die ganze Zeit auf die intensivste Weise zusammenarbeiten; schließlich schrieben sie in den 40er Jahren eine Reihe von Schriften gemeinsam. Belege dafür, daß ihre gemeinsame

Autorenschaft mit Schwierigkeiten verbunden war, sind selten zu finden und betreffen dann auch eher beiläufige Differenzen. So beklagte sich Engels nach dem ersten kooperativen Projekt, *Die heilige Familie*, brieflich bei Marx, daß dessen Textpassagen allzu umfangreich und unverständlich sind (MEW 27, S. 26). Gleichwohl schreckte dies Engels nicht ab, sich unmittelbar danach an eine noch intensivere und umfassendere Zusammenarbeit zu machen, deren Resultat die unvollendete *Deutsche Ideologie* war. Die Anteile von Marx und Engels in diesem Werk auseinanderzuhalten, ist so gut wie unmöglich. Es bleibt lediglich zu vermuten, daß die augenfällige Vereinfachung in der Ausdrucksweise, verglichen mit Marx' früheren Schriften, in wesentlichen Teilen auf die Mitwirkung von Engels zurückgeht.

Die rein literarische Zusammenarbeit hörte auf, als sie beide nach England verschlagen wurden, und es ist oft nur schwer auszumachen, wie informiert der eine über die Schriften des anderen war. Wir haben bereits gesehen, daß Engels nach Marx' Tod ungewiß darüber war, inwieweit Marx wirklich die versprochene Dialektik verfaßt hatte. Engels bemerkt in diesem Zusammenhang, daß Marx den Stand seiner Schreibbemühungen oft geheimhielt. Daß die ganze Zeit über gleichwohl ein intensiver Austausch von Ideen und Ansichten stattfand, belegen die Briefe. Nach 1870, als sich Engels ebenfalls in London niederließ, nimmt die Korrespondenz verständlicherweise ab. Es gibt jedoch keinen Anlaß zu glauben, daß deshalb auch der Informationsfluß abnahm; ganz im Gegenteil.

2. Engels' Rezension von Marx

Hier soll jetzt die Frage der wirklichen oder eingebildeten Übereinstimmung ihrer Ansichten in einem begrenzten, aber entscheidenden Zusammenhang aufgegriffen werden. Marx hatte den Plan, das Monumentalwerk, zu dem die *Grundrisse* eine Vorlage bilden sollten, zusammenhängend herauszugeben, aufgegeben und gedachte es statt dessen hefteweise zu publizieren. Nur das erste Heft — *Zur Kritik der politischen Ökonomie* — kam heraus. Marx ist darauf erpicht, daß Engels das Werk rezensiert. Engels' Rezension kann über diese Arbeit hinaus auch mit den *Grundrissen* und besonders der „Einleitung", die Marx nicht veröffentlichen wollte, verglichen werden. Wir wissen allerdings nicht, wie gründlich Engels die *Grundrisse* kannte. Die betreffenden Briefe von Marx an ihn sind nicht sonderlich aufschlußreich.[31] Wir wissen genauso wenig, ob Engels über den Inhalt der „Einleitung" informiert war. Für unseren Vergleich ist es indes ein Glücksfall, daß Engels einige der allgemeinen Fragen, die Marx in der „Einleitung", aber nicht im gedruckten Werk behandelt, in seiner Rezension aufgreift.

Um das Verhältnis zwischen dem Theoretiker Marx und dem Theoretiker Engels *gerade zu diesem Zeitpunkt* zu erfassen, ist ein Studium des Hintergrundes der Rezension unumgänglich. Es ist Marx, der Engels inständig bittet, *Zur Kritik der politischen Ökonomie* in der radikalen Zeitung *Das Volk* anzukündigen. In *Das Volk* wurde bereits das berühmte Vorwort zu dieser Arbeit abgedruckt. Marx gibt Anweisungen, worüber Engels schreiben soll: „Kurz über die Methode und das Neue im Inhalt." (MEW 29, S. 460)

Engels antwortet auf diese Ermahnung nicht unmittelbar, und Marx schickt ihm einen Erinnerungsbrief mit weiteren Anweisungen. Er will u. a., daß Engels darauf hinweist, daß die Ansichten Proudhons und seiner Anhänger „vernichtet" wurden (ebd., S. 463). Engels antwortet, daß er natürlich die Rezension schreiben wird, aber daß dies nicht unmittelbar geschehen kann: dazu ist nämlich „*Arbeit*" erforderlich (ebd., S. 464). Einige Wochen später wird er dennoch mit dem ersten der geplanten drei Teile der Ankündigung fertig. Er schickt ihn zur Durchsicht an Marx. Der Brief drückt eine Unsicherheit aus, die wirklich in scharfem Kontrast zu der Sicherheit steht, mit der er sich einige Jahrzehnte später zu denselben Fragen äußert (ebd., S. 468).

Die Fortsetzung der Rezension verspätete sich (ebd., S. 472); in welchem Grade Marx diese einer Prüfung unterwarf, geht aus der Korrespondenz nicht hervor. Noch ein zweiter Teil wurde in *Das Volk* veröffentlicht, während der dritte Teil — der von Marx' ökonomischen Theorien handeln sollte — niemals erschien, da die Zeitung zuvor eingestellt wurde. Das Manuskript zu diesem Teil ging verloren (vgl. MEW 29, S. 696 / Anm. 310).

Wir haben es also mit einem sehr zögernden und unsicheren Engels zu tun, der die Arbeit seines Freundes rezensiert. In der Rezension selbst ist davon allerdings nichts zu merken. Sie ist in Engels' üblichem direktem Stil verfaßt.

Der erste Teil der Rezension hat zum Hauptgegenstand, was Engels hier zum ersten Mal die „*materialistische Auffassung der Geschichte*" nennt (MEW 13, S. 469).[32] Der selbstverständliche Ausgangspunkt für deren Bestimmung ist Marx' eigenes Vorwort zu *Zur Kritik der politischen Ökonomie*, welches ja schon früher in *Das Volk* erschien, und aus dem Engels ein längeres Zitat herausgreift. Mit dem Zitat richtet Engels die Aufmerksamkeit auf Marx' Begriffspaar Basis/Überbau. Was er mit seinen eigenen Worten ausdrückt, unterscheidet sich wohl kaum von dem, was Marx selbst gesagt haben könnte.

Der zweite Teil vermittelt uns wesentlich mehr. Er handelt vom Unterschied zwischen Marx' Methode und der Hegelschen Dialektik. Es paßt dazu, daß Marx im veröffentlichten Heft auf diese Fragen nicht näher eingeht.

Engels äußert sich desto ausführlicher. Bereits hier kann man Perspektiven und Gesichtspunkte wiedererkennen, die in seinen späteren, durchgearbeiteteren Untersuchungen zum gleichen Thema zentral werden und die im großen und ganzen bei Marx fehlen. Engels rückt die Frage nach der Marxschen Methode in eine ideen- und wissenschaftsgeschichtliche Perspektive. Er unterscheidet die idealistische und dialektische Tradition Hegels von der materialistischen aber undialektischen der Materialisten des 18. Jh.s und ihrer Nachfolger im 19. Jh. (Engels nennt Vogt, Büchner und Molleschott). Während der Hegelianismus in den Händen von Leuten, die sich „von der Dialektik des Meisters nur die Manipulation der allereinfachsten Kunstgriffe" (MEW 13, S. 472) aneigneten, verfiel, bauten die Materialisten ihre Philosophie auf den positiven Naturwissenschaften auf. In der Kritik an letzteren verwendet Engels bereits hier den Terminus „Metaphysik" in der spezifischen Bedeutung, mit der er sich später hervortut. Eine metaphysische Auffassung zielt demzufolge darauf ab, alle wissenschaftlichen Begriffe in absoluten Verhältnissen zueinander zu fixieren und kann deshalb nicht zur Beschreibung oder Erklärung eines Prozesses angewendet werden.

Daß Engels, indem er hier von „Metaphysik" redet, in Hegels Terminologie verfällt, ist nicht verwunderlich. Denn ein Jahr, bevor er seine Rezension schrieb, offenbarte er sein Interesse an Hegels *Naturphilosophie* und lieh sich auch ein Exemplar dieses Buches von Marx aus (MEW 29, S. 337 ff. u. 343).

Marx' und Engels' erneutes Hegelinteresse hat keine identische Ausrichtung; dies zeigt sich schon auf der terminologischen Ebene. Engels behauptet in seiner Rezension, daß die materialistische Geschichtsauffassung Dialektik und Materialismus vereint. Irgendwelche Pläne, alle Erkenntnis, alle Wissenschaften auf Dialektik und Materialismus zu verpflichten, verfolgt er — wie wir gleich sehen werden — noch nicht. Aber ein Grundgedanke ist hier bereits angesprochen, der sowohl auf seine und Marx' Abrechnung mit Feuerbach[33] in den 40er Jahren als auch auf seine spätere Naturdialektik verweist: Engels fordert „die Entwicklung einer Weltanschauung, die materialistischer" ist als nur mechanisch-materialistisch (MEW 13, S. 473). Er ist noch zurückhaltend bei der Ausformulierung dieser Forderung, er spricht nur aus, was seiner Meinung nach auch Marx hätte sagen können — was uns einen direkten Vergleich zwischen beiden erleichtert.

Nach Engels ist das Streben, „eine Wissenschaft in ihrem eignen, inneren Zusammenhang zu entwickeln" (MEW 13, S. 472), kennzeichnend für Hegel. Die Charakteristik unterscheidet sich von dem, was Marx in den *Grundrissen* sagt, nur in der Wortwahl, der Inhalt jedoch dürfte der gleiche sein. Hegels Abneigung, zwischen der Form und dem Inhalt zu unterscheiden, steht hierbei im Brennpunkt. Es wäre folglich falsch, eine bestimmte wissenschaftliche Form — z. B. die Newtonsche Mechanik — als die einzig wissenschaftliche herauszugreifen. Zu jedem wissenschaftlichen Inhalt, somit zu jeder Art Wissenschaftsobjekt, gehört auch eine bestimmte Form, also eine bestimmte Methode, Theoriebildung etc.

Aber Hegel ist Idealist, und seine Vorstellungen über die Einheit von Denken und dessen Objekt haben den Idealismus zu seiner Voraussetzung. Da Marx in *Zur Kritik* die Frage der Methode in einer allgemeineren Bedeutung nicht aufgreift, brauchte er dort auch nicht Stellung zu Hegels philosophischen Ausgangspunkten zu nehmen. In den *Grundrissen* hingegen tut er dies, und Engels wird dazu in seiner Rezension gezwungen.

Nach Hegel entspricht der Gegenstand des Denkens dem Denken selbst (bzw. der Logik, wie er lieber sagt), weil der Gegenstand, ja, die gesamte Wirklichkeit in ihrem Innersten Denken *ist*. Das Denken, die Logik und das Reelle sind in ihrem tiefsten Inneren ein und dasselbe. Die menschliche Geschichte — das Gebiet, über das Marx und Engels in den hier aktuellen Texten sich äußern — ist also wesentlich ein logischer Prozeß, bei dem der Ausgangspunkt — genau wie im Denken — das Abstrakte, das Einfache, ist und bei dem Entwicklung immer bedeutet, daß komplexere und konkretere Formen gebildet werden.

Marx stimmte in der „Einleitung" mit Hegel darin überein, daß der Ausgangspunkt der wissenschaftlichen Darstellung die Abstraktion ist. Engels bewegt sich auf der gleichen Gedankenebene, wenn er in seiner Ankündigung sagt, daß eine Kritik der politischen Ökonomie entweder historisch oder logisch sein kann. Mit historisch meint er hier eine Verfahrensweise, die von den konkreten Gegebenheiten, von Zufälligkeiten und ungeordneten Verläufen ausgeht. Wenn Engels sagt, daß die logische Darstellung vorzuziehen ist, behauptet er im Prinzip das gleiche wie Marx, wenn dieser postuliert, daß man von dem Abstrakten ausgehen muß. Es sind lediglich die Termini, die sich unterscheiden; sie haben verschiedene Begriffe aus Hegels verschwenderisch reichem Vokabular gewählt.

Soweit besteht demnach Übereinstimmung. Der Unterschied liegt in der Art und Weise, Hegels Idealismus zu vermeiden und dennoch zu behaupten, wirkliche Erkenntnis ließe sich nur erreichen, wenn man ausgeht von dem, was in der Tat eine Gedankenkonstruktion ist, also das Abstrakte.

Marx erklärt in seiner „Einleitung", daß „die Methode, vom Abstrakten zum Konkreten aufzusteigen, nur die Art für das Denken ist, sich das Konkrete anzueignen ..., keineswegs aber der Entstehungsprozeß des Konkreten selbst" (1953, S. 22). Es verhält sich demnach nicht so — wie Hegel annimmt —, daß die abstrakten Verhältnisse, auch chronologisch gesehen, den konkreten Verhältnissen vorangehen.

Wir wissen, wie äußerst zentral dieser Gedankengang in der „Einleitung" ist. Er hat mit der gesamten Polemik gegen Hegels Identitätsbegriff zu tun; er beinhaltet die These von den ungleichen Verhältnissen.

Aber Engels bringt eine andere Ansicht genauso klar und unzweideutig zum Ausdruck. Was er die logische Darstellung nennt, d. h. diejenige, die mit dem Abstrakten beginnt, „ist in der Tat nichts andres als die historische, nur entkleidet der historischen Form und der störenden Zufälligkeiten. Womit diese Geschichte anfängt, damit muß der Gedankengang ebenfalls anfangen, und sein weiterer Fortgang wird nichts sein als das Spiegelbild, in abstrakter und theoretisch konsequenter Form, des historischen Verlaufs." (MEW 13, S. 475)[34]

Die offensichtliche Ungleichheit in der Sichtweise des Verhältnisses zwischen Theorie und ihrem Gegenstand wirft eine Reihe von Fragen auf, die eher zum Bereich der historischen Zufälligkeiten als zu dem der logischen Entwicklung gehören. Es ist keineswegs sicher, allerdings höchst wahrscheinlich, daß Engels auch den zweiten — hier aktuellen — Teil seiner Rezension an Marx schickte, um ihn sich absegnen zu lassen (s. MEW 29, S. 474). Weshalb korrigierte Marx dann nicht die Gesichtspunkte, die offensichtlich mit seinen eigenen, die er in einem (wenn auch unpublizierten) Text darlegte, in Konflikt gerieten — einem Text, der gleichwohl sein einziger durchgreifender Versuch war, die eigene Methode systematisch auf die Hegelsche zu beziehen? War Engels' Abweichung von seinem eigenen Standpunkt nicht so wesentlich für ihn? Oder gestand er Engels stillschweigend seine eigene Ansicht zu — in einem Artikel, der gleichwohl vorgab, Marx' und bloß Marx' Methode zu erläutern?

Eine andere Interpretationsmöglichkeit wäre anzunehmen, daß Marx in Wirklichkeit nicht länger die in der „Einleitung" ausgeführten Ansichten teilte. Das scheint allerdings äußerst unwahrscheinlich; Marx' Kommentare im Vorwort zu *Zur Kritik* deuten darauf nicht hin. Und, noch wesentlicher: Was Marx im Nachwort zum *Kapital* über das Verhältnis zwischen Darstellungs- und Forschungsweise sagt, kann angesehen werden als eine Kurzfassung derselben Gedanken, die er einer gründlicheren Untersuchung in den *Grundrissen* unterzieht.

Die einzige Erklärung, die einigermaßen zuzutreffen scheint, ist die, daß Marx trotz allem die Analyse seiner Methode als eine Nebensache ansah, verglichen mit der Entwicklung der ökonomischen Theorien. Die Beschäftigung damit hatte denn auch immer Priorität vor der Ausarbeitung der lange geplanten Darstellung des rationellen Kerns in der Dialektik. Aber selbst diese Erklärung ist nicht zwingend. Als Marx bei Engels eine Rezension bestellte, hob er ja hervor, daß gerade der Methode Beachtung geschenkt werden sollte!

Die Zufälle in dieser Frage scheinen Zufälle zu bleiben. Sofern wir uns nicht auf riskante psychologische Interpretationen einlassen wollen, so müssen wir uns damit begnügen, bedauernd zu konstatieren, daß Marx nichts gegen Engels' Identifikation der „Logik" mit der „Geschichte" einzuwenden hatte.

Kapitel IV
Die Begegnung mit den Naturwissenschaften

1. Theoretische und ideologische Bestimmung

Als Marx seine Theorie der Basis bzw. der materiellen Produktion ausformuliert, ist er gezwungen, eine Reihe von übergreifenden erkenntnis- und wissenschaftstheoretischen Fragen zu klären. Engels sieht sich vor das gleiche Problem gestellt, als er widerwillig den Auftrag annimmt, die Marxsche Theorie zu beschreiben.

Es ist ein wohlbekanntes wissenschaftshistorisches Phänomen, daß jeder neuartige Theorietypus Fragen von allgemeiner erkenntnis- und wissenschaftstheoretischer Natur aufwirft (vgl. z. B. Kuhn 1973, S. 128 ff.) — Marx und Engels machen da keine Ausnahme. Ihre weitläufigen Fragestellungen verdanken sich nicht ideologischen, sondern eher theorieimmanenten Bedingungen.

Weniger selbstverständlich — bzw. weniger eindeutig durch die von Marx entwickelte Theorie selbst bestimmt — ist jedoch, daß gerade Hegels Philosophie den Bezugspunkt für ihn und Engels abgibt. Es genügt nicht, hier lediglich auf die wohlbekannte Tatsache hinzuweisen, daß beide in der Denkweise des Hegelianismus großgeworden sind. Dies kann als Grund für die nochmalige Aktualisierung Hegels gegen Ende der 50er Jahre nicht ausreichen. Dagegen ist von entscheidender Bedeutung, daß die allgemeine Geschichtsauffassung, also der Geschichtsmaterialismus, in den die Theorie der materiellen Produktion integriert wird, von Anfang an in Opposition zu Hegel, den Junghegelianern und Feuerbach entworfen wurde. Und das hat zur Folge, daß nun auch die Theorie der materiellen Produktion in Relation zu Hegel formuliert werden muß.

Hegel bleibt also ein Problem, das in Angriff genommen werden muß. Allerdings ist die Erörterungsperspektive bis auf weiteres ziemlich eng. Marx schwankt zwischen der Diskussion der Methode der politischen Ökonomie und der einer allgemeinen wissenschaftlichen Methode, und Engels macht zwar, einige Monate nach seiner Rezension von *Zur Kritik* — in der er noch erklärt hatte: „... und alle Wissenschaften sind historisch, welche nicht Naturwissenschaften sind" (MEW 13, S. 470) —, die erste Bekanntschaft mit Darwins *On the Origin of Species* — doch bleiben die Naturwissenschaften weiterhin außerhalb des Betrachtungsbereichs.

Weder er noch Marx konnten sich allerdings auf Dauer mit dieser Nichtbeachtung anderer Wissenschaftsgebiete zufrieden geben. Gerade zu dieser Zeit, Mitte des 19. Jh.s, war ein gewaltiger Anstieg des Interesses für das Verhältnis der verschiedenen Wissenschaften zueinander und für das Problem ihrer Einheit oder ihrer inneren Systematik zu verzeichnen. Der Darwinismus z. B., der ab 1859 die Gemüter erhitzte, gab vor, gleichermaßen über alle biologischen Arten Aussagen treffen zu können. Aber welche Bedeutung hatte er dann für die wissenschaftlichen Disziplinen, die vom Menschen, seiner Gesellschaft und seiner Geschichte handeln? Neben dieser theoretischen Fragestellung war die ideologische nicht minder wichtig. Die Naturwissenschaften wurden in die politische Auseinandersetzung hineingezogen — in gleichem Maße, wenn auch in unterschiedlicher Auslegung, beriefen sich Liberale wie Sozialisten auf sie.

Der Kampf um die wissenschaftliche, nicht zuletzt naturwissenschaftliche Unterstützung für die je eigenen Weltbilder war, als Engels in ihn eintrat, bereits seit langem in vollem Gange.

2. Die frühen Kontakte mit Naturphilosophie und Naturwissenschaft

Sofern sich der junge Marx überhaupt mit Naturdingen beschäftigte, galt sein Interesse eher der Naturphilosophie als der empirischen Naturwissenschaft. Ursprüngliche Pläne, Physik und Chemie zu studieren, hatte er sich beizeiten aus dem Kopf geschlagen (vgl. Cornu 1962, Bd. 1, S. 63). Im Wintersemester 1836/37 besuchte er in Berlin die Anthropologievorlesungen des Romantikers Steffens — dem Zeugnis zufolge „mit Fleiß" (ebd., S. 74 u. 82). Zur Vorbereitung seiner Doktorarbeit über das Verhältnis zwischen der demokritischen und der epikureischen Naturphilosophie studierte er sogar Hegels Naturphilosophie (MEW, Erg.-Bd. 1, S. 215 et passim).

Aus seinen früheren Schriften wird deutlich, daß naturwissenschaftliche Fragen im eigentlichen Sinne in nur geringem Ausmaß seine Aufmerksamkeit weckten. Die Naturphilosophie spielte in Hegels System eine verhältnismäßig große Rolle — wenn auch nicht vergleichbar mit der, die sie bei Schelling und den anderen Romantikern spielte —, wohingegen die späteren Hegelianer sich fast ausschließlich der „Geistphilosophie", in erster Linie der Religions- und Rechtsphilosophie, widmeten.[35]

Entsprechendes gilt im großen und ganzen auch für den jungen Marx. Nehmen wir als Beispiel die *Philosophisch-ökonomischen Manuskripte*. Eine wesentliche Behauptung ist dort, daß die Geschichte des Menschen Teil der Naturgeschichte ist (MEW, Erg.-Bd. 1, S. 544). Diese Vorstellung kann man als ersten Schimmer der späteren Deszendenztheorie ahnen — immerhin urteilte Marx Jahrzehnte später über Darwins *On the Origin*, daß „dies Buch ... die naturhistorische Grundlage für unsere Ansicht enthält" (Brief an Engels v. 19. 12. 1860, in: MEW 30, S. 131). Aber als Marx sich selbst die Frage stellt, ob der Mensch nicht geschaffen worden sein muß, argumentiert er auf eine Weise, die zeigt, daß er selbst von vor-darwinistischen Vorstellungen weit entfernt war. Er greift auf einige Einwände gegen den Schöpfungsglauben zurück, die in dem in Frage stehenden Zeitraum von Naturphilosophen, aber seltener von empirisch gesinnten Naturwissenschaftlern verfochten werden, und sagt u. a., daß die Lehre der spontanen Urzeugung die einzig praktische Widerlegung des Schöpfungsglaubens sei. Diese Behauptung, die auch in der *Deutschen Ideologie* (MEW 3, S. 44) wieder auftaucht, wirft kein günstiges Licht auf Marx' (und auch Engels') Verhältnis zur zeitgenössischen Naturwissenschaft und Naturphilosophie. Die Lehre von der spontanen Urzeugung (generatio aequivoca), die davon ausging, daß organische Körper direkt aus zerfallener organischer Materie oder geradezu aus anorganischer Materie entstehen können, wurde von den romantischen Naturphilosophen, aber auch von anderen Forschern wie z. B. G. R. Treviranus und F. Tiedemann (vgl. Liedman 1966, S. 183 ff.), die nicht zu dieser Schule gezählt werden können, vertreten. Interessant bei den beiden Letztgenannten ist, daß sie lange vor Darwin eine reelle Artenentwicklung und nicht nur wie die Romantiker und Hegel das Verhältnis zwischen verschiedenen Arten als bloß ideell annahmen.

Die Vorstellung einer spontanen Urzeugung erfuhr 1830—40 heftige Kritik von seiten der erfolgreichen empirischen Forschung. Marx blieb von dieser Kritik, die besonders lebhaft in Berlin war, — zu einer Zeit, als er sich selber dort befand —, offensichtlich unberührt. Die prominentesten Kritiker waren der berühmte Physiologe und Anatom Johannes Müller und dessen damaliger Schüler Theodor Schwann, einer der Begründer der Zelltheorie (vgl. Müller 1838, S. 10 ff.).

Aber Marx präsentiert das Argument der Urzeugung in den *Philosophisch-ökonomischen Manuskripten* nur beiläufig. In der weiteren Auseinandersetzung wirft er die gesamte Problematik über den Haufen. Er läßt zwei Kontrahenten eine fiktive Diskussion führen. Der eine glaubt an die göttliche Schöpfung am Anfang der Zeit, und der andere sieht den Menschen selbst als den einzigen Schöpfer. Ersterer behauptet, daß, wenn man die Reihe der Generationen zurückverfolgt, man schließlich an den Ausgangspunkt göttlicher Schöpfung kommen müsse. Der Gegner wendet jedoch ein, daß es immer die Menschen selber waren, die Menschen geschaffen (d. h. gezeugt) haben. Die Formulierung von Marx lautet, daß „der

Mensch in der Zeugung sich selbst wiederholt, also der *Mensch* immer Subjekt bleibt" (MEW, Erg.-Bd. 1, S. 545). Damit überträgt Marx auf den Menschen, was in der biologischen Diskussion des frühen 19. Jh.s als fragloses Charakteristikum aller Organismen galt und üblicherweise so formuliert wurde: „Die Arten schaffen sich selbst."

Allerdings spielt selbst dieses Argument für ihn nur eine untergeordnete Rolle. Marx meint schließlich etwas sophistisch, daß die Frage nach einer ursprünglichen Schöpfung falsch gestellt bzw. „die Frage nach einem *fremden* Wesen ... praktisch unmöglich geworden" (ebd., S. 546) ist. Wenn man danach fragen kann, ob das Menschengeschlecht irgendwann einmal entstanden ist, dann muß man sich zunächst den Menschen als nicht-existierend denken; und das hält er für einen verkehrten Gesichtspunkt, weil die „ganze sogenannte *Weltgeschichte* nichts anderes ist als die Erzeugung des Menschen durch die menschliche Arbeit" — darüber hinaus sind weitere Erklärungen unnötig.

Engels' frühe Beschäftigung mit dieser Materie scheint auf gleichem Niveau zu liegen. Er ist gewiß nicht uninteressiert, denn er eignet sich einige Kenntnisse an[36], geht jedoch anderen Hauptbeschäftigungen nach.

In der Perspektive der Auffassungen des vollentwickelten Geschichtsmaterialismus erscheint auch die Naturforschung für Marx und Engels in einem neuen Licht. Dies zeigt sich mit aller Deutlichkeit in der *Deutschen Ideologie*. Die ideologischen Aspekte treten nun völlig in den Hintergrund, statt dessen vereinnahmt der materielle Zusammenhang der Naturwissenschaften mit Industrie und Handel all ihr Interesse. Marx und Engels klagen Feuerbach an, daß er die Natur als unveränderlich ansieht — als ewiges Objekt sinnlicher Anschauung. Die Natur, mit der der Mensch in Kontakt kommt, behaupten Marx und Engels demgegenüber, ist ebenso veränderlich wie er selbst; sie verwandelt sich unablässig durch dessen eigene Tätigkeit. In Manchester gibt es jetzt nur noch Fabriken und Maschinen anstelle der früheren Spinnräder und Webstühle, und in der Umgebung Roms kann man nur Viehweiden und Sümpfe sehen, wo es zur Kaiserzeit Weingärten und Herrschaftshäuser gab. Feuerbach spricht von jener Welt, die sich vor dem Auge des Naturwissenschaftlers enthüllt. Aber, so fragen sich Marx und Engels, was wäre die Naturwissenschaft ohne Industrie? Selbst die „reine" Naturwissenschaft — das Anführungszeichen ist ihr eigenes — erhält ihr Material und ihr Ziel durch die praktische Tätigkeit des Menschen (vgl. MEW 3, S. 42 ff.).

Es ist offensichtlich, daß hier sehr unterschiedliche Gesichtspunkte zur Sprache kommen, die nicht notwendigerweise zusammenhängen. Einerseits gibt es zweifellos die empirische Natur der Naturwissenschaften mit all ihren Invarianzen und Konstanten. So haben die Veränderungen einer Landschaft nichts mit dem Gesetz der Schwerkraft zu tun. Andererseits ist die

Entwicklung der Naturwissenschaften prinzipiell mit der Entwicklung der gesellschaftlichen Produktivkräfte verbunden, folgen deren Fortschritt den Fortschritten in Handel und Industrie, geben Handel und Industrie den Naturwissenschaftlern Instrumente und Fragestellungen vor. Wir haben es hier ganz einfach mit einer speziellen Anwendung der geschichtsmaterialistischen These von der Suprematie der Basis zu tun — hier wie an vielen anderen Stellen bei Marx und Engels nur angedeutet in einigen kurzen Sätzen.

Es wäre falsch anzunehmen, daß diese Aussagen alles, was vom geschichtsmaterialistischen Gesichtspunkt her über die Natur und die Naturwissenschaft zu sagen ist, beinhalteten. Damit würden die Theorien der Naturwissenschaften auf Geschichte und geschichtliche Umstände reduziert und würde deren Anspruch, universelle Naturgesetze zu formulieren, einfach geleugnet werden. Dies genau ist die äußerste Konsequenz der Interpretation, wie sie z. B. von Alfred Schmidt in *Der Begriff der Natur in der Lehre von Marx* geleistet wird. Schmidt zufolge erscheint für Marx „die Natur nur durch die Formen der gesellschaftlichen Arbeit hindurch", und sie kann nicht „spekulativ oder physikalisch", sondern nur „ökonomisch-materialistisch" bestimmt werden (1971, S. 55 u. 58).

3. Naturwissenschaft und Geschichtsmaterialismus

Wenn Marx und Engels vorzugsweise daran interessiert sind, den Geschichtsmaterialismus theoretisch zu begründen, so bedeutet das notwendigerweise auch, daß sie das Feld ihrer Studien eingrenzen müssen. Die Kategorien, die vorher eine so große Rolle besonders in Marx' früheren Arbeiten gespielt haben — das Wesen oder die Natur des Menschen, die Entfremdung usw. —, verlieren ihre philosophische Reichweite und werden auf begrenzte historische und gesellschaftliche Verhältnisse angewendet.[37] Der Geschichtsmaterialismus bringt deshalb in Marx' und Engels' Entwicklung eine *Spezialisierung* mit sich.

Marx' Arbeit an einer entwickelten Theorie der Basis während der 50er Jahre kann als ein weiterer Schritt in diesem Spezialisierungsprozeß angesehen werden. Er beschäftigt sich nicht mit der Gesellschaft und Geschichte insgesamt, sondern nur mit dem, was nach seiner materialistischen Anschauung das Grundlegende, die eigentliche Vergesellschaftungsinstanz ist — also die gesellschaftliche Basis der Produktion.

Unter einer solchen Perspektive geraten die Naturwissenschaften in erster Linie von ihren praktischen, technologischen Anwendungen her ins Blickfeld. In den 50er Jahren studiert Marx eine Reihe von Arbeiten, die mit der unmittelbaren gesellschaftlichen Bedeutung der Naturwissenschaften zu tun haben. Er liest und exzerpiert Justus von Liebigs *Die organische Chemie in ihrer Anwendung auf Agricultur und Physiologie* (1840)[37a] und eine lange Reihe von Schriften über die Geschichte der Technologie und Erfindungen (IISG-Nachlaß, B 51, Heft LXI).

Was Marx über die Naturwissenschaften in den *Grundrissen* sagt, hat auch durchgängig mit deren Zusammenhang mit der Entwicklung der Basis — und insbesondere der kapitalistischen — zu tun (so. z. B. 1953, S. 188). Für ihn ist es gerade die Anwendung der Wissenschaft, die einen der entscheidenden Unterschiede zwischen der Manufaktur und der modernen Großindustrie ausmacht. Erfindungen werden zum Geschäft, sogar selber zur Industrie. Aber Marx warnt vor der Vorstellung, daß es die Erfindungen seien, die die Triebkraft für die Entwicklung des Kapitalismus ausmachen. Deren Voraussetzung ist statt dessen die Arbeitsteilung, was bedeutet, daß die Arbeit in immer kleinere, immer mechanischere Bestandteile zerlegt wird, die dann auf die Maschinen übertragen werden können (ebd., S. 591 f.).

Marx führt hier in Wirklichkeit eine Art Modellüberlegung für seine gesamte geschichtsmaterialistische Auffassung durch. Der Weg von der strengen Arbeitsteilung der Manufaktur zur gleichförmigen Arbeit im Kontext der „großen Maschinerie" stellt eine zusammenhängende Entwicklung dar, in deren Rahmen die Fortschritte der Technologie nur eine untergeordnete Rolle spielen. Allerdings kommt es zwischen den verschiedenen Momenten zu einer Wechselwirkung: Die Entwicklung der Wissenschaft ist nicht nur geprägt von der Entwicklung der Produktion, sondern prägt diese auch ihrerseits (ebd., S. 592).

4. Engels, Darwin und Grove

Es ist aufschlußreich, daß demgegenüber Darwins *On the Origin of Species* nicht aufgrund seiner praktischen Anwendbarkeit, sondern wegen seiner theoretischen Implikationen Marx' Interesse weckt.

Engels kommt noch früher als Marx mit Darwins Buch in Kontakt, was wohl kein Zufall ist, weil er schon zuvor sein Interesse für die neuen Naturwissenschaften offenbart hat. Dies geschieht vor allem in einem Brief von 1858, wo er Marx berichtet, daß er Studien in Physiologie betreibt und beabsichtigt, diese mit vergleichender Anatomie fortzusetzen (MEW 29, S. 337). Er beeilt sich hier auch festzustellen, was den Fortschritt in der Physiologie bestimmt hat. Zunächst nennt er die Entwicklung in der organischen Chemie, dann die Anwendung des Mikroskops.

Er hat jedoch nicht nur in der Physiologie interessante Dinge gefunden, sondern auch in der Physik. Er spricht hier von der „Korrelation der Kräfte oder (dem) Gesetz, daß unter gegebenen Bedingungen mechanische Bewegung, also mechanische Kraft ... in Wärme sich verwandelt, Wärme in Licht, Licht in chemische Verwandtschaft" (ebd.) usw.

Was man damals noch das Gesetz von der Unzerstörbarkeit der Kraft zu nennen pflegte und was später den Namen Energieprinzip bekam, wurde also jetzt für Engels aktuell. Er schreibt, daß ein Engländer, dessen Namen er vergessen habe, „jetzt" gezeigt hat, daß die Übergänge von einem Typ von Kraft zu einem anderen rein quantitativ bestimmt werden können. Derjenige, an den er denkt, ist James Joule, wohnhaft in Salford, nur einige Kilometer von Manchester entfernt, wo Engels sich aufhält; und wenn das Wort „jetzt" etwas kürzlich Geschehenes bezeichnen soll, so ist es nicht gut gewählt: die Leistung, die Engels meint, ist zu dieser Zeit sechzehn Jahre alt.

Wir können mit ziemlich großer Sicherheit sagen, daß die Schrift, der Engels seine Kenntnisse über Physik entnommen hat — sei es, daß er sie gelesen hat oder sie ihm nur gezeigt wurde —, William Robert Groves *On the Correlation of Physical Forces* (1843) ist. Engels' Art, den Inhalt der neuen Theorie zu beschreiben, ja schon die Bezeichnung „Korrelation der Kräfte" hängt außerordentlich eng mit Groves Ausdrucksweise und Vorstellungswelt zusammen. Wir werden sehen, daß Groves Schrift später sogar eine entscheidende Bedeutung für Engels gewann und daß sie Marx in die Geheimnisse der neuen Physik einweihen sollte.

Es ist wenig sinnvoll, nach den äußeren Umständen zu suchen, die Engels' Interesse für solche Gebiete wie Physiologie und Physik, die bis dahin ziemlich abgelegen für ihn waren, weckten. Es gab unzählige Wege, auf denen diese Impulse ihn erreichen konnten: durch Zeitungen und Zeitschriften, durch Bücher, durch Freunde und Bekannte. Die zwei „Autoritäten", die später auf unterschiedliche Weise seine naturwissenschaftlichen Interessen bereichern sollten, Samuel Moore und Carl Schorlemmer, sind bis jetzt noch nicht in seinem Bekanntenkreis aufgetaucht. Dagegen ist es offensichtlich, daß Engels' Interesse einen völlig eigenen Akzent hat. Von Anfang an setzt er die neue Naturwissenschaft in Verbindung mit Hegels Naturphilosophie.[38]

Dies ist eine außerordentlich bedeutende Tatsache. Das gewöhnliche und meistens schlecht behandelte Problem der Unterschiede zwischen Marx' und Engels' Auffassung von Dialektik und Naturwissenschaft bekommt man erst in Griff, wenn man ausgeht von ihren unterschiedlichen Ansätzen, sich der Naturwissenschaft zu nähern.

Wir wissen bereits, daß die methodischen und theoretischen Probleme, vor die sich Marx gestellt sah, als er seine wissenschaftliche Auffassung entwickelte, ihn konsequenterweise hätten zu Vergleichen mit der Theoriebildung und Methodik anderer Wissenschaften — nicht zuletzt der Naturwissenschaften — führen müssen. Aber Marx stellt diese Vergleiche bis auf weiteres nicht an. Das, was Engels ungefähr zur gleichen Zeit antreibt, als er sich auf die Naturwissenschaften einläßt, sind sehr allgemeine Fragen: Sie betreffen die Naturwissenschaft und die Naturphilosophie in ihrer Ganzheit und schließlich die Hegelsche Philosophie von A bis Z. Engels ist also bis auf weiteres nicht bereit, dort einzuspringen, wo Marx zögert. Seine Bemühungen sind überhaupt nicht oder lediglich äußerst indirekt von der Marxschen Theorie bestimmt. Sie sind ebensowenig (und dies ist eine ebenso wesentliche Tatsache) ideologisch bestimmt, d. h. nicht durch den Wunsch oder das Bedürfnis motiviert, eine konsequente sozialistische Weltanschauung zu skizzieren.

5. Die Reaktion auf Darwin

Marx ist immer noch nicht zu Reaktionen auf Engels' Gedanken über Hegel und die neuen Theorien bereit; in seiner Antwort auf Engels' ersten Brief zu diesem Thema sagt er nur, daß er schicken wird, was Engels fordert, d. h. Hegels *Naturphilosophie*, aber er hält sich um so ausführlicher bei seiner eigenen permanenten ökonomischen Krise auf (Brief an Engels v. 15. 7. 1858, in: MEW 29, S. 340 ff.). Danach ist es in ihrer Korrespondenz still um die Naturwissenschaft bis zum Dezember 1859, als Engels fast im Vorbeigehen mitteilt, daß er dabei ist, Darwin, den er "ganz famos" findet, zu lesen. Und sogleich hebt er mit sicherer Hand zwei entscheidende Aspekte in bezug auf *On the Origin of Species* hervor. Einerseits hat Darwin in seinem Buch mit der Theologie, die bis dahin noch keine vernichtende Kritik erfahren habe, Schluß gemacht. Andererseits hat Darwin den bis dahin großartigsten Versuch unternommen, die historische Entwicklung in der Natur aufzuzeigen. Wir wissen, wie entscheidend diese Worte für Engels sind. Nur einige Monate vorher hatte er ja erklärt, daß die Naturwissenschaften keine historischen Wissenschaften sind. Darwin überbrückt für ihn die Kluft zwischen den Wissenschaften vom Menschen und den Wissenschaften von der Natur und regt ihn zum ersten Mal zu der Idee an, die später für ihn absolut zentral werden sollte, nämlich daß *alle* Wissenschaften historisch sind (Brief an Marx v. 12. 12. 1859, in: MEW 29, S. 524).

Der italienische Philosoph V. Gerratana (1973, S. 62) hat deshalb völlig unrecht, wenn er behauptet, Darwins Buch habe Engels nur in seinen Gedanken über die Geschichte der Natur, die er schon früher gehabt hätte, bestärkt. Das Interesse für die Naturwissenschaften, das Engels bis dahin offenbarte, hatte keineswegs ihren historischen Aspekten gegolten. Es wurde, soweit wir es verfolgen können, völlig von Hegels Naturphilosophie dominiert. Die Konsequenzen, die er unmittelbar aus Darwins Buch zieht, werden auf ganz entscheidende Weise seine Beziehungen zur Hegelschen Philosophie verändern. Es ist ein Hauptgedanke bei Hegel, daß nur der Mensch eine Entwicklung in der Zeit hat, also eine historische Entwicklung.[39] Engels hat also bislang ganz im Geiste Hegels gesprochen, als er die Naturwissenschaften aus dem historischen Fach ausschloß. Mit Darwin geht er über Hegel hinaus: Es gibt eine Geschichte *vor* den Menschen. Der Problemkreis erweitert sich, er umfaßt nicht mehr nur die Begriffsbildung der Naturwissenschaften, sondern auch die Entwicklung der Naturerscheinungen in der Zeit. Der Weg zwischen Naturwissenschaft und Geschichtsmaterialismus liegt offen, selbst wenn es noch lange dauert, bis Engels ihn zurücklegen wird.

In seinem Brief macht er eine weitere Anmerkung, die sowohl in seinen wie in Marx' Aussagen über Darwin noch zentral werden wird. Er sagt, daß man „die plumpe englische Methode" bei Darwin in Kauf nehmen muß (MEW 29, S. 524).

Als Marx ein Jahr später zum ersten Mal *On the Origin of Species* kommentiert, sagt er, daß das Buch „grob englisch" ist (Brief an Engels v. 19.12.1860, in: MEW 30, S. 131), ein Urteil, das er später wiederholt (Brief an Lassalle v. 16.1.1861, in: ebd., S. 578). Möglicherweise beziehen sich Marx wie auch Engels mit ihren herabsetzenden Urteilen ganz allgemein auf den vorsichtigen Empirismus bei Darwin, der ihn zum Zögern oder Schweigen vor einer Reihe wesentlicher Probleme zwingt. Leider ziehen sie keine Parallelen zu der „englischen" Methode, die sie am besten kennen — der der klassischen Nationalökonomie. Aber beide reagieren um so heftiger auf Darwins Weise, sich Malthus' Überbevölkerungstheorie zueigen zu machen; es ist möglich, daß gerade hier ihrer Auffassung zufolge das „Plumpe" und „Grobe" zum Ausdruck kommt. In diesem Fall berühren sie mit ihrer Kritik der Darwinschen Methode die Frage nach der Beziehung zwischen Gesellschaftstheorien und biologischen Theorien — eine Frage, die für beide derart wesentlich war, daß wir in einem späteren systematischeren Zusammenhang noch darauf zurückkommen werden.

Sowohl Marx als auch Engels nehmen dennoch Darwins Buch mit einem Gefühl der Erleichterung und Befriedigung auf.[40] Aber ihre Gefühle haben zumindest am Anfang keinen völlig identischen Grund. Für Engels füllt Darwin eine Lücke in der Weltanschauung, an deren Entwicklung er arbeitet. Für Marx bedeutet die Abstammungslehre in erster Linie, daß die materialistische Geschichtsauffassung auf einem biologischen Fundament ruht. An Engels schreibt er, daß *On the Origin of Species* „die naturhistorische Grundlage für unsere Arbeit" (Brief v. 19.12.1860, in: MEW 30, S. 131) enthält; an Ferdinand Lassalle, daß das Werk „mir als naturwissenschaftliche Unterlage des geschichtlichen Klassenkampfes" (Brief v. 16.1.1861, in: ebd., S. 578) paßt.

Marx' Interesse an Darwin ist also zumindest zu diesem Zeitpunkt spezifischer und präziser. Aber er läuft gleichzeitig größere Gefahr, Darwin und die gesamte Darwinistische Problematik ganz und gar von außen zu beurteilen: Die Abstammungstheorie hat nur einen Wert in bezug auf die eigene Theorie über die Geschichte. Zumindest an einer Stelle ist er auch bereit, Darwin zu verwerfen zugunsten einer anderen Abstammungstheorie, die unmittelbar eine bessere „Grundlage" für sein eigenes Gebiet abzugeben scheint.

6. Fortgesetzte Studien

In den 60er Jahren unternimmt auch Marx ausgedehnte naturwissenschaftliche Studien, die keinen unmittelbaren Zusammenhang mit seinem eigenen Forschungsgebiet haben. In erster Linie befaßt er sich mit dem Energieprinzip, wobei er sich ebenso wie Engels auf William Robert Groves *On the Correlation of Physical Forces* stützt.

Er und Engels haben zuvor ihre Ansichten über das berühmte sogenannte Sonnenstrahlenexperiment[41] von John Tyndall ausgetauscht.[42] Es ist offensichtlich, daß sich jetzt beide mit reger Neugier in der naturwissenschaftlichen Welt umsehen. Aber es ist auch klar, daß Engels in der allgemeinen Orientierung weiter gekommen ist als Marx und nicht zuletzt zu diesem Zeitpunkt über eine bessere persönliche Anleitung verfügt. Gerade 1865 und in einem der Briefe, in denen Tyndall abgehandelt wird, nennt er zum ersten Mal eine neue Bekanntschaft, die bald sein bester Freund neben Marx werden wird: Carl Schorlemmer. Noch wird Schorlemmer als „Chemiker" bezeichnet, der Engels die Bedeutung des Tyndallschen Experiments erklärt (Brief an Marx v. 6. 3. 1865, in: MEW 31, S. 92). Schon bald wird er namentlich und in voller Person in der Engelsschen Korrespondenz erscheinen.

Es ist also nicht überraschend, daß die Chemie bald ein Lieblingsgebiet von Engels wird. Aber nicht nur für Engels! Marx hat ja schon früher Interesse an der Chemie bzw. deren praktischen Anwendungen gezeigt; er hat, wie wir gesehen haben, u. a. Liebig in einem ziemlich frühen Stadium gelesen. Jetzt wird er sich auch in die neuen chemischen Theorien hineinknien. Er geht, wie so viele andere Bildungshungrige, zu den Vorlesungen des deutschen Chemikers August Wilhelm von Hofmann — Hofmann war zu dieser Zeit Professor in London —, und die Vorlesungen werden sogar ihre Spuren im *Kapital* hinterlassen; genauer gesagt, an der umstrittenen Stelle, wo Marx — viel früher als Engels — von dem Hegelschen Gesetz von der Beziehung zwischen Quantität und Qualität spricht, das sowohl in den

Naturwissenschaften wie auch der Geschichte zum Ausdruck komme (MEW 23, S. 327). Die Neuigkeit, daß er die Naturwissenschaft auf diese Weise in das *Kapital* mit einbeziehen wolle, teilt Marx in einem Brief an Engels, der von Hofmann handelt, mit. Marx erklärt jedoch, daß er im *Kapital* nicht den eher unoriginellen Hofmann erwähnen wird, sondern Laurent, Gerhardt und Wurtz, unter denen der Letztgenannte „der *eigentliche Mann*" sei (Brief v. 22. 6. 1867, in: MEW 31, S. 30).

Seltsamerweise kommentiert Engels in seiner Antwort nicht Marx' sensationelle Einführung des Begriffs *dialektisches Gesetz*, sondern nur die Namen, die Marx anführt. Die Autorität Schorlemmer hat Engels mitgeteilt, daß Wurtz die Molekulartheorie lediglich popularisiert habe; die großen Namen seien statt dessen Gerhardt und Kekulé (Brief an Marx v. 24. 6. 1867, in: MEW 31, S. 309). Marx nimmt offensichtlich die Anmerkung über Wurtz zur Kenntnis, denn in der fraglichen Fußnote taucht dessen Name nicht auf. Dagegen bleiben Laurent und Gerhardt stehen; Kekulé wird nicht genannt. In Engels' Ergänzung zur 3. Auflage (1883) erklärt dieser ganz offen, daß Marx Laurents und Gerhardts Bedeutung für die Molekulartheorie überschätzt habe (MEW 23, S. 327).

Wir sehen also, daß Marx gerade zu der Zeit, wo er eine letzte Überarbeitung des ersten Bandes des *Kapitals* vornimmt, eifrig beschäftigt ist nicht nur mit den neuesten Ergebnissen der Biologie, sondern auch mit denen der Chemie und der Physik. Er ist in diesen eiligen Studien nicht auf der Jagd nach einer Weltanschauung. Er scheint sich nicht nur mit der „naturhistorischen Basis" für seine Theorie zufriedenzugeben, sondern interessiert sich auch für die Entsprechungen der Gesetze und Theorien zwischen verschiedenen Wissenschaften. Es scheint, als ob er die methodologische Perspektive ausweiten wolle, die er in der Einleitung der *Grundrisse* angelegt hat, die er jedoch in dem schon fast druckfertigen *Kapital* nicht voll zu entwickeln vermochte. Die Kritiken an der ersten Auflage des *Kapitals* zeigen ja auch, daß seine Darlegungen über wissenschaftliche Methode, Hegel, Dialektik, Quantität und Qualität sowie die Negation der Negation nicht völlig begreifbar sind (vgl. das „Nachwort zur zweiten Auflage" von 1873, in: MEW 23, S. 18 ff.). Viel später macht es sich Engels in seiner Polemik mit Dühring zur Aufgabe, das, was Marx eigentlich meinte, zu erklären.

Wir werden noch sehen, welche außerordentliche Bedeutung Marx' weitläufige Aussagen für Engels' Entwicklung der Dialektik haben. Seltsamerweise hat man in der Literatur über den dialektischen Materialismus vergessen, daß es Marx und nicht Engels war, der zuerst von einem dialektischen Gesetz sprach. Man war offensichtlich derart beschäftigt mit der Frage, ob Marx das, womit sich Engels beschäftigt, akzeptiert oder nicht, daß man völlig von Marx' eigener Aktivität abgesehen hat. Die einfache Tatsache, daß das *Kapital* 1867 herauskam, während Engels erst 1873 ernsthaft beginnt, eine Art allgemeine Weltanschauung zu formulieren, wird von den Interpreten nicht in Rechnung gestellt. Marx läßt seine naturwissenschaftlichen Studien, auch als er letzte Hand ans *Kapital* legt, nicht ruhen; aber er betreibt sie auch nicht auf systematische Weise. Durch Schorlemmer versucht er zumindest, die Grundlagen der neuen Chemie zu lernen. Engels verspricht ihm, daß Schorlemmer ihm ein Lehrbuch schicken wird, das H. E. Roscoe verfaßt und Schorlemmer bearbeitet und ins Deutsche übertragen hat: *Kurzes Lehrbuch der Chemie nach den neuesten Ansichten der Wissenschaft* (1867). Nach etlichen Verspätungen, die Marx, gelinde ausgedrückt, ungeduldig machen, kommt das Buch. Marx ist begeistert (Briefe an Engels v. 30. 11. 1867 u. 7. 12. 1867, in: MEW 31, S. 389 u. 405). Er exzerpiert daraus; schon das ist eine bemerkenswerte Tatsache, da er selten das exzerpiert, wovon er keinen aktiven Gebrauch zu machen gedenkt. Nicht einmal Darwin oder Trémaux werden Gegenstand derartiger Aufzeichnungen. Die Exzerpte sind sehr genau und beinhalten auch sehr elementare Fragestellungen, aber sie werden bald abgebrochen. Offensichtlich ist Marx übereilt zu anderen Büchern und Themen übergegangen.[43] Ein Jahrzehnt später exzerpiert Marx Teile aus einer viel größeren Schrift von Roscoe und Schorlemmer, deren *Treatise on Chemistry* oder *Ausführliches Lehrbuch* von 1877 — aber jetzt beschränkt er sich völlig auf die mineralogischen Teilgebiete. Seine Exzerpte hängen zweifellos mit seinem Interesse für die Agrarchemie zusammen (IISG-Nachlaß, B 145, S. 111 ff.).

Das Studium des früheren *Kurzen Lehrbuches* hat dagegen offensichtlich mit seinem Interesse an dialektischen Prozessen in der Chemie zu tun. Man kann mit Recht vermuten, daß er beabsichtigt, die Gedankengänge näher zu entwickeln, die im *Kapital* nur in einer Fußnote Platz gefunden hatten. So teilt Marx 1868 Joseph Dietzgen brieflich seine Absichten mit, eine kürzere Darstellung der Dialektik zu verfassen (MEW 32, S. 547).

Aber andere, unmittelbar wichtigere Dinge kommen dazwischen. Der zweite Band des *Kapital* muß noch geschrieben werden, und die politische Arbeit in der Internationale fordert Zeit und Aufmerksamkeit. Das Weithergeholte und Abstrakte muß dem Naheliegenden und Konkreten weichen. Das Interesse für die allgemeinen Theorien der Chemie verblaßt wieder vor dem Interesse für die praktische Agrarchemie. Schorlemmers Erkenntnisse werden für Studien in der Chemie der Landwirtschaft und nicht für die Molekulartheorie verwendet.[44]

Es scheint überhaupt, als ob Schorlemmer sowohl für Marx als auch Engels während dieser Jahre eine sehr bedeutende Rolle spielt. Engels verfolgt aufmerksam Schorlemmers Forschungen in der organischen Chemie und berichtet darüber mit offensichtlichem Stolz in seinen Briefen an Marx (v. 29. 3. u. v. 10. 5. 1868, in: MEW 32, S. 54 u. 84). Aber diese Berichte betreffen immer höchst konkrete Dinge, die Schorlemmer im Laboratorium durchführt. Wahrscheinlich beschäftigen sich Marx wie auch Engels gegen Ende der 60er Jahre bedeutend weniger mit den spektakulären und weitreichenden Ergebnissen innerhalb der Naturwissenschaften, als sie es in der Mitte des Jahrhunderts getan haben. Erst 1873, als Engels auf die Idee kommt, eine den Naturwissenschaften eigene Philosophie zu entwickeln, werden allgemeinere Fragen wieder aktuell, was in Briefen, Exzerpten und Manuskripten zum Ausdruck kommt.

Kapitel V
Engels' vier Perioden

1. Einführung

Die wichtigste Aufgabe in den vorangegangenen Kapiteln war zu zeigen, wie sich Marx' und Engels' Interesse an allgemeinen Fragen über die Ursache der verschiedenen wissenschaftlichen Theorien und deren Zusammenhang aus ihrer theoretischen Arbeit herausbildete. Wir sahen, daß Marx' Interesse an der Hierarchie der Wissenschaften viel stärker auf seine eigene Geschichts- und Gesellschaftstheorie bezogen war, während Engels schon seit Ende der 50er Jahre auf der Suche nach einer wissenschaftlich begründeten, aber hegelianisch gefärbten Weltanschauung war.

Das überraschendste Ergebnis der bisherigen Untersuchung ist sicherlich, daß Marx und nicht Engels zuerst den Begriff „dialektisches Gesetz" konzipierte. Die Urheberschaft allein sagt jedoch nicht allzuviel aus. Es geht jetzt darum, näher zu untersuchen, welche Bedeutung diese neue Kategorie für Marx und Engels erhielt. Was Marx betrifft, so konnte er sich im letzten Jahrzehnt seines Lebens (1873—83) nur relativ selten den Fragen zuwenden, die in direkter Verbindung mit den im *Kapital* aufgestellten Thesen standen. Engels allerdings sollte umso mehr durch sie geprägt werden und sich mit ihnen beschäftigen. Unsere nächste Aufgabe wird sein, die entsprechende Arbeit von Marx und Engels ab 1873 näher zu verfolgen. Aber danach geht es um eine größere und schwierigere Aufgabe, nämlich eine Rekonstruktion des Inhalts dieser beharrlichen Bemühungen zu leisten, d. h. ihre tragenden — oft sich widersprechenden — Elemente darzustellen und damit die Konsequenzen aus den unvollendeten, oft völlig fragmentarischen Arbeiten zu ziehen, die Marx und vor allem Engels zurückgelassen haben. Diese Rekonstruktion kann natürlich nicht im Jahre 1873 — als Engels auf die Idee verfiel, eine eigene wissenschaftliche Weltanschauung zu entwickeln — halt machen, sondern muß für die gesamte Periode ab Ende der 50er Jahre (und indirekt sogar für die Jugendschriften der 40er Jahre) gelten.

Bei einer derartigen Rekonstruktion muß man einen Umstand sorgfältig bedenken. Als Marx anfing, Parallelen zwischen den Gesetzmäßigkeiten in

Geschichte und Chemie zu ziehen, und, mehr noch, als Engels sein Panorama allen menschlichen Wissens skizzierte, schlossen sie sich einer gewaltigen wissenschaftlichen Strömung an, die über Europa in der zweiten Hälfte des 19. Jh.s hinwegzog und die darauf abzielte, die Grenzen zwischen den Einzeldisziplinen zu überschreiten. Gelehrte wie Auguste Comte in Frankreich, Herbert Spencer in England, Ludwig Büchner, Eugen Dühring und E. von Hartmann in Deutschland, um nur einige der Bekannteren zu nennen, widmeten diesem Bestreben ihre Kräfte. Es gab dafür außerwissenschaftliche ideologische Triebkräfte. Es galt, die Wissenschaft in gleichem Maße für sich zu gewinnen, wie ihr Ansehen als Lieferant sowohl unumstrittener Wahrheiten als auch praktischen Nutzens stieg. Der Streit um Darwins Selektionstheorie zwischen Liberalen, Sozialisten und Konservativen muß in diesem Licht gesehen werden. Je größer die Autorität der Wissenschaften wurde, desto wichtiger wurde es zu zeigen, daß das jeweils eigene Gesellschafts- und Menschenbild wissenschaftlich begründbar war.

Es gab jedoch auch innerwissenschaftliche Triebkräfte. Umfassende Theorien sind grenzüberschreitend. Darwins Theorie ist ein ausgezeichnetes Beispiel auch für diese Erscheinung. Sie führte unwillkürlich zu der Frage nach dem Verhältnis zwischen organischer und anorganischer Materie: Wie war das Leben entstanden? Noch unmittelbarer rief sie Fragen hervor nach dem Verhältnis zwischen dem Biologischen und dem Menschlichen. Darwin selbst zögerte allerdings lange, bevor er in *The Descent of Man* (1871) öffentlich den naheliegenden Schluß zog, daß sogar das Menschengeschlecht auf die gleiche Weise entstanden war wie andere Arten. Diese Feststellung beinhaltete weitreichende, sogar gefährliche Konsequenzen für sowohl alle Humanwissenschaftler (z. B. Historiker, Ökonomen oder Anthropologen) als auch für alle ideologisch und politisch Engagierten. Unterschied sich die Menschheitsgeschichte überhaupt grundsätzlich von der der Heuschrecken oder der Biber? Hatten das Bewußtsein des Menschen, seine Lebensmittelproduktion, seine Traditionen vielleicht keine Bedeutung?

Nicht nur der darwinistischen Theorie kam diese grenzüberschreitende Kraft zu. Das Prinzip von der Unzerstörbarkeit der Energie, die Hauptsätze der Thermodynamik, die schon in den 40er Jahren des 19. Jh.s in verschiedenen Fassungen formuliert wurden, hatten ähnliche Auswirkungen. Und sollte strenggenommen nicht auch die Marxsche Theorie des Kapitals und die gesamte sogenannte materialistische Geschichtsauffassung zu Ausflügen in andere wissenschaftliche Gebiete verlocken?

Grenzüberschreitendes wissenschaftliches Arbeiten führt unwillkürlich zu Problemen und Schwierigkeiten, die ich in einem anderen Zusammenhang genau untersucht habe und die ich hier nur andeuten will. Die Wissenschaft des 19. Jh.s ist in weiten Teilen stark spezialisiert, doch der Grenzüberschreiter — oder Systemkonstrukteur — wie ich besser sagen sollte

— muß sich jenseits aller Spezialgebiete, d. h. außerhalb seines anerkannten Kompetenzbereichs bewegen. Der Spezialist besitzt Autorität dort, wo er Spezialist ist, aber woher nimmt der Systemkonstrukteur seine Autorität? Wie kann er Anspruch darauf erheben, daß man ihm glaubt, wenn er von sich sagt, er spreche im Namen der gesamten Wissenschaft?

Es gibt hierbei allgemeine Zusammenhänge, die man folgendermaßen zusammenfassen kann:

a) Im Verhältnis zu den wissenschaftlichen Spezialgebieten, die der Systemkonstrukteur akzeptiert, von denen er jedoch nicht behauptet, sie zu beherrschen, ist es erstens wichtig für ihn, die Kritik der jeweiligen Spezialisten zu akzeptieren. Zweitens glaubt er, den Spezialisten Wissen über die Stellung, die ihr Spezialgebiet in der wissenschaftlichen Hierarchie einnimmt, eventuell auch die allgemeinsten theoretischen Richtlinien der Spezialgebiete vermitteln zu können.

b) Auf wissenschaftlichen Gebieten, die der Systemkonstrukteur nicht als besondere Spezialgebiete anerkennt (und solche gibt es ganz eindeutig für die meisten Systemkonstrukteure gegen Ende des 19. Jh.s) bewegt er sich mit seiner eigenen Autorität und ist nicht gewillt, sich ohne weiteres korrigieren zu lassen — selbst von Wissenschaftlern, die eingehende Studien auf diesen Gebieten betrieben haben. In seinen synthetisierenden Darlegungen geht der Systemkonstrukteur jedoch äußerst selten auf Einzelheiten ein, sondern begnügt sich mit weitschweifigen Zusammenfassungen.

c) Im Verhältnis zur nicht-wissenschaftlichen Öffentlichkeit spricht der Systemkonstrukteur mit der Autorität der gesamten Wissenschaft.

Man muß hinzufügen, daß normalerweise die nicht-wissenschaftliche Öffentlichkeit die wichtigste Zuhörerschaft des Systemkonstrukteurs ist. Er hat nicht wie der Spezialist seinen Kreis von Kollegen, die mit ihrem Beifall oder ihrer Kritik entscheiden, ob eine Hypothese stimmt oder nicht. Die Kollegen des Systemkonstrukteurs sind seine unmittelbaren Widersacher; mit ihnen wetteifert er um die öffentliche Glaubwürdigkeit. Und es ist letztlich seine Durchschlagskraft bei einem größeren Publikum, die seine Erfolge bezeugt.

In einem Sinn kann Engels nicht als reiner Systemkonstrukteur angesehen werden. Er beherrschte ein Spezialgebiet — abgesehen davon, daß dieses zu seiner Zeit nicht selbstverständlich als solches anerkannt wurde —, auf dem er den größten Teil seines Wissens verankern konnte. Systemkonstrukteur wurde er allerdings, wenn man sich ansieht, was er geleistet hat: eine Übersicht des Wissens — angefangen von den Atomen bis hin zu menschlichen Gesellschaften. Doch der Impuls, sich in seinen späteren Schriften einer riskanten philosophischen Tätigkeit zuzuwenden, kam nicht nur von *außen* — von dem Bedürfnis, die wissenschaftliche Autorität des Sozialismus marxistischer Prägung zu erneuern —, sondern auch von *innen*, von den Fragen und Problemen, die durch Marx und seine theoretische Arbeit aufgeworfen worden waren.

Für das Studium der Frühgeschichte des Marxismus ist es von entscheidender Bedeutung einzusehen, daß die Marxsche Theorie genauso mit theoretischen Schwierigkeiten und Problemen wie ihre Nachbar- und Konkurrenztheorie in der damaligen wissenschaftlichen Welt zu kämpfen hatte. Um sie mit der Reputation einer vollwertigen Theorie zu versehen, mußte sie zu allen Fragen der damaligen wissenschaftstheoretischen Debatte in Beziehung gesetzt werden — z. B. zu den Fragen über Determinismus, Entwicklung, Tendenz usw. Wir werden gleich sehen, wie diese Fragen wesentliche Teile von Engels' Arbeit an einer wissenschaftlichen Weltanschauung bestimmen sollten. All seine verstreuten, aber immer wiederkehrenden Aussagen über „Zufall und Notwendigkeit", über die sich ständig verändernden Kategorien des Denkens und der Wirklichkeit, über Ursachen „in letzter Instanz", über Tatsachen, Theorien und Gesetze sind gleichzeitig typische und originelle Beiträge zu einer damals lebhaften Diskussion.

Andererseits ist Engels' Weg zu einer allgemeinen Dialektik von Zufällen bestimmt, von denen der wichtigste der ist, daß er aus einem äußeren Anlaß heraus — Marx' Tod — nie mehr die Gelegenheit erhielt, seine weitreichenden Pläne zu Ende zu bringen.

2. Die vier Perioden

Es ist sehr wichtig, verschiedene Phasen in Engels' Arbeit zu unterscheiden. Erst wenn man sich klarmacht, daß er nicht ständig die gleichen Ideen oder die gleichen Interessen verfolgt, kann man würdigen, was er zustande bringt.

Die erste Phase erstreckt sich vom Ende der 50er Jahre bis ins Jahr 1873. In dieser Phase gibt es nichts, was andeuten könnte, daß er eine eigene dialektische Philosophie zu entwickeln beabsichtigt. Er liest die naturwissenschaftliche und philosophische Literatur, die ihm über den Weg läuft. Er kommentiert sie in seinen Briefen, macht aber keine Exzerpte von Bedeutung.[45] Sein eher allgemeines Interesse gilt dem Verhältnis zwischen den neuen Theorien und Hegels Philosophie.

Die zweite Phase nimmt ihren eigentlichen Anfang mit dem (auf S. 11 ff.) genannten Brief vom Mai 1873. Allem Anschein nach hat Engels jedoch schon früher im gleichen Jahr gewisse Pläne für eine andere, weniger umfangreiche Arbeit über Ludwig Büchners materialistische Philosophie. Einige Seiten unter der Rubrik „Büchner", die zu den Konvoluten, die die *Dialektik der Natur* ausmachen, gehören, scheinen bereits im Frühjahr geschrieben worden zu sein (MEW 20, S. 691). Es scheint zumindest möglich, daß Engels Wilhelm Liebknecht etwas über seine geplante Streitschrift mitgeteilt hat (ebd., S. 660, Anm. 276). Was er in den Aufzeichnungen über Büchner schreibt, ist nicht zuletzt deshalb von Interesse, weil er dort so eindeutig den Angriff gegen den mechanischen Materialismus richtet. Wir werden darauf zurückkommen.

Engels' Brief an Marx wird dadurch so bedeutungsvoll, daß er darin zum ersten Mal Anspruch auf eine eigene originäre Auffassung von der Dialektik in den Naturwissenschaften erhebt. Es geht ihm also nicht einfach darum, Marx' oder Hegels Auffassung darzustellen, zu ergänzen oder weiterzuentwickeln. Jetzt beginnt er, seine Studien zu systematisieren, jetzt versucht er, *seine* Ideen und Impulse zusammenzufassen. Nichts deutet jedoch darauf hin, daß sich völlig neue Gedankengänge seiner bemächtigt hätten. Seine Hauptperspektive ist die gleiche wie vor 1873; die entscheidende Frage ist weiterhin, inwieweit wesentliche Teile von Hegels Naturphilosophie durch die neue Naturwissenschaft bekräftigt werden.

Vor 1876, als Engels es widerwillig auf sich nimmt, eine Polemik gegen Eugen Dühring zu schreiben, geschieht keine entscheidende Veränderung und keine definitive Erweiterung der Perspektive. Erst im Zusammenhang mit dem *Anti-Dühring* beginnt *die dritte Phase*. Aber wie kann man das mit Sicherheit feststellen? Dies ist nicht möglich, wenn man die Manuskripte, Fragmente und Notizen, die wir heute *Dialektik der Natur* nennen, so liest, wie sie in modernen Ausgaben angeordnet sind. Das Muster tritt erst hervor, wenn man sie in chronologischer Anordnung studiert.[46]

Die Mehrzahl der 92 Abschnitte der *Dialektik der Natur*, die mit Sicherheit vor Mai 1876 geschrieben wurden, bestehen aus kurzen Notizen. Sie vermitteln uns einen guten Einblick in die Einstellung zu seinen Studien, in denen Hegel ständig präsent ist. Zu Beginn dieser Periode ist Engels besonders mit Hegels *Enzyklopädie* beschäftigt.[47] Er aktualisiert aber auch Groves *Correlation of Physical Forces*, das zuerst sein Interesse an den nun seine Arbeit dominierenden Fragen weckte (s. z. B. MEW 20, S. 511 u. 513). Weitere Namen, die in diesen frühen Fragmenten wiederkehren, sind die von Ernst Haeckel und Rudolf Clausius (s. z. B. ebd., S. 477 ff., 516, 545 f.).

Während dieser zweiten Phase sind zwei teilweise miteinander verbundene Gedankengänge völlig dominierend. Der allgemeinere der beiden — ständig auf Hegel bezogen — kreist um die Unmöglichkeit fixer Kategorien. Die neue Naturwissenschaft hat gezeigt, daß Erscheinungen, die man früher als unvereinbar und klar unterschieden angesehen hat, nun ineinanderfließen und miteinander vermischt werden. Im Manuskript über Ludwig Büchner, das wahrscheinlich das früheste von allen ist, trifft Engels die Unterscheidung zwischen metaphysischer[48] und dialektischer Einstellung, die von entscheidender Bedeutung für sein gesamtes späteres Denken ist. Erstere stützt sich auf absolute und einander ausschließende Gegensatzpaare, letztere versucht den Nachweis, daß „diese fixen Gegensätze von Grund und Folge, Ursache und Wirkung, Identität und Unterschied, Schein und Wesen" (MEW 20, S. 472) als nicht haltbar anzusehen sind: die Gegensätze gehen ineinander über. Aber die Dialektik löst nicht nur die Begriffe auf, mit denen das Denken arbeitet, sie zeigt uns auch, daß das in der objektiven Wirklichkeit invariant Erscheinende in etwas anderes übergeht, sich zu etwas Neuem entwickelt. In einer Aufzeichnung von 1875 heißt es, daß es keine „hard and fast lines" gibt. Das bedeutsamste Beispiel entlehnt Engels der Evolutionsbiologie mit ihrer Lehre von der Veränderlichkeit der Arten (ebd., S. 482). Von Anfang an setzt Engels eine Parallelität zwischen Denken und objektiver Wirklichkeit voraus. Es ist letztlich die entfliehende und wechselnde Natur der Wirklichkeit, die es für das Denken erforderlich macht, mit entgegengesetzten, jedoch einander nicht ausschließenden Begriffen zu arbeiten (vgl. z. B. ebd., S. 483 f.). Die Wirklichkeit kann jedoch Gegenstand wirklicher Erkenntnis sein, und die Denkkategorien werden ihr angeglichen. Die Ordnung der Natur ist veränderlich, aber sie existiert.

Hier kommt der zweite speziellere Gedankengang in Engels' frühen Aufzeichnungen ins Spiel. Dies ist das Thema, das er besonders im Brief an Marx über die neuen Ideen, die ihm gekommen sind, anschneidet (vgl. auch ebd., S. 513 f.). Alles, was existiert, ist Materie in Bewegung, aber es gibt verschiedene Bewegungsformen. Die neue Naturwissenschaft kann zeigen, wie die verschiedenen Bewegungsformen ineinander übergehen. Mechanische Bewegung, Wärme, Elektrizität usw. sind also nicht gänzlich unterschiedliche Größen; gewiß repräsentieren sie verschiedene Qualitäten, doch der Übergang von einer Qualität in eine andere kann quantitativ bestimmt werden.[49]

Als Engels anfangs seine Ideen darlegt, macht er vor dem Übergang von anorganischer zu organischer Natur halt.[50] Bis auf weiteres stellt in erster Linie das Energieprinzip, so, wie es von Grove ausgelegt wurde, die naturwissenschaftliche Grundlage seiner Überlegungen dar. Doch erweitert er seine Perspektive allmählich auf die gesamte naturwissenschaftliche Hierarchie. Schon bald entnimmt er auch der Biologie zahlreiche Beispiele (vgl. z. B. die bereits erwähnten Hinweise auf Haeckel).

Die Geschichte der Menschheit hingegen taucht erstaunlicherweise recht spät in diesem Zusammenhang auf. Erst in einer Notiz von 1876, kurz vor dem Beginn seiner Arbeiten am *Anti-Dühring*, rückt der Mensch ins Blickfeld. Gerade in dieser Notiz skizziert Engels zum ersten Mal ernsthaft den eigentlichen Hauptgedanken seines *irreduktiven Materialismus* (zu diesem Begriff s. Schmidt 1971, S. 49). Das Universum stellt eine Einheit dar, da es aus Materie in Bewegung besteht. Doch nimmt diese universale Bewegung höchst unterschiedliche „Erscheinungsformen" (MEW 20, S. 506) an — von der mechanischen bis hin zu der, die in der Geschichte des Menschen zum Ausdruck kommt. Der Übergang von einer Bewegungsform in eine andere kann im Prinzip bestimmt und berechnet werden.

Die These vom fließenden Charakter aller Kategorien wird ebenso wie der irreduktive Materialismus zum Eckstein in Engels Ideenwelt. Aber was kommt in der dritten Phase seiner Entwicklung hinzu?

Kurz gesagt: Es ist die Lehre von den dialektischen Gesetzen und dem, was sie direkt und indirekt implizieren. Vor dem *Anti-Dühring* gibt es keine Spur von diesen Gesetzen. Noch 1875 denkt Engels nicht daran, daß die Dialektik überhaupt allgemeinen Gesetzen unterliegen könnte (s. z. B. ebd., S. 481 f.). Für ihn sind zu diesem Zeitpunkt „Identität und Unterschied — Notwendigkeit und Zufälligkeit — Ursache und Wirkung" gleichermaßen „die beiden Hauptgegensätze" (ebd., S. 485).[51] Was er hier aufzählt, behandelt er als verschiedene Erscheinungsformen ein und desselben Gegensatzpaares, nicht aber als Gesetze der Dialektik.

Erst im *Anti-Dühring* spricht Engels zum ersten Mal über dialektische Gesetze und zwar in dem Zusammenhang, wo er Marx' Ausführungen im *Kapital* über den Umschlag von Quantität in Qualität gegen Dührings Kritik verteidigt (ebd., S. 111 ff., insbes. S. 117). Der Umstand, daß es Marx und nicht Engels war, der den Begriff dialektisches Gesetz einführte, kann kaum deutlicher demonstriert werden. Aber um es nochmals zu betonen, erklärt Engels — der sonst so besorgt darum ist, seine eigene Originalität auf diesem Gebiet hervorzuheben —, daß Marx als erster die Geltung dieses Gesetzes für alle „Dinge und Vorgänge" erkannt hat (ebd., S. 119).

Engels geht jedoch im *Anti-Dühring* einen Schritt weiter als Marx im *Kapital*. Marx hatte von der Negation der Negation gesprochen, aber ohne sie als dialektisches Gesetz zu bezeichnen (MEW 23, S. 791). Dühring war sogar gegen dieses Zugeständnis an den Hegelschen Sprachgebrauch zum Angriff übergegangen. In seiner umständlichen Verteidigung von Marx erhebt Engels selbst die Negation der Negation in den Rang eines dialektischen Gesetzes (MEW 20, S. 131).

Damit nicht genug. Als Engels 1878 die Arbeit an der *Dialektik der Natur* wieder aufnimmt, arbeitet er zuerst eine „Skizze des Gesamtplans" aus. Hierin haben wir es mit vier Gesetzen der Dialektik zu tun: 1. dem Gesetz vom Umschlag der Quantität in Qualität, 2. dem von der Einheit der Gegensätze, (letzteres war bereits im *Anti-Dühring* zur Sprache gekommen, jedoch dort nicht als dialektisches Gesetz bezeichnet worden), 3. dem von der Negation der Negation und 4. dem der spiralen Form der Entwicklung (ebd., S. 307).

Im darauffolgenden Jahr, also 1879, als Engels die Ideen dieses Entwurfs detaillierter entwickelt, spricht er nur noch von drei Gesetzen. [52]

Das Gesetz von der spiralen Entwicklung ist ohne Kommentar weggefallen; und damit sind wir schließlich bei den drei dialektischen Gesetzen, die so normgebend für große Teile des Marxismus wurden — und es noch sind —, nachdem die *Dialektik der Natur* 1925 veröffentlicht wurde. Engels versucht hier zu zeigen, daß die drei Gesetze fest in Hegels Philosophie verankert sind, oder genauer gesagt, in den verschiedenen Teilen der *Wissenschaft der Logik* (ebd., S. 348).[53] Ebensowenig wie vorher Marx bemerkt Engels, daß die Idee eines dialektischen *Gesetzes* Hegel fremd ist.

Wir können bereits hier — bevor wir die Frage einer analytischeren Behandlung unterwerfen — feststellen, daß der Zusammenhang zwischen Engels' drei Gesetzen recht eigentümlich ist. Das zweite Gesetz von der Einheit der Gegensätze ist umfassender als die anderen; in ihm drückt sich all das aus, was Engels stets als das Hauptprinzip der Dialektik ansieht. Das Verhältnis zwischen Quantität und Qualität stellt einen besonderen Fall der Einheit der Gegensätze dar: *ein* Gegensatzpaar, nämlich Quantität und Qualität, steht in einem reziproken Verhältnis zueinander. Engels hat in diesem unvollendeten Text nicht dargelegt, welchen Stellenwert die Negation der Negation einnimmt. Dies wird jedoch völlig klar durch die Beispiele, die er zuvor im *Anti-Dühring* gab. Demzufolge ist die Negation der Negation nicht auf alle Prozesse anwendbar, sondern lediglich auf gewisse Bereiche der Biologie und Geschichte.[54] Um die Gründe für diese — wenn auch zufällige — Einteilung bei Engels zu verstehen, müssen wir später auch seinen Begriff „Denkgesetze" berücksichtigen (ebd., S. 348). Schließlich sollen die Gesetze der Dialektik auch das Denken umfassen. Die drei Gesetze entsprechen, wenn auch etwas unvollständig, den drei Denkgesetzen, mit denen die traditionelle Logik zu operieren pflegte.

Engels kommt jedoch nie dazu, den Abschnitt über die Gesetze der Dialektik abzuschließen. In den Jahren 1880—83 vollendet er das zweite Kapitel der *Dialektik der Natur*, und nach Marx' Tod gibt er im großen und ganzen sein gewaltiges Projekt auf. Statt dessen macht er es sich zur Hauptaufgabe, das *Kapital* zu redigieren und herauszugeben. In einer anderen Schrift, die er 1884 fertigstellt, *Der Ursprung der Familie, des Privateigentums und des Staats*, hält er sich sehr nahe an das, womit sich Marx in den letzten Jahren seines Lebens beschäftigt hat. Wie er selbst angibt (MEW 21, S. 27), geht er dort von Marx' Aufzeichnungen über die Forschungen des amerikanischen Ethnologen Lewis H. Morgan aus (s. Marx 1976). Marx und Engels greifen also die anthropologische Forschungstradition auf, deren erstes Ziel es war, die biologische und menschliche Geschichte miteinander zu verknüpfen.

Doch Engels wird, wenn auch vorübergehend, auf die weiterreichenden philosophischen Fragen zurückkommen. Dies geschieht vor allem in *Ludwig Feuerbach und der Ausgang der klassischen deutschen Philosophie*. Er schrieb diese kleine Schrift 1886, die im gleichen Jahr in der neuen theoretischen Zeitschrift „Die Neue Zeit" der deutschen Sozialdemokraten veröffentlicht wurde. Zwei Jahre später erschien sie in Buchform. Ihre oberste Aufgabe ist, so sagt Engels im Vorwort, eine zusammenfassende Darstellung des Verhältnisses zwischen seiner und Marx' Anschauung sowie Hegels Philosophie zu geben (MEW 21, S. 263 f.). Engels kritisiert Hegel seines Systems wegen. Hegels Methode, so wie Engels sie versteht, konterkariert eigentlich alle Systeme: sie lehrt, daß alles, was eine feste Form annimmt, bald wieder zersetzt wird. Für Engels ist Hegels System lediglich ein Zugeständnis an die Forderung seiner Zeit. Hegels Methode ist revolutionär, aber sein System ist konservativ (ebd., S. 266 ff.).

Man kann es als eine Ironie der Geschichte bezeichnen, daß Engels Kritik am Systemkonstrukteur Hegel von vielen Interpreten gegen ihn selber vorgebracht wurde — von Autoren, die glaubten, daß Engels lediglich Hegels idealistisches System durch ein materialistisches ersetzt hätte (so z. B. Adorno 1966, Lichtheim 1970).

In der Tat läßt sich feststellen, daß Engels, indem er sich mit der Aufstellung dialektischer Gesetze beschäftigte, der Gefahr nicht völlig entging, ein System im klassischen Sinne zu formulieren, in dem alles Wissen und die ganze Wirklichkeit unter eine Anzahl allgemeiner Behauptungen subsumiert wird. Andererseits unterzieht er die dialektischen Gesetze nur während einer kurzen Periode und in einigen recht begrenzten Textstellen einer Behandlung. Der Begriff dialektisches Gesetz hat eine fast ebenso zufällige wie vorübergehende Bedeutung — bei ihm wie bei Marx. Es ist ein außerordentlich interessanter Sachverhalt, daß Engels im *Feuerbach* überhaupt nicht von dialektischen Gesetzen spricht.[55] Das gibt uns nicht das Recht, den Schluß zu ziehen, daß er bewußt seine früheren Positionen zu dieser Frage aufgegeben hätte. Was wir mit Sicherheit sagen können, ist nur, daß er diese Positionen nicht mehr so nachhaltig vertritt wie noch gegen Ende der 70er Jahre. Wir können ebenfalls konstatieren, daß die ganze Art der gegen Hegel gerichteten Kritik schwer mit der These zu vereinbaren ist, die dialektischen Gesetze seien in Hegels idealistischer Philosophie (also seinem idealistischen System) wiederzufinden, und es gelte nur, ihnen ihren materialistischen Inhalt zu verleihen (was man ganz leicht als eine Aufforderung, ein materialistisches System zu errichten, auslegen könnte.)

Man kann hinzufügen, daß die Frage des Systems für Engels problematisch ist und bleibt. Er hat ja bereits im *Anti-Dühring* die Systemkonstrukteure mit Dühring an der Spitze scharf angegriffen (MEW 20, S. 6 f.). Einerseits waren die meisten Systemkonstrukteure darauf bedacht, sich von ihresgleichen abzugrenzen. Dies trifft auch auf Engels zu. Andererseits steht Engels durch seinen Irreduktionismus — der besagt, daß alle Kategorien fließend und veränderlich sind — in einem distanzierten Verhältnis zu den Systemen überhaupt.

Vermutlich muß man bei Engels von verschiedenen, nicht zu vereinbarenden Tendenzen ausgehen. Die Konsequenzen, die er aus seiner Auseinandersetzung mit den diversen Wissenschaften und ihren theoretischen Voraussetzungen zog, waren nicht immer dieselben.

Wenn wir sehr genau sein wollen, können wir eine *vierte Phase* in Engels' Arbeit erkennen, eine Phase, die mit Marx' Tod ihren Anfang nimmt. Dies ist jedoch keine besonders einheitliche Phase: Engels beschäftigt sich außer mit dem *Kapital* mit so unterschiedlichen Schriften wie *Der Ursprung* und *Ludwig Feuerbach*. Hierzu kommen seine späten Äußerungen über den Kern des historischen Materialismus. Was diese Phase noch am ehesten kennzeichnet, ist, daß Engels jetzt seine Ambitionen, eine große allgemeine Arbeit über die Dialektik zu erstellen, aufgegeben hat bzw. gezwungen ist, sie aufzugeben.

Um noch einmal zusammenzufassen, lassen sich die vier Perioden in Engels' Schaffen wie folgt charakterisieren:

1. Die Periode 1858—73, in der Engels ein allgemeines Interesse für die Frage nach dem Verhältnis zwischen neuen wissenschaftlichen Theorien (insbesondere dem Energieprinzip und dem Darwinismus) und Hegels Philosophie zeigt.
2. Die Periode 1873—76, in der er eine größere Arbeit vorbereitet, deren tragendes Moment die Ideen, die er über die fließende Natur aller Kategorien hat, sein sollen.
3. Die Periode 1876—83, in der er durch den *Anti-Dühring* ernsthaft gezwungen wird, zur Frage der Position der marxistischen Gesellschaftstheorie innerhalb der wissenschaftlichen Hierarchie Stellung zu beziehen, und in der er auch Marx' Begriff des dialektischen Gesetzes übernimmt und entwickelt, ohne seine grundlegenden Ideen aufzugeben.
4. Die Zeit nach 1883, in der er gezwungen wird, sein großes Projekt aufzugeben, er jedoch in einigen kleineren Arbeiten seine und Marx' Beziehung zu Hegels Philosophie, zur neuen Anthropologie usw. zu ergründen sucht.

3. Die Einheit

Hegels Philosophie und damit die Dialektik, die neue Naturwissenschaft und damit das, was er als den wissenschaftlich fundierten Materialismus begreift, stehen ständig im Zentrum von Engels Aufmerksamkeit. Selbst wenn er erst relativ spät im *Anti-Dühring* direkt auf die Frage nach der Verknüpfung der Naturwissenschaften sowie Marx' und seiner eigenen Gesellschaftstheorie zu sprechen kommt, so spielt sie implizit natürlich stets eine Rolle. Es ist völlig ausgeschlossen, daß er seine allgemeine Philosophie entwickelt hätte ohne einen Gedanken an deren Bedeutung für die Theorie, die das Hauptanliegen von Marx war und die zugleich eine führende Rolle in der aufkommenden sozialistischen Bewegung spielen sollte. Zweifellos hatte Engels die ganze Zeit über eine Vorstellung von der *ideologischen Bedeutung* seines Unternehmens, d. h. von dessen Bedeutung für die Entwicklung der Arbeiterbewegung und des Sozialismus.

Wir haben oben gesehen, daß die wissenschaftliche Spezialisierung zu historisch völlig neuen Autoritätsproblemen geführt hatte. Solange die Bibel, Aristoteles etc. als Richtschnur der Wissenschaft galten, brauchte, wer sich akademisch äußern wollte, lediglich auf fremde Autorität zu berufen. Sobald eine Wissenschaft als eigenständige anerkannt worden ist, kann sich nur noch der, der sich innerhalb ihrer als Spezialist qualifiziert hat, über die betreffenden Fragestellungen als Autorität äußern — und alle anderen müssen sich auf seine Aussage berufen. Sind die Spezialisten untereinander uneinig, muß der Nichtspezialist eine Wahl treffen. Will er mehrere Spezialgebiete vereinen, die bisher nicht von einer gemeinsamen, allgemein anerkannten Theorie zusammengehalten werden, muß er selbst ein übergreifendes Konzept anbieten können. Doch die Frage bleibt, mit welcher Autorität er das macht, d. h. auf welche besonderen Einsichten er verweisen kann.

Natürlich stößt Engels (wie übrigens auch Spencer, Comte oder Hartmann) auf entsprechende Schwierigkeiten. Wir werden sehen, wie er damit umgeht. Begriffe wie 'Theorie' und 'Philosophie' spielen dabei eine entscheidende Rolle, weil sie sich dem Anspruch nach über die einzelnen Spezialgebiete erheben. Doch die Grenze zwischen einem Spezialisten und einem metatheoretischen Nichtspezialisten ist fließend und schwer zu ziehen: Wo hört der Spezialist — mag es Helmholtz, Tyndall oder Darwin sein — auf, Spezialist zu sein, wo beginnen seine Äußerungen ihre Autorität zu verlieren?

Engels kann mit vollem Recht Anspruch darauf erheben, Spezialist in wesentlichen Teilen der Humanwissenschaften zu sein. Und er hat Marx' noch größere Autorität auf denselben Gebieten hinter sich. Er ist nicht nur ein „Spezialist für Allgemeines" im Comteschen Sinn, sondern spricht auch mit eigener Autorität, z. B. über Hegels Philosophie. Jedoch ist es für Marx und Engels gleichermaßen problematisch, keine wissenschaftliche Organisation hinter sich zu wissen; sie haben m. a. W. keine wissenschaftliche Gemeinschaft, in der ihre Aussagen wie selbstverständlich akzeptiert werden. So liegt z. B. kaum eine seriöse zeitgenössische Einschätzung des *Kapitals* vor — eines Buches, das dennoch — von welchem Blickwinkel aus man es auch beurteilt — eine der gewichtigsten ökonomischen Abhandlungen des

19. Jh.s darstellt. Engels veröffentlicht den *Anti-Dühring* und den *Feuerbach* im *Vorwärts* und in der Zeitschrift *Die Neue Zeit*, beides Organe der deutschen Sozialdemokratischen Partei. Welche Form der Veröffentlichung er sich für die *Dialektik der Natur* gedacht hat, wissen wir nicht. Wie auch immer, er steht außerhalb der Publikationsformen, die von den tonangebenden Wissenschaftlern als akzeptabel angesehen werden. Für ihn und seine Parteifreunde und Mitstreiter ist es wichtig, alternative Organe aufzubauen, die auch für eine seriöse theoretische Diskussion offen sind. Engels' Anspruch auf einen wissenschaftlichen Sozialismus, den er im *Anti-Dühring* und später erhebt, muß u. a. in diesem Zusammenhang beurteilt werden. Dieser Anspruch ist tief verwurzelt in seiner und Marx' Vorstellungswelt — seit den frühen Auseinandersetzungen mit dem sogenannten utopischen Sozialismus, die sich nicht nur gegen andere sozialistische Theorien, sondern auch gegen konkurrierende Auffassungen über Wissenschaft und Wissenschaftlichkeit richten.

Doch die durchgehenden Charakteristika von Engels' verwegenem Unternehmen verdanken sich nicht nur dessen äußeren Umständen, sondern auch in höchstem Maße der theoretischen Problematik selbst. Engels' theoretische Versuche hängen ebenfalls mit den schwierigen Fragen zusammen, die in verschiedenen Wissenschaften im 19. Jh. aufgeworfen wurden. Das wirklich Interessante in seiner unvollendeten Arbeit tritt erst hervor, wenn man sie zur gesamten dominierenden Problemwelt, in der sich das Energieprinzip, der Darwinismus und verschiedene humanwissenschaftliche Schulen entwickeln, in Beziehung setzt. Die Hauptfrage ist nicht einfach das Verhältnis zwischen den verschiedenen Wissenschaften, sondern wie sie jeweils dieselben Fragestellungen und zentralen Begriffe thematisieren — so z. B. Kausalität (und damit Determinismus, Finalität usw.) und die Entwicklung von Systemen (seien es das Planetensystem, die biologische Ordnung oder die menschlichen Gesellschaften). Letzteres beschäftigt auch Marx in den *Grundrissen*. Für ihn wie für so viele andere auch hat sich das Problem der Entwicklung von Systemen zum Problem des Verhältnisses zwischen wissenschaftlicher Theorie und Wirklichkeit entwickelt. Diese Frage ist der wichtigste *theoretische* Anlaß für Marx' erneutes Hegelstudium und für seine Suche, in Hegels Bestimmungen von „Totalität", „Moment" usw. die Inspiration zu einer Lösung zu finden, die seine eigene Theorie als wissenschaftlich konsistent ausweist.

Wir werden sehen, daß Engels' zunächst tastende Versuche ihren unbestreitbaren Zusammenhang mit genau dieser Problemwelt haben, wenngleich sie permanent von eher zufälligen Ereignissen und Impulsen überlagert und beeinflußt werden.

4. Die verschiedenen Inspirationsquellen

In den folgenden Kapiteln werden wir diesen Impulsen nachgehen — also sowohl den *literarischen* als auch den *direkten* Quellen seiner Inspiration. Erstere sind Schriften höchst unterschiedlicher Art; dabei gilt es auch zu erkunden, wie Engels seine Literatur auswählt und wie er sie für seine eigenen Zwecke behandelt und interpretiert. Die direkten Inspirationsquellen sind die Menschen, mit denen er mündlich oder brieflich Gedanken austauscht. Marx steht hier natürlich obenan, er hat Engels unablässig beeinflußt. Auch Carl Schorlemmer, dem Chemiker und Kommunisten kommt ein besonderes Interesse zu. Darüber hinaus tritt Engels mit etlichen anderen 'Größen' in Kontakt, deren Bedeutung wir für seine Gedankenwelt untersuchen müssen.

Doch danach müssen wir Engels' Denken systematischer analysieren. Die Untersuchung wird zunächst seine Sichtweise des Verhältnisses zwischen Philosophie und Theorie einerseits, Spezialwissenschaft und Empirie andererseits betreffen. Das Resultat wird ein Versuch sein, sowohl seine als auch Marx' Erkenntnis- und Wissenschaftstheorie zu präzisieren und dabei insbesondere ihre Auffassung von Dialektik darzulegen. Erst danach folgt eine Rekonstruktion von Engels' Einstellung zu verschiedenen Wissenschaften und damit seiner Ontologie oder Wirklichkeitsdeutung.

Kapitel VI
Die literarischen Quellen

1. Das Material

Zunächst gilt es zu sehen, wie Engels sich Wissen und Einsichten innerhalb der verschiedenen Disziplinen, die er in seinem philosophischen Werk zusammenzufügen beabsichtigt, verschafft. Es ist selbstverständlich, daß seine Arbeit hier sehr viel zielstrebiger geworden sein muß, seit er sich 1873 entschloß, eine übergreifende Theorie oder Philosophie auszuarbeiten. Was er zu den hierhergehörenden Themen gelesen hat, muß in seinen Gesamtplan eingegangen sein, und er muß auch die Literatur verwendet haben, die den damaligen Stand der verschiedenen Wissenschaften repräsentierte.

Wir müssen folglich versuchen, diesen Arbeitsprozeß zu rekonstruieren. Doch jede derartige Rekonstruktion ist notwendigerweise provisorisch und unvollständig. Das Material, mit dem wir arbeiten können, sind Engels' schriftliche Aufzeichnungen unterschiedlicher Art: Exzerpte, Briefe, Notizen und zusammenfassende Darstellungen. Wir können nicht genau bestimmen, wie repräsentativ diese geschriebenen Dokumente für seine tatsächliche Arbeit sind. Seine Aufzeichnungen mögen mehr oder weniger zufällig sein, entscheidende Impulse brauchen keine Spuren hinterlassen zu haben, während sich sorgfältige Aufzeichnungen als für die weitere Arbeit bedeutungslos herausstellen konnten. Trotz dieser notwendigen Vorbehalte ist jedoch davon auszugehen, daß die verschiedenen Aufzeichnungen, die er hinterlassen hat, uns sehr wohl eine Vorstellung vermitteln, wie Engels seine literarischen Quellen gesucht, ausgewählt und bearbeitet hat.

Die reinen Exzerpte decken Engels' Belesenheit bei weitem nicht ab. Engels exzerpiert keineswegs so fleißig wie Marx; sogar in Chemie, Physik und Biologie hat Marx zahlreichere und ausgearbeitetere Exzerpte hinterlassen als Engels.[56] Nichts deutet darauf hin, daß Engels alte Aufzeichnungen ausrangiert hat, nachdem er deren wesentlichen Inhalt in seinen Publikationen verarbeitete. So sind z. B. die Exzerpte, die einem der voll ausgearbeiteten Abschnitte in der *Dialektik der Natur* im Kapitel „Elektrizität" zugrundeliegen, erhalten geblieben.[57] Wir haben allen Grund anzunehmen, daß Engels die schriftliche Aneignung eines Buches oder eines Aufsatzes nur selten mit sorgfältig referierenden Darstellungen begann. Sehr häufig scheint er erhellende Zitate oder Textstellen für kürzere Kommentare und Notizen, wie sie so zahlreich in der *Dialektik der Natur* vorkommen, ausgewählt zu haben. Solche Notizen mit kurzen Hinweisen kommen in der zweiten Phase seiner Entwicklung, in der er sich bereits auf einem entfalteteren Niveau der Themenerarbeitung bewegt, häufig vor. Das unmittelbare Auswählen des Wesentlichen und Bedeutungsvollen, ohne sich zuerst ein Bild von der Darstellung in ihrer Gesamtheit zu machen, deutet vielleicht auf ein souveränes Verhältnis zu den Texten hin. Engels bewegt sich zumindest in der Literatur auf leichteren Füßen als Marx.

Die ausgearbeiteten Exzerpte sind also zahlenmäßig gering und decken nur einen unbedeutenden Teil seiner Lektüre ab. Bei großzügiger Berechnung kann man sagen, daß es sich um Exzerpte aus neun verschiedenen Werken, verteilt auf zehn Exzerpte, handelt.

Engels' Aufzeichnungen zu d'Alemberts *Traité de dynamique* (1743)[58] belegen, daß er gerade in den Gebieten, in denen er sich am unsichersten fühlt (also innerhalb verschiedener Teilbereiche der Mechanik und der Physik), das Gelesene in Exzerpten festzuhalten versucht. Zwar hat er andererseits, soweit wir wissen, Rudolf Clausius' Schriften, die eine wichtige Rolle in der *Dialektik der Natur* spielen, nicht exzerpiert (MEW 20, S. 382, 391, 544 ff., IISG-Nachlaß, J 42, S. 18 ff.). Doch handelt es sich hier um eine augenfällige Tendenz. Er liest also einige Schriften von Helmholtz — sowohl *Über die Erhaltung der Kraft* wie auch *Populäre wissenschaftliche Vorträge*, Teil 2 (IML — Zpa 1:1:6488) — mit der Feder in der Hand. Beide spielen später eine wichtige Rolle in seinen Arbeiten. 1873 exzerpiert er die ein Jahr zuvor erschienene Schrift *Die Geschichte und die Wurzel des Satzes von der Erhaltung der Arbeit* (ebd., 1:1:3521) von dem später so berühmten Ernst Mach. Er erwähnt diese Schrift in keiner seiner Publikationen, doch kann man voraussetzen, daß sie eine gewisse Bedeutung für ihn hatte.

Eine Sonderstellung unter den Exzerpten nehmen die ein, die er aus Gustav Wiedemanns *Lehre vom Galvanismus und Elektromagnetismus* (I—II; 2. Auflage 1872—74) angefertigt hat. Teils sind sie doppelt ausgeführt, teils sind sie außerordentlich ausführlich. Engels wollte also hier nichts dem Zufall oder der Vergessenheit anheimgeben. Er gibt in einer Anmerkung zum Kapitel „Elektrizität" in der *Dialektik der Natur* zu, daß die Darstellung über „das Tatsächliche" auf Wiedemanns großer Arbeit aufbaut (MEW 20, S. 394).

Die wenigen Exzerpte, die Engels hinterlassen hat, unterscheiden sich also untereinander sehr in Umfang und Intensität. Daß man überhaupt von Exzerpten in diesen zehn Fällen sprechen kann, beruht darauf, daß es sich durchgängig um Referate und Auszüge aus Schriften, also keine Bearbeitungen irgendeiner Art, handelt. Engels hat sich höchstens das eine oder andere Ausrufungszeichen geleistet.

2. Engels' Autoritäten

Die große Mehrzahl der Arbeiten, auf die sich Engels im *Anti-Dühring* oder der *Dialektik der Natur* bezieht, hat er zunächst nicht sorgfältig exzerpiert. Sie tauchen in Zitaten auf oder werden in seinen Aufsätzen und Fragmenten nur mit Namen genannt. Es ist schwer zu entscheiden, wie genau er sie studiert hat.

Unter den schwierigen, in termini technici abgefaßten physikalischen Arbeiten betrifft dies eigentlich nur Clausius' Schriften; im übrigen sind es einfachere, populäre Darstellungen wie etwa Groves *On the Correlation of Physical Forces*, die sozusagen direkt in Engels' Schriften einfließen. Die Chemie und die chemische Literatur nehmen eine Sonderstellung ein, da Engels dort jederzeit auf Carl Schorlemmers eminentes Fachwissen zurückgreifen kann; es fällt auf, daß Engels äußerst selten auf die einschlägige Literatur hinweist, obgleich Beispiele aus der Chemie oft eine Schlüsselrolle in seiner Argumentation spielen. Hier steht ihm gewissermaßen ein lebendes Handbuch zur Verfügung.

In bezug auf biologische Fragen hingegen schöpft er reichlich aus der neuesten Literatur; insbesondere macht er Gebrauch von Haeckels Veröffentlichungen. Hier exzerpiert er nicht, hier übernimmt er unmittelbar das, was für ihn und seinen eigenen Verwendungszusammenhang von Interesse und Bedeutung ist.

Wenden wir uns dem Gebiet der Humanwissenschaften zu, so stellen wir eine ganz andere Vorgehensweise fest. Hier befindet sich Engels in seinem eigenen Revier. Im zweiten und dritten Abschnitt des *Anti-Dühring*, die von der politischen Ökonomie bzw. vom Sozialismus handeln, argumentiert Engels ständig von seinem eigenen (und Marx') Standpunkt aus. Er benötigt die humanwissenschaftliche Literatur nicht dazu, um seinen Standpunkt abzusichern. Er bezieht sich lediglich auf sie, um sie mit seiner eigenen Autorität gutzuheißen oder zu verwerfen; er beurteilt sie nach Maßgabe seiner eigenen Theorie, die für ihn selbstverständlich allen anderen Theorien in diesem Bereich überlegen ist. Die jeweils avancierteste Theorie anderer wissenschaftlicher Disziplinen hingegen — z. B. die Thermodynamik, die Molekültheorie oder die Evolutionstheorie — akzeptiert er fraglos, stellt also deren Autorität nicht in Frage. Für ihn repräsentieren diese Theorien in ihm zunächst einmal fremden Gebieten ebenso den wissenschaftlichen Stand seiner Zeit wie die eigene Theorie im Bereich der Humanwissenschaften.

Ein Literaturgebiet hingegen nimmt in gewisser Weise eine Sonderstellung ein. Das ist die Philosophie im weitesten Sinne — mit Betonung auf umfassender, systematischer Philosophie. Wir haben bereits gesehen, daß Engels seine zeitgenössischen Systemkonstrukteure — Büchner, Dühring usw. — nicht als Autorität anerkennt. Die Auguren der Philosophiegeschichte behandelt er mit weitaus größerer Ehrfurcht. Das hängt teilweise mit seiner Ansicht zusammen, daß die Philosophie in gewisser Hinsicht der wissenschaftlichen Entwicklung vorgreifen kann. Diese Ehre schreibt er sowohl Aristoteles wie Descartes zu (MEW 20, S. 318, 472 usw.). Auch Kant wird sie zuteil, wenn auch weniger für seine kritische Philosophie als für seine frühere „Nebularhypothese" (ebd., S. 316 f.). Hegel nimmt zweifelsohne eine Sonderstellung ein: Engels' Interesse richtet sich schon von Anfang an darauf, in welchem Maße Hegel der späteren naturwissenschaftlichen Entwicklung vorgegriffen hat. Es wäre jedoch unrichtig zu behaupten, daß Hegels Autorität für Engels fraglos sei. Engels wägt vielmehr ab. Seine Frage bezieht sich darauf, ob Hegels Philosophie sich mit den neueren naturwissenschaftlichen Theorien in Übereinstimmung bringen läßt.

3. Die Wahl der Literatur

Doch wie wählt Engels seine Literatur aus? Wie versucht er, sich einen Überblick über die verschiedenen Gebiete, die er behandelt, zu verschaffen?

Für drei Gebiete, die Chemie, die Humanwissenschaften und die Philosophie, ist die Antwort einfach: Er sucht überhaupt nicht. In bezug auf die Chemie hängt dies mit seiner Freundschaft zu Schorlemmer zusammen. Auf die Humanwissenschaften kommt Engels explizit erst zu sprechen, als er Marx gegen Dühring verteidigen soll; dabei ist Marx' *Kapital* der selbstverständliche, autoritative Ausgangspunkt nicht nur seiner Verteidigung, sondern seiner gesamten Untersuchung des humanwissenschaftlichen Gebietes. Hier versucht er also nicht, bestimmte Thesen mit Hilfe anderer Literatur zu belegen. Die Nachwelt mag natürlich bedauern, daß von Engels keine Beurteilung anderer humanwissenschaftlicher Traditionen überliefert ist. Zwar läßt sich die Marxsche Theorie klar von der klassischen Nationalökonomie abgrenzen; ihr Verhältnis zur zeitgenössischen Geschichtswissenschaft — mit der sie in mancherlei Hinsicht verbunden ist — hingegen wäre eine besondere Untersuchung wert. Die Entwicklungskategorie wie auch die Problematisierung des Verhältnisses zwischen Besonderem und Allgemeinem, Faktum und Gesetz sind für beide zentral. Doch Engels scheint nie ein Interesse für den Historismus gehegt zu haben, und sogar Marx' Interesse scheint auch nur sporadisch gewesen zu sein.[59]

Was wiederum die Philosophie betrifft, so kann Engels bezüglich der älteren Literatur zu diesem Thema auf seine frühere Schulung zurückgreifen und ungefähr dort weitermachen, wo er Mitte der 40er Jahre aufgehört hat. Er zweifelt nicht einen Augenblick an seiner Fähigkeit, sich z. B. in Hegels Philosophie zurechtzufinden, und braucht keinen Wegweiser für sein neuerliches Studium.

Von der neueren Philosophie glaubt Engels, nichts übernehmen zu können. Die Schriften, in die er sich hier vertieft, wählt er nach völlig anderen Prinzipien als wegen ihres philosophischen oder wissenschaftlichen Informationswerts aus. Mithin versetzt er sich z. B. nicht in Spencers Werk — in seinen drei philosophischen Hauptarbeiten wird nur an einer Stelle Spencers Name übehaupt genannt, und da lediglich beiläufig und ohne Literaturhinweis (MEW 20, S. 521). Comte widmet er etwas mehr Aufmerksamkeit. In einer Skizze von 1878 verspricht er, Comtes Auffassung über den Wissenschaftszusammenhang zu behandeln, doch daraus wurde nichts (ebd., S. 307). Hartmann wird im Vorbeigehen in einem ausrangierten Vorwort zum *Anti-Dühring* (der sog. „Alten Vorrede"; in: ebd., S. 332) heruntergemacht. Wir können überhaupt nicht beurteilen, inwieweit sich Engels mit den Werken dieser Philosophen vertraut gemacht hat. Büchner hingegen und Dühring insbesondere widmet er ein eingehendes Studium. Und warum? Der Grund für seine Wahl liegt ganz offensichtlich auf der ideologischen Ebene. Engels studiert Büchner und Dühring nicht ihrer theoretischen Relevanz wegen, sondern weil er die ideologischen Konsequenzen, die aus ihren Systemen gezogen werden können und die direkt und unmittelbar die marxistischen Postulate angreifen, bekämpfen will.

Auf den übrigen wissenschaftlichen Gebieten ist Engels auf der Jagd nach all den sachlichen Informationen, deren er überhaupt habhaft werden kann. Solange er keine philosophische Arbeit zu schreiben beabsichtigt, sind es wohl Zufälle, die entscheiden, womit er in Kontakt kommt. Wir wissen nicht, was ihm den Anstoß gibt, z. B. Groves kleine Schrift über die physikalischen Kräfte zu lesen. In bezug auf die englische Literatur zu Darwins *Origin* und andere zentrale Repräsentanten der neuen Evolutionsbiologie versteht sich sein Interesse von selbst, und er brauchte hier gewissermaßen nur die Augen offenzuhalten. Etwas anders verhält es sich mit der Literatur über den deutschen Darwinismus. Auskünfte darüber bekamen sie vor allem durch Ludwig Büchners *Sechs Vorlesungen über die Darwinsche Theorie* (1868). Büchner schickte sie an Marx, der sie ziemlich erbärmlich fand und ihren einzigen Wert in der Auskunft über die Arbeiten von Haeckel und anderen deutschen Darwinisten sah (Briefe an Engels v. 14. u. 18. 11. 1868, in: MEW 32, S. 202 f. u. 206). Erst danach taucht Haeckel in Engels' Briefen und Aufzeichnungen auf.

Als Engels sich entschließt, systematisch über die Naturwissenschaften zu arbeiten, wird natürlich auch seine Lektüre zielgerichteter. Es ist nicht schwer, seinen Einstieg in die aktuelle Literatur zu rekonstruieren: Es ist die Zeitschrift *Nature*, die 1869 zum ersten Mal erschien. Die Artikel in *Nature* liefern ihm Unmengen von Anregungen. Sie machen einen bedeutenden Teil der Literatur aus, auf die er sich in der *Dialektik der Natur* beruft; sie geben ihm Informationen über andere Bücher von Interesse und Bedeutung.

Nature ist also für Engels von großer Autorität. Wenn er z. B. begründen soll, warum er sein Kapitel „Elektrizität" auf G. Wiedemanns großer Arbeit aufbaut, so bezieht er sich eben auf eine Äußerung in *Nature* (MEW 20, S. 394). Das macht er noch 1882, als er sich bereits ein ziemlich umfangreiches Wissen angeeignet hat.

Es ist vor allem eine Art von Artikeln in *Nature*, die seine Aufmerksamkeit auf sich zieht: Untersuchungen hervorragender Naturwissenschaftler über die allgemeinen — oder wenn man so will: philosophischen — Grundlagen und Konsequenzen ihrer Disziplin. In dieser Zeitschrift werden z. B. die spektakulären Reden, die auf Jahrestreffen der British Association for the Advancement of Science gehalten werden, abgedruckt. Bei einem Treffen in Belfast, 1874, hält John Tyndall die Rede, die später unter dem Namen „The Belfast Address" (Tyndall 1879, Vol. II, S. 137 ff.) bekannt wird. Er hält sie am 19. August, und am Tag darauf ist sie in *Nature* zu lesen. Ein Vortrag von T. H. Huxley über die Theorie, Tiere seien Automaten, der auf dem gleichen Kongreß gehalten wird, erscheint 14 Tage später. Beide Vorträge erregen Engels' Begeisterung: Sie zeigen ihm, daß die Naturwissenschaftler auf der Suche nach einer Philosophie sind — und er ist überzeugt davon, daß ihnen keine Philosophie mehr vermitteln kann als die Hegels (Brief an Marx v. 21. 9. 1874, in: MEW 33, S. 119 f.).

Nature ist offensichtlich die lebendigste und vielseitigste Quelle für Engels. Sein Weg zu größeren Monographien und Handbüchern scheint oft über Erwähnungen und Rezensionen in *Nature* zu gehen. Die für ihn bedeutungsvollen Namen — Helmholtz, Thomson, (Lord Kelvin), Darwin, Huxley usw. — kommen ständig in der Zeitschrift vor. J. Clark Maxwells *Theory of Heat* (1875) ist Gegenstand einer enthusiastischen Besprechung, und Engels ist sogleich bereit, sie zu konsultieren (MEW 20, S. 381 f.). Wahrscheinlich haben ihm die oft sehr lebendigen Debatten, die in *Nature* ausgetragen werden, eine Vorstellung davon gegeben, wo die aktuellen Probleme und Gegensätze innerhab der Naturwissenschaften liegen. Welchen aktiven Gebrauch Engels von derartigen Artikeln auch gemacht haben mag, sie werden ihn auf jeden Fall in seiner Auffassung bestärkt haben, daß sich sogar die Spezialisten mit grundlegenden philosophischen Fragen beschäftigen und die Naturwissenschaftler nicht automatisch zu Übereinstimmungen finden.

Doch ist *Nature* nicht Engels' gesamter naturwissenschaftlicher Referenzrahmen. Er greift darüber hinaus zu einer Reihe bedeutenderer Standardwerke in Physik und Biologie. Er liest, wie wir gesehen haben, Monographien von Helmholtz, Thomson und Tait, Maxwell, Darwin und Haeckel. Er orientiert sich somit an einem bedeutenden Teil der Literatur, von der man behaupten kann, daß sie das Standardrepertoire der zeitgenössischen Wissenschaft ausgemacht hat. Wir brauchen hier nicht auf die Frage eingehen, wie intensiv er sich mit diesen Arbeiten auseinandersetzte. Bis auf weiteres können wir uns mit der Feststellung begnügen, daß er sich von ihnen inspirieren ließ. Nach und nach nahmen seine Kenntnisse zu, gewann sein Urteil an Sicherheit. Als er sich mit dem *Anti-Dühring* beschäftigte, konnte er Marx mit Befriedigung mitteilen: „Besonders im Naturwissenschaftlichen finde ich, daß mir das Terrain bedeutend vertrauter geworden und ich mich darauf, wenn auch mit großer Vorsicht, doch auch mit einiger Freiheit und Sicherheit bewegen kann." (Brief v. 28. 5. 1876, in: MEW 34, S. 19).

Man muß sich jedoch vor Augen halten, daß seine Belesenheit sehr deutliche Grenzen hatte. Es ist auffällig, daß er, soweit man sehen kann, niemals Spezialzeitschriften in irgendeinem naturwissenschaftlichen Fach konsultierte und sich folglich auch nicht über die ständig fortschreitende Diskussion unter den Spezialisten auf dem laufenden hielt. Er ließ sich zwar durch populäre Darstellungen und Handbücher informieren, doch fehlte ihm der Kontakt zum unmittelbaren Forschungsprozeß. Die Forschungsresultate interessierten ihn nur unter dem Aspekt allgemeiner philosophischer Fragestellungen und übergreifender Schlußfolgerungen.

In den Spezialzeitschriften findet eine ständige Verschiebung der Forschungsfronten statt. Die allgemeinen theoretischen Fragen weisen eine weitaus größere Stabilität auf. Für den Spezialisten veraltet alle Literatur schnell. Für den, der sich wie Engels mit den allgemeinen Schlußfolgerungen beschäftigt, schreitet die Veränderung keineswegs so schnell voran. Engels benutzte mit gleicher Zufriedenheit Groves *The Correlation of Physical Forces*, dessen dritte Auflage 1855 herauskam, und Helmholtz' *Über die Erhaltung der Kraft* von 1847 wie ganz neue Auflagen von Gustav Kirchhoffs *Vorlesungen über mathematische Physik* (zweite Auflage 1877) und J. C. Maxwells *Theory of Heat* (vierte Auflage 1875). D'Alemberts *Traité de dynamique* von 1743 behandelte er nicht als historisches Dokument, sondern wie einen aktuellen Beitrag zur gängigen wissenschaftlichen Debatte (MEW 20, S 371 ff.).

Kapitel VII
Die direkten Inspiratoren

1. Die Kontakte

Engels bekommt seine Anregungen, Ideen und Informationen selbstverständlich auch durch persönliche Kontakte und damit durch die Umwelt, in der er wirkt. Doch diese Einflüsse sind subtiler und schwerer zu bestimmen als die literarischen. Wir verfügen lediglich über wenige greifbare Fakten, an die wir uns halten können, und diese schmale Basis erlaubt uns nur, ein paar Vermutungen aufzustellen.

Wir wissen, zu welchen Menschen Engels in den Jahren, in denen er seine allgemeine Dialektik entwickelte, engen Kontakt hatte. Wir haben auch Belege — vor allem in Form von Briefen —, daß sie an Engels' Unternehmen interessiert und mit ihm vertraut waren. Wir können auf verschiedene Weise schließen, daß sie ihn in vieler Hinsicht beeinflußt und inspiriert haben.

Die Schwierigkeiten hängen teilweise damit zusammen, daß Engels außerhalb aller gelehrten Organisationen und Institutionen stand. Er kann nicht als Exponent einer institutionalisierten Tradition angesehen, sein Wirken nicht in ein bestimmtes Muster von Konventionen und persönlichen Abhängigkeitsverhältnissen eingefügt werden, er hatte keine Lehrmeister und keine Schülerschar. Diejenigen, die in erster Linie bereit waren, von ihm zu lernen, befanden sich auf der anderen Seite des Meeres, in Deutschland. Seine persönlichen Kontakte mit ihnen waren sporadisch. Und er konnte nicht verhindern, daß selbst die Gebildetsten unter ihnen — Wilhelm Liebknecht, Karl Kautsky, Eduard Bernstein — seine Thesen auf unterschiedliche Weise mißdeuteten und vergröberten.

Engels führte also seine Arbeit weitgehend auf sich gestellt, zumindest ohne organisierte, beständige Kontakte durch. Wir wissen, daß ihn einige Menschen beeinflußten, doch waren der Gedankenaustausch und die Ideenvermittlung zwischen Engels und seinen Freunden eher informell und spontan.

Unter diesen Menschen nimmt Marx eine Sonderstellung ein. Wie wir schon gezeigt haben, hat er Engels in seinen philosophischen Bemühungen wahrscheinlich stärker beeinflußt, als man bisher bereit war zuzugestehen. In vielen Punkten ist es tatsächlich schwer, Engels' und Marx' Wirken voneinander zu unterscheiden. Dies bedeutet, daß wir fortwährend beider Texte berücksichtigen müssen. In diesem Kapitel werde ich lediglich den äußeren Rahmen für ihre Zusammenarbeit abstecken.

Dagegen ist es notwendig, hier das Verhältnis zwischen Engels und Carl Schorlemmer genauer zu untersuchen. Schorlemmers Leben und Werk müssen dargestellt werden, weil er Engels' einzige direkte Kontaktperson mit der avancierten institutionalisierten Naturwissenschaft war. Ferner wird uns der Advokat, Mathematiker und Sozialist Samuel Moore zu interessieren haben, den Engels und Marx in ihren Briefen oft im gleichen Atemzug mit Schorlemmer nennen — beide sind die „Autoritäten" in Manchester (vgl. z. B. den Brief v. 31. 5. 1873, in: MEW 33, S. 82).

Die politisch und ideologisch tätigen Sozialisten in Deutschland — Wilhelm Liebknecht, August Bebel usw. — haben allem Anschein nach Engels weder Impulse gegeben noch haben sie es versucht. Ihre Bedeutung besteht hauptsächlich darin, daß sie ihm auf unterschiedliche Weise das „ideologische Bedürfnis" nach einer besonderen sozialistischen, marxistisch begründeten Weltanschauung vermittelt haben.

Einige Repräsentanten des internationalen Sozialismus übten hingegen auf Engels, was einzelne Teile des theoretischen Inhalts seines Werks betrifft, sehr wohl einen Einfluß aus. Dies gilt in erster Linie für Paul Lafargue, den französischen Sozialisten, Arzt und Schwiegersohn von Marx, mit dem er einen regen Gedankenaustausch über biologische Themenbereiche pflegte. Aber auch der marxistische Philosoph Joseph Dietzgen wäre hier zu nennen.

2. Die Zusammenarbeit mit Marx

Engels' Beziehung zu Marx ist in wesentlichen Teilen für die Nachwelt nur indirekt zu erschließen. Nirgendwo findet sich z. B. eine explizite Äußerung, in der Engels bekundet, sich Marx' Idee, es gebe Gesetze der Dialektik, zu eigen zu machen. Daß diese Idee für ihn nach 1876 bedeutsam wurde, können wir nur feststellen, indem wir seine theoretische Entwicklung nachvollziehen.

Die direkten Belege für eine Beeinflussung finden wir hauptsächlich in ihrer gemeinsamen Korrespondenz. Doch nimmt der Briefwechsel zwischen ihnen schnell ab, nachdem Engels nach London umgezogen ist und sich das Bedürfnis schriftlicher Mitteilungen auf ein Minimum reduziert hat. Die drastische Abnahme der von ihnen ausgetauschten Briefe kann man mit einfachen und klaren Zahlen belegen. Teilt man die Korrespondenz in Fünfjahresperioden ein, so erhält man folgende Statistik:

Für die Jahre 1855—59   288,
            1860—64   249,
            1865—69   446,
            1870—74   109 und
            1875—79   52 Briefe.

In Marx' letzten Jahren zwischen 1880 und 83 tauschen sie 75 Briefe aus. Dies fällt in eine Periode, in der Marx aufgrund seiner Kränklichkeit an verschiedenen Kurorten weilen muß. Was die Periode 1870—74 betrifft, so sind 77 der 109 Briefe vor dem 20. September 1870 geschrieben, der Tag, an dem Engels von Manchester nach London zieht (vgl. MEW 20, S. 627). Alles, was in dieser von unserer Warte aus gesehen ganz entscheidenden Periode nach 1873 erhalten ist, sind Briefe von gelegentlichen Reisen, Urlaubsaufenthalten usw. Mit einigen wenigen Ausnahmen — z. B. die Briefe über Engels' neue naturdialektische Ideen von 1873 — geht es vor allem um sporadische Lebenszeichen und Grüße und nicht wie früher um lange, analysierende und diskutierende, essayistisch gestaltete Briefe.

Es kann also aus diesem, wenn auch höchst begrenztem Aspekt heraus bedauerlich scheinen, daß sich Engels — wie er es im Vorwort zur Auflage des *Anti-Dühring* von 1885 ausdrückt — „dem kaufmännischen Geschäft und Umzug" in Manchester entzog und sich in London, ein paar Schritte von Marx' Wohnung (s. Anm. in MEW 33, S. 721 f.) entfernt, niederließ, um dort seine Zeit und Kräfte wissenschaftlichen Studien zu widmen (MEW 20, S. 10 f.). Andererseits war selbstverständlich die Befreiung von den tristen und zeitaufwendigen Büroarbeiten bei der Firma Ermen & Engels in Manchester[60] eine absolute Voraussetzung für Engels, um seinen philosophischen und naturwissenschaftlichen Fragen nachgehen zu können. Aufgrund der engen räumlichen Nachbarschaft wird fortan der Austausch von Gedanken, Erkenntnissen und Erfahrungen zwischen ihm und Marx sogar noch reger geworden sein.

Doch können wir den Inhalt dieses Austausches nur indirekt und recht grob bestimmen. Außerdem wissen wir mehr darüber, inwieweit Engels mit Marx' Arbeit vertraut war als umgekehrt. Wir haben nämlich ziemlich eindeutige Kenntnisse davon, welche Überraschungen Marx' literarischer Nachlaß für Engels bot. Engels war in Zweifel, ob Marx die kurze Dialektikdarstellung, die er zu schreiben versprochen, in der Tat ausgearbeitet hatte. Daß Marx seinen Freund darüber nicht unterrichtete — insbesondere, da es ein Thema betraf, das diesem so am Herzen lag — zeugt von einer gewissen Verschwiegenheit. Wir wissen auch, daß der Zustand, in dem sich das Manuskript des zweiten und dritten Bandes des *Kapitals* befand, eine negative Überraschung für Engels bedeutete.[61] Inwieweit er vor Marx'

Tod bereits dessen ethnologische Exzerpte, die seinem Buch *Der Ursprung der Familie, des Privateigentums und des Staats* zugrunde lagen, kannte, können wir nicht beurteilen.

Auf einem Gebiet gewährte Marx allerdings ganz gewiß Engels Zugang zu seinen Aufzeichnungen. Es handelt sich hierbei um die Mathematik. Ein Brief von Engels an Marx (v. 18. 6. 1881, in: MEW 35, S. 23 ff.) mit einer eingehenden Diskussion wesentlicher Teile dieser Manuskripte zeigt, daß er sie ausleihen durfte und zu seiner Freude Marx' Gedankengänge nachvollziehen konnte.

Was Marx' Einblick in Engels' Schriften der 70er und der frühen 80er Jahre angeht, so wissen wir noch weniger. Wir haben z. B. überhaupt keine Kenntnis davon, inwieweit er die verstreuten Manuskripte, die die *Dialektik der Natur* ausmachen, gelesen hat. Seine Reaktion (v. 31. 5. 1873, in: MEW 33, S. 82) auf den Brief, in dem Engels ihm erstmals seine Ideen mitteilt, ist kurzgefaßt und ziemlich nichtssagend. Als Engels ihm mehrere Jahre später schreibt und erklärt, daß es ihm bei seinen Studien der Elektrizitätslehre als erstem gelungen ist, ein „allgemeines Naturgesetz der Bewegung" (Brief v. 23. 11. 1882, in: MEW 35, S. 118 f.) zu formulieren, gratuliert ihm Marx zu diesem schönen Resultat, kommentiert es aber nicht weiter. (27. 11. 1882, in: ebd., S. 120).

Noch wichtiger für unsere Einschätzung der intellektuellen Beziehungen zwischen Marx und Engels wäre es, wenn wir über unzweideutige Belege für Marx' Vertrautheit mit Engels' *Anti-Dühring* verfügten. Der *Anti-Dühring* war ja nicht nur Engels' erster großer Versuch, seine eigenen naturdialektischen Ideen mit dem Geschichtsmaterialismus und folglich mit Marx' Theorie über das Kapital in Beziehung zu setzen. Hier können wir zudem auch verfolgen, wie Marx' beiläufig geäußerte Idee über eine dialektische Gesetzmäßigkeit Engels' gesamte Vorstellungswelt beeinflußt hat. Doch die einfachen, klaren Belege fehlen. Wir wissen, daß Marx und nicht Engels der Initiator eines Kapitels im *Anti-Dühring* war, nämlich des vorwiegend doktringeschichtlichen „Aus der 'Kritischen Geschichte'" im zweiten Teil (MEW 20, S. 9 u. 15), das in den ersten Auflagen lediglich in verkürzter Version, doch später in ausführlicher Fassung erschien. Daß Marx auf diese Weise zu einem Abschnitt einer Abhandlung seines Freundes beigetragen hat, deutet darauf hin, daß er mit der Einstellung und dem Charakter des Buches wohlvertraut war. Engels war natürlich darum bemüht, deutlich zu machen, daß Marx bis ins Detail mit dem *Anti-Dühring* einverstanden war. „Ich habe ihm das ganze Manuskript vor dem Druck vorgelesen", erklärte er (MEW 23, S. 9).

Es gibt keinen Grund, Engels' Angabe zu mißtrauen. Der *Anti-Dühring* diente ja in erster Linie dazu, Marx gegen Dühring zu verteidigen. Darüber hinaus war diese Schrift von Marx' und Engels' engsten Anhängern in

Deutschland „bestellt" worden — vor allem von Wilhelm Liebknecht (vgl. dazu Liebknecht 1963, S. 190 u. 195 ff.; MEW 20, S. 328). Es war nicht von Anfang an ausgemacht, ob wirklich Engels und nicht eher Marx Dührings System behandeln sollte; zumindest unter deutschen Sozialdemokraten glaubte man, daß Marx den Angriff führen würde (vgl. den Brief von Marx an Liebknecht v. 7. 10. 1876, in: MEW 34, S. 209). Die Briefe zwischen Marx und Engels (vgl. ebd., S. 12—20) bezeugen auch, daß Engels erst nach einigem Zögern und in dem Gefühl, eine wichtigere Arbeit — die *Dialektik der Natur* — zur Seite zu legen, die Aufgabe übernahm, auf Dühring loszugehen.

Der *Anti-Dühring* scheint von Anfang an eine gemeinsame Angelegenheit von Marx und Engels gewesen zu sein. Doch selbst wenn wir aus gutem Grund annehmen können, daß Marx dieses Manuskript gelesen hat, so können wir damit nicht beurteilen, wie genau er die weiteren theoretischen Konsequenzen der Arbeit durchdacht hat. Zwar ist nicht davon auszugehen, daß er von Engels' Verteidigung seiner eigenen Thesen über Quantität und Qualität und über die Negation der Negation nichts gewußt hätte, doch ist die bloße Kenntnis dieses argumentativen Beistands nicht dasselbe wie eine genaue Prüfung der damit implizierten *Konsequenzen*.

Es ist übrigens auffällig, daß sich Engels über den *Anti-Dühring* zunächst mit einer gewissen Nonchalance äußert, so als ob er dem theoretischen Inhalt der Arbeit ein geringeres Gewicht beimessen wolle. In einem Brief an E. Bernstein (v. 26. 7. 1879, in: ebd., S. 379) erklärt er in diesem Sinne, daß er sein großes Projekt nicht noch einmal von „derartiger journalistische(r) Tätigkeit" unterbrechen zu lassen gedenke.[62] Später, als er die Hoffnung auf Vollendung der *Dialektik der Natur* mehr oder weniger aufgegeben hat, kann er allerdings mit größerer Achtung von seiner Arbeit sprechen (vgl. die Briefe an Bernstein v. 11. 4. 1884, in: MEW 36, S. 136, und an Bebel v. 3. 12. 1892, in: MEW 38, S. 536). Solange er noch die umfangreichere Arbeit vor Augen hatte, betrachtete er die Polemik gegen Dühring als eine kleinere Zerstreuung. Es ist durchaus denkbar, daß Marx diese Auffassung teilte.

3. Schorlemmer

C. Schorlemmer war, nach Marx, der engste Freund von Engels. Er war eine große, international anerkannte Autorität auf dem Gebiet der organischen Chemie und gleichzeitig Mitglied der I. Internationale sowie der Sozialdemokratischen Partei Deutschlands. Seltsamerweise wissen wir wenig über ihn (s. dazu Liedmann 1974, S. 195 ff.). Die Literatur über Schorlemmer ist ziemlich umfangreich, doch in höchstem Grade sektorisiert — sie zerfällt in chemiehistorische Darstellungen (vgl. z. B. Partington 1964, Bd. 4, S. 774 f.; Moore 1872, S. 300 f.) und in Schriften, die mit der früheren Geschichte des Sozialismus und Marxismus zu tun haben (vgl. z. B. *Geschichte* ..., S. 349 f.). Der Chemiker Schorlemmer und der Kommunist Schorlemmer scheinen demnach zwei völlig verschiedene Personen gewesen zu sein.[63]

Die Quellen, die uns Auskünfte über sowohl den Wissenschaftler als auch den politisch und ideologisch aktiven Freund von Engels und Marx geben können, sind außerordentlich spärlich. Natürlich liegen Schorlemmers Schriften und Bücher vor — ein Teil von ihnen zudem in zahlreichen Auflagen und Übersetzungen. Doch gibt diese Literatur keine Auskünfte über Schorlemmers politische und ideologische Auffassungen und auch kaum über seinen Wissenschaftsbegriff. Es sind Fachbücher, in gewissem Sinn chemiehistorische Abhandlungen.

Was ansonsten erhalten ist, ist nahezu unbedeutend: ein unvollendetes Manuskript einer Chemiegeschichte[64] und eine Anzahl Briefe. Besonders bedauerlich ist es, daß die Korrespondenz mit Engels so gut wie vernichtet ist.[65] Nachdem Engels von Manchester, wo Schorlemmer wohnte, nach London gezogen war, müssen sie etliche Briefe — wenn vielleicht auch nur im Hinblick auf Verabredungen zu gemeinsamen Sommerurlauben, Weihnachts- und Osterfesten — miteinander gewechselt haben. Engels bezeugt in seinem Nekrolog über Schorlemmer, 1892, daß die beiden viele Gedanken „über Naturwissenschaft und Parteiangelegenheiten" brieflich ausgetauscht haben (MEW 22, S. 314).

Wo dieser ganze Briefwechsel, der uns wahrscheinlich einen recht guten Einblick in Engels' Arbeiten an einer Dialektik der Naturwissenschaften gewährt hätte, geblieben ist, wissen wir nicht. Wir wissen lediglich, daß Engels Schorlemmers hinterlassene Papiere durchgesehen hat, bevor die Testamentvollstrecker den Nachlaß in die Hände bekamen (Brief von Engels an Ludwig Schorlemmer v. 30. 6. 1892, in: MEW 38, S. 379). Es ist anzunehmen, daß er die Briefe, die er selbst an Schorlemmer geschrieben hatte, wegnahm und aus irgendeinem Grunde vernichtete. Lediglich einen einzigen, der im chemiehistorischen Manuskript steckte, hat er dabei übersehen. (Im übrigen war er immer darauf bedacht, seine Korrespondenz für die Nachwelt zu bewahren.) Mit einigen Ausnahmen haben die Briefe von Schorlemmer an Engels das gleiche Schicksal erlitten.[66] Von Schorlemmer an Marx sind sieben kurze Mitteilungen erhalten; die meisten sind Antworten auf konkrete Fragen.[67] Darüber hinaus gibt es eine mehr oder weniger nichtssagende Korrespondenz, heute verstreut über Bibliotheken und Sammlungen in Europa.[68]

4. Schorlemmers Leben

Wir wissen nicht viel von Schorlemmers Leben vor seiner Zeit in Manchester, also von seinen ersten 25 Lebensjahren. Er wurde 1834 in Darmstadt geboren und erhielt keine allzulange Schulbildung. Wie so viele frühere Chemiker kam er als Apothekerlehrling mit der Chemie in Kontakt. Schließlich durfte er am Universitätsunterricht in Heidelberg teilnehmen, doch ohne sich an der Universität einschreiben zu können[69]; dort soll er die Vorlesungen des berühmten Robert Wilhelm Bunsen besucht haben. Im Frühjahr 1859 gibt er seine Arbeit in der Apotheke auf und beginnt chemische Studien an dem damals hochgeschätzten, von Justus von Liebig in Gießen aufgebauten Laboratorium zu betreiben. Hier kommt er u. a. in Kontakt mit H. Kopp, dem großen Chemiehistoriker (s. Kopp 1843—47 u. 1866).

Doch bald danach, im Herbst 1859, nimmt er ein Angebot des Professors Henry Ensfield Roscoe an, in Manchester als dessen persönlicher Assistent zu arbeiten. Hier verbringt er fortan sein Leben. Daß Roscoe einen ziemlich ungeschulten, ehemaligen Apothekerlehrling zu seinem Assistenten macht, hängt mit seiner enormen Hochachtung für die experimentell und praktisch ausgerichtete deutsche Universitätschemie, die er in Manchester einführen wollte, zusammen (Roscoe 1906, S. 48 f. u. 95 ff.; Thorpe 1916, S. 28 ff.).

Wie Schorlemmer auf das fremde, englische Industriemilieu reagierte, wissen wir nicht. Es gab viele Deutsche in der Lancastergegend, und offensichtlich suchte er seine Landsmänner auf. Er besuchte die Schiller-Anstalt, die kulturelle Organisation der Deutschen in Manchester.[70] Dort lernte er Engels kennen; Engels erwähnte Marx gegenüber die Bekanntschaft zum ersten Mal in dem Brief vom 6. 3. 1865 (in: MEW 31, S. 92).

Schorlemmers Leben in Manchester war überwiegend mit wissenschaftlichen Studien und wissenschaftlicher Arbeit ausgefüllt. Zwar war er kein voll ausgebildeter Chemiker, als Roscoe ihn nach Manchester holte, doch schon nach einigen Jahren machte er vielbeachtete Entdeckungen. Erwähnenswert ist, daß sie in ein Gebiet der Chemie fallen, auf dem Roscoe kein Spezialist war: die organische Chemie. Schorlemmer ging also schon bald seinen eigenen Weg.

Das Bild, das Schorlemmers Kollegen von ihm überliefern, ist ein anderes als das, welches Marx und Engels von ihm vermitteln. Roscoe sagt in seinem Nekrolog über ihn: „He was of a retiring, most modest and unassuming disposition." (1892, S. VIII) Und es ist erwähnenswert, daß Roscoe, der selbst politisch lebhaft interessiert und auf dem liberalen Flügel tätig war, darauf hinwies, daß er Schorlemmers sozialistische Ansichten in nur geringem Maße kannte.[71]

Durch Engels' Korrespondenz erhält man ein ausführlicheres Bild des Menschen Schorlemmer. Marx und Engels verwenden ständig einen Spitznamen: Jollymayer (so in unzähligen Briefen; s. z. B. MEW 32, S. 191; MEW 36, S. 33). Der Name soll bedeuten, daß Schorlemmer in Gesellschaft ein fröhlicher Bursche ist. Dies wird nicht zuletzt dann deutlich, als der kranke und früh alternde Schorlemmer allmählich dem Trübsinn verfällt.[72]

Es scheint also so, als ob Schorlemmer im Umgang mit Marx und Engels sowie weiteren sozialistischen Bekannten ein anderes und vitaleres Gesicht zeigte als in Chemikerkreisen. Er ist auch darauf bedacht, soviel wie möglich mit Engels zu verkehren. Als Engels nach London zieht, besucht ihn Schorlemmer, wann immer sich eine Gelegenheit bietet. Sie unternehmen ferner gemeinsame Ferienreisen — so z. B. 1888 in die USA zusammen mit Eleanor Marx und Edward Aveling (s. MEW 37, S. 82 f., 86 ff.; Tsuzuki 1967, S. 175 f.). Doch verreist er auch auf eigene Faust. Er besucht wiederholte Male Naturforscherversammlungen in Deutschland, er ist ziemlich oft zuhause in Darmstadt, und er macht einige Abstecher nach Paris und zu Paul und Laura Lafargue.

Im übrigen scheint Schorlemmers Leben in den Jahrzehnten in Manchester außerordentlich gleichförmig zu verstreichen. Die Veränderungen, denen er unterliegt, vollziehen sich langsam. Zunächst macht er von sich als Experimentator reden; das Laboratorium ist sein hauptsächlicher Arbeitsbereich. Doch nach und nach widmet er einen immer größeren Teil seiner Zeit dem Schreiben. Er beginnt damit, Roscoes *Kurzes Lehrbuch der Chemie* (erste Auflage 1867) zu bearbeiten und zu übersetzen, und verfaßt einige Jahre später ein eigenes *Lehrbuch der Kohlenstoffverbindungen oder der organischen Chemie* (1871). 1877 erscheint der erste Band seines und Roscoes gewaltigen Werkes *A Treatise on Chemistry*. Nach Roscoes eigenem Eingeständnis (1892, S. VIII; 1895, S. 365) ist Schorlemmers Anteil daran sehr groß. Die Abschnitte, die die organische Chemie behandeln, sind fast ausschließlich von ihm verfaßt und auch bei den übrigen Abschnitten steht er Roscoe mit Rat und Tat zur Seite. Im Laufe der 80er Jahre erscheinen umfangreiche Bücher, deren Hauptverfasser Schorlemmer ist. Er soll 1883 dem Laboratorium definitiv den Rücken gekehrt haben (Hartog 1897, S. 440). Er widmet also die letzten Jahre seines Lebens ausschließlich dem Schreiben, kommt aber nicht mehr dazu, das Werk zu vollenden, sondern andere müssen es nach seinem Tode fortführen.[73] Gegen Ende seines Lebens macht er verschiedene physische und psychische Veränderungen durch, die wahrscheinlich seine Arbeit erschwerten.[74]

5. Der Chemiker Schorlemmer

Schorlemmer war also in der organischen Chemie sowohl als erfolgreicher Experimentator als auch als noch erfolgreicherer Handbuchverfasser zuhause. Seine Experimente hat er in einer Reihe kleinerer Aufsätze festgehalten (vgl. Dixon 1893, S. 195; Partington 1964, Bd. 4, S. 509 f.). Diese Aufsätze stammen in der Hauptsache aus einer frühen Periode, aus den 60er Jahren. Vor allem auf einem zwar begrenzten, aber theoretisch wie praktisch fundamentalen Gebiet hat Schorlemmer einen bahnbrechenden Einsatz geleistet. In unserem Zusammenhang ist dies von speziellem Interesse, da Engels seine Beispiele der dialektischen Chemie diesem Gebiet entnimmt.

Es betrifft die Methangruppe, oder was man zu Schorlemmers Zeit häufig die Paraffine, nunmehr die Alküle, nennt. Es handelt sich um einfache Kohlenwasserstoffe oder die Verbindungen, die entsprechend der Formel C_nH_{2n+2}: Methan (CH_4), Äthan (C_2H_6) usw. aufgebaut sind.

Schorlemmers Entdeckungen stehen in direktem Zusammenhang mit den großen Kontroversen über Berzelius' elektrochemische Theorie. Schorlemmer konnte mit seinen minutiösen Experimenten der neuen Molekulartheorie einen Baustein hinzufügen und das Radikal in bezug auf das Molekül definieren: Das Radikal war ein „Rest" des Moleküls. Schorlemmers Entdeckungen waren somit für die Grundlagen der organischen Chemie von nicht unerheblicher Bedeutung. Später sollten seine Untersuchungsergebnisse auch ein außerordentlich praktisches Gewicht erhalten.

Erdöl besteht bekanntlich zum größten Teil aus Kohlenwasserstoffen, die zu den Methan-, Methylen- und Benzolgruppen gehören. Die Untersuchungen der Siedepunkte innerhalb der Methangruppe, die Schorlemmer durchführte, sollten für die gesamte Ölindustrie von Bedeutung werden. Das Raffinieren baut nämlich auf dem Wissen über die verschiedenen Siedepunkte der Kohlenwasserstoffe auf. Die einfacheren Glieder der Gruppen sind bereits bei normaler Raumtemperatur gasförmig. Je komplexer die Verbindungen sind, desto höher liegt der Siedepunkt. Wird Öl destilliert, verflüchtigen sich also zuerst die einfachsten Kohlenwasserstoffe.

Es ist selbstverständlich, daß Schorlemmer die enorme Bedeutung des Öls als Energiequelle im 20. Jh. nicht voraussehen konnte; daß das Erdöl die Steinkohle würde verdrängen können, war einige Jahrzehnte vor dem Aufkommen der Automobilindustrie ein unwahrscheinlicher Gedanke. Zwar wurde Erdöl, allerdings nur in kleinen Mengen, schon seit langer Zeit gewonnen. Doch erst 1859 — in Pennsylvania — nahm die wirkliche Ausbeutung ihren Anfang. Das wichtigste Produkt, das man vorerst gewann, war Petroleum. Ab 1861 wurde es auch nach Europa exportiert (vgl. Forbes 1958 u. 1959, S. 37 ff. u. 64 ff.).

Im Jahre 1862 konnte Schorlemmer „amerikanisches Steinöl" analysieren.[75] Es scheint somit, als ob ihn die Analysen dieses in höchstem Grade praktischen Produkts auf das Problem der Kohlenwasserstoffe gestoßen hätten. Darin liegt nichts Eigentümliches: so arbeiteten unzählige Chemiker zu dieser Zeit. Schorlemmers Leidenschaft für Erdöl scheint indessen von Dauer gewesen zu sein: er macht wichtige Analysen von Naphta, und es gelingt ihm die Synthese des im Öl so wesentlichen Oktans (Schorlemmer 1868, S. 376; 1872, S. 111 ff.). In dem großen *Treatise*, wo er für die organische Chemie verantwortlich ist, widmet er auch der noch völlig unbedeutenden industriellen Geschichte des Öls seine Aufmerksamkeit. (Roscoe/Schorlemmer 1877, Bd. 3, S. 141 f.).

Doch Schorlemmers Karriere als Experimentator ist wie gesagt ziemlich kurz. Seine glänzendsten Resultate erzielt er relativ früh, und seine Beiträge sind — verglichen mit denen eines Franklands, eines Kolbes oder eines Wurtz — zahlenmäßig gering und vor allem in einem kurzen Zeitraum geleistet worden.

Dem späteren Betrachter mag Schorlemmers Rückzug an den Schreibtisch und auf die Übersichtswerke wie eine Kapitulation erscheinen. Das wäre jedoch zu sehr aus unserer Zeit heraus geurteilt, in der der theoretische Bau der Chemie relativ fest und sehr differenziert ist. In der späteren Hälfte des 19. Jh.s setzte ein Übersichtswerk vielmehr — zumindest im Bereich der organischen Chemie, wo die Meinungen noch sehr geteilt waren — einen wirklichen theoretischen Einsatz voraus. Wir brauchen uns nur daran zu erinnern, daß A. Kekulé, der eine konsequente Theorie über die Chemie der Kohlenwasserstoffverbindungen aufstellte, seine Thesen in einem großen Handbuch ausführte (Kekulé 1859; s. auch Anschütz 1929, Bd. 1, S. 156 ff.). Daß das Abfassen von Lehrbüchern und Übersichtswerken keine Routinesache war, kann man auch daran erkennen, daß die einzelnen Werke dieser Zeit im Hinblick auf die Grundlagen der Chemie teilweise stark voneinander abwichen (vgl., außer Kekulé und Schorlemmer, auch Erlenmayer 1867 und Butlerow 1864).

Als Schorlemmer die Darstellung der organischen Chemie im *Treatise* übernimmt, erfordert dies von ihm, eine Ordnung in die Vielfalt der Verbindungen zu bringen, die vorab in keinster Weise gegeben war. Wenn äußere Erfolge ein Zeichen für das Gelingen sind, dann war Schorlemmer erfolgreich, denn der *Treatise* stellte jahrzehntelang ein Standardwerk in englisch- und deutschsprachigen Ländern dar.

Es würde zu weit führen, näher auf den Inhalt dieser dicken Bände, die er vollenden konnte, einzugehen. Wofür wir uns hier interessieren, ist die Frage, in welchem Maße Schorlemmer Engels direkt oder indirekt beeinflußt hat. Wir wissen nicht, inwieweit Engels mit dem *Treatise* vertraut war. Lediglich an einer einzigen Stelle verweist er in dem folgenschweren Manuskript *Dialektik der Natur*, in dem die drei dialektischen Gesetze dargestellt werden, auf dieses Buch. Der Hinweis betrifft den zweiten Band über die Metalle und die Spektralanalyse, d. h. die anorganische Chemie (MEW 20, S. 353). Dennoch könnte ihm Schorlemmer mündlich oder schriftlich gewisse wichtige Gedanken und Ideen aus dem *Treatise* mitgeteilt haben.

Die Frage des Verhältnisses zwischen organischer und anorganischer Chemie ist ein sehr allgemeines Problem, das deshalb Interesse weckt, weil es unmittelbare Berührungspunkte mit Engels' irreduktivistischen Ideen hat.

Etwa ab Mitte des 19. Jh.s erwies sich bekanntlich die ältere Auffassung, daß es eine unüberschreitbare Grenzlinie zwischen organischer und anorganischer Chemie gäbe, als unhaltbar. Indem sich die Synthetisierung organischer Verbindungen als machbar herausstellte, ließ sich das Konzept einer besonderen Lebenskraft als Baumeister dieser Verbindungen nicht mehr aufrechterhalten. Allerdings zog man diese Konsequenz nicht unmittelbar aus der ersten anerkannten Synthese, der des Urinstoffes (1828) von Wöhler. Schorlemmer dürfte übrigens einer der ersten gewesen sein, der in einer historischen Darstellung die Bedeutung der Wöhlerschen Synthese in angemessener Weise wertete und zudem darauf hinwies, daß mit dem Gelingen künftiger und komplizierter Synthesen die Annahme einer unüberwindbaren Grenze zwischen organischen und anorganischen Verbindungen verblassen müsse (Roscoe/Schorlemmer 1877, Bd. 3, S. 7; vgl. auch Schorlemmer 1889, S. 17 ff.).

Doch welche Gründe gab es dann, die Unterscheidung zwischen organischer und anorganischer Chemie aufrechtzuerhalten? Die, die an der älteren Radikaltheorie festhielten, derzufolge die Radikale in organischen Verbindungen den Grundstoffen der anorganischen entsprechen, konnten ja behaupten, daß die Grenze dort verlief. Doch was blieb demjenigen, der sich der moderneren Radikaltheorie anschloß?

Es war eine wohlbekannte Tatsache, daß alle organischen Verbindungen Kohlenstoff enthalten. August Kekulé schlug vor, „organische Chemie" synonym mit „Chemie der Kohlenstoffverbindungen" zu gebrauchen. Sein opus magnum heißt ja auch *Lehrbuch der organischen Chemie oder Chemie der Kohlenstoffverbindungen*. Diese Bezeichnung hat sich schnell durchgesetzt. In der von Schorlemmer bearbeiteten deutschen Übersetzung von Roscoes frühem kurzgefaßtem Chemielehrbuch findet sie sich an prominenter Stelle (Roscoe 1868, S. 242 ff.), und in seiner eigenen, kürzeren Darstellung der organischen Chemie geht sie ebenfalls in den Titel ein: *Lehrbuch der Kohlenstoffverbindungen oder der organischen Chemie* (1871).

Weder Kekulé noch Schorlemmer behaupten, daß sich die Kohlenstoffverbindungen auf eine prinzipiell andere Weise bilden als die übrigen chemischen Verbindungen. Kekulés epochemachenden Erkenntnisse bestanden darin, daß er die Vierwertigkeit der Kohlenstoffatome sowie die unendliche Vielfalt der möglichen Kohlenstoffverbindungen nachwies. Letzteres verleiht zwar dem Kohlenstoff eine relative Sonderstellung, doch Kekulé und einigen seiner Anhänger zufolge berechtigt dies nicht dazu, eine besondere Chemie der Kohlenstoffverbindungen zu postulieren. Der Grund, warum man dennoch von einer eigenständigen Kohlenstoffchemie sprach, war ausschließlich ein praktischer. Da es derart viele Kohlenstoffverbindungen gibt, mußte es auch besondere Spezialisten für sie geben — also lediglich ein Gebot der wissenschaftlichen Arbeitsteilung (vgl. Kekulé 1859, Bd. 1, S. 10).

Schorlemmer hat später in seinem und Roscoes großen Lehrbuch seine Auffassung darüber, was die organische Chemie auszeichnet, geändert. Schorlemmer hebt hervor, daß auch in der anorganischen Chemie einige wichtige Kohlenstoffverbindungen behandelt werden müssen. Eine bestimmte Eigenschaft des Kohlenstoffs hingegen konstituiert auch prinzipiell und nicht nur praktisch eine besondere organische Chemie, nämlich, daß er mit Wasserstoff gesättigt werden kann. Strenggenommen umfaßt daher die organische Chemie nicht den Bereich sämtlicher Kohlenstoffverbindungen. Schorlemmer führt die Bezeichnung „Chemie der Kohlenwasserstoffverbindungen" ein, und sein Anteil am großen Roscoe/Schorlemmer (1877, Bd. 3, S. 27 ff.) trägt den Titel „Die Kohlenwasserstoffe und ihre Derivate oder organische Chemie".[76] Schorlemmer ist sich sicher, daß er eine „richtige Definition" der organischen Chemie gegeben hat (ebd., S. 31). Es ist offenbar wesentlich für ihn, eine theoretische Begründung der Differenz zwischen organischer und anorganischer Chemie gefunden zu haben. Für ihn besteht diese Differenz in einem qualitativen Unterschied zwischen organischen und anorganischen Verbindungen (ebd., S. 27).

Wenn man dieses Postulat großzügig auslegt, dann kann man es ziemlich gut mit Engels' Auffassung über das gegenseitige Verständnis der verschiedenen Wissenschaften und damit der verschiedenen Wirklichkeitsniveaus in Einklang bringen. Die organische Chemie wäre einerseits ein Sonderfall der anorganischen: Jede organische Verbindung läßt sich quantitativ mit den Fachausdrücken der anorganischen Chemie bestimmen. Andererseits beinhaltete die organische Chemie etwas qualitativ Neues: neue Qualitäten, neue Gesetzeszusammenhänge.

Doch steht diese Äußerung ziemlich isoliert in Schorlemmers Schaffen. Wir haben deshalb kein Recht, auf ein voll entwickeltes Konzept vom Verhältnis verschiedener Theorien und somit verschiedener Wirklichkeitsgebiete zueinander zu schließen.

6. Engels und Schorlemmer

Die Frage, die in unserem Zusammenhang entscheidend ist, nämlich, was der ständige Umgang mit dem Chemiker Schorlemmer für Engels' Naturdialektik bedeutete, ist besonders schwer zu beantworten, ganz einfach deshalb, weil das vorhandene Material — inklusive Schorlemmers gedruckter Schriften — nur wenig genaue Auskünfte gibt. Uns steht z. B. nur ein sehr kurzes Dokument zur Verfügung, in dem sich Schorlemmer direkt zu Engels' Ideen äußert. Es sind seine lakonischen Kommentare zu dem Brief, in dem Engels zum ersten Mal seine Absicht, eine eigene Dialektik der Wissenschaften auszuarbeiten, bekundet.

Es handelt sich um vier durchweg zustimmende Kommentare. Engels' These, daß das hauptsächliche Studienobjekt der Naturwissenschaften die verschiedenen „Bewegungsformen" (mechanische Bewegung, Licht, Elektrizität, chemische Kraft usw.) der Materie sind, veranlaßt ihn zu dem Ausruf: „Sehr gut, meine eigene Ansicht." Schorlemmer gibt ihm auch darin recht, daß die Bewegung immer das Resultat des Zusammenspiels mehrerer Körper ist. Und zu Engels' Eingeständnis, daß er vorläufig nicht den Sprung in die organische Sphäre wagt, sagt Schorlemmer: „Ich auch nicht." (Randbemerkungen in MEW 33, S. 80 f. u. Faksimile)

Einige mehr oder minder sichere Schlüsse können wir aus dem Brief und den Randbemerkungen ziehen:

1. Engels und Schorlemmer haben derartige Fragen bislang kaum eingehender diskutiert. Hätten sie es getan, so wäre es für Schorlemmer sinnlos gewesen, Engels' Ansichten auf diese Weise zu kommentieren.

2. Wenn wir voraussetzen, daß Schorlemmers Kommentar ehrlich gemeint ist — und es gibt keinen Gund, das Gegenteil anzunehmen — dann ist er selber zu Vorstellungen gelangt, die denen von Engels gleichen. Das wiederum wäre ein indirekter Beleg für den entscheidenden Einfluß, den Schorlemmer auf Engels in den Jahren vor 1873 ausgeübt hat. In seiner Korrespondenz mit Marx verweist Engels oft auf die von Schorlemmer erhaltenen Auskünfte über Fragen, die eine zentrale Bedeutung in seiner Naturdialektik einnehmen. Schon als er ihn zum ersten Mal brieflich erwähnt, stellt er ihn Marx als naturwissenschaftliche Autorität vor (Brief v. 6. 3. 1865, in: MEW 31, S. 92) — eine Einschätzung, die er auch später mehrere Male wiederholt (z. B. am 24. 6. 1867, in: ebd., S. 309).[77]

Es scheint ziemlich sicher, daß Schorlemmer Engels' Auffassung über die Naturdialektik aktiv beeinflußt hat. Andererseits hat Schorlemmer dessen allgemeine Schlüsse nicht selber gezogen, und auch nach 1873 verweist er in seinen Schriften nur flüchtig auf Engels' Ideen.

Engels zögerte seinerseits nicht, die Naturdialektik als seine eigene und originäre Lehre darzustellen. In seiner Korrespondenz gibt es ein beredtes

Beispiel dafür, daß er sich selbst als den eigentlichen Ideenlieferanten sah und Schorlemmer als denjenigen, der diese Ideen in die wissenschaftliche Praxis umsetzte. Paul Lafargue schrieb Engels, daß Schorlemmers Auffassung über das Verhältnis zwischen Eiweiß und Leben in der französischen Fachpresse Aufsehen erregt hatte (s. dazu Grimaux 1885, S. 500): Schorlemmer ging davon aus, daß das Rätsel des Lebens nur mit Hilfe von Eiweißsynthesen gelöst werden kann. Engels antwortet Lafargue, daß Schorlemmer diese Idee eigentlich von ihm übernommen hätte. Im *Anti-Dühring* findet sich nämlich bereits die Formulierung, daß das „Leben die Daseinsweise der Eiweißkörper (ist)" (MEW 20, S. 75). Engels gibt andererseits zu, daß Schorlemmer als Fachchemiker ein größeres Risiko mit einer derartigen Annahme eingeht als er: „Denn wenn er Pech hat, ist er der Blamierte, und wenn es glückt, wird er der erste sein, es mir zuzuschreiben." (Brief v. 19. 5. 1895, in: MEW 36, S. 316)[78]

Engels kann gewiß keinen Anspruch darauf erheben, als erster behauptet zu haben, daß Leben und Eiweiß in einem unauflöslichen Verhältnis zueinander stehen — solche Ideen gab es schon lange vor dem *Anti-Dühring* —, aber hier meint er wohl, daß er das Verhältnis in dialektische Begriffe gefaßt hat. Der Ursprung des Lebens kann quantitativ bestimmt und das Eiweiß im Prinzip chemisch analysiert werden, doch gleichzeitig bedeutet Leben eine Reihe neuer Qualitäten oder Gesetzmäßigkeiten. Es ist gut möglich, daß Schorlemmer Engels einen Teil der Ehre zugeschrieben hätte, wenn er selber eine neuartige Entdeckung über die Beziehung zwischen Leben und Eiweiß gemacht hätte. Doch ist es schwierig zu präzisieren, wie sehr ihn Engels' allgemeine Ansichten in seiner Arbeit wirklich anleiten konnten.

Viel einfacher läßt sich zeigen, inwieweit Engels in den Jahren, in denen er an seiner Naturdialektik arbeitete, von Schorlemmer profitierte. Engels machte keine Exzerpte von chemischen Arbeiten. Sieht man von sparsamen Hinweisen auf Roscoes und Schorlemmers Werk sowie auf eine populärwissenschaftliche Rede Kekulés (1878) ab (s. MEW 20, S. 516, 520, 531), so nennt er auch keine Literatur über dieses Thema. Aus der Auswahl der von Engels angeführten Beispiele über dialektische Abläufe in der Chemie können wir Schorlemmers direkten Einfluß ermessen, denn diese Beispiele betreffen fast durchweg dessen Spezialgebiet — Kohlenwasserstoffgruppen und ihre Derivate (vgl. z. B. ebd., S. 118 f., 351 f., 553). Auf diesem Gebiet konnte sich Engels dank Schorlemmer sicher fühlen.

Engels macht viel Aufhebens davon, daß Schorlemmer einer der wenigen zeitgenössischen Naturwissenschaftler war, der Hegel gelesen hat (ebd., S. 475). Wie tiefgehend diese Studien waren, wissen wir jedoch nicht. Schorlemmer besaß eine Ausgabe von Hegels Werken[79], und natürlich deutet bereits der Besitz einer solchen Werkausgabe auf ein starkes Interesse hin. In Schorlemmers Schriften hingegen läßt sich so gut wie kein Hegelscher Einfluß ablesen. In seiner großen, unvollendeten Chemiegeschichte stützt er sich ein einziges Mal auf Hegel. Es handelt sich dabei um die historische Periodeneinteilung, in der Schorlemmer sich an Hegels Geschichte der Philosophie hält (s. *Manchester University Library*, Bd. 1, S. 146 f.).

Seine chemiehistorischen Arbeiten (vor allem Schorlemmer 1889) werfen unwillkürlich eine Frage auf: Inwieweit läßt er sich dort auf die marxistische Zentraltheorie, den Geschichtsmaterialismus, ein? Zwar ist seine Perspektive in dem Sinne materialistisch, als er die Chemie sehr sorgfältig mit der praktischen und industriellen Entwicklung in Verbindung bringt (vgl. dazu Partington 1964, Bd. 4, S. 775), aber darüber hinaus kommt es zu keinen weiteren Erörterungen. Er ist und bleibt ein sehr vorsichtiger Verfasser.

Ein wesentlicher Aspekt der Beziehung Engels/Schorlemmer besteht natürlich darin, daß beide dieselben politischen Anschauungen teilten. Schorlemmer war Mitglied sowohl der Royal Society als auch der Sozialdemokratischen Partei Deutschlands. Doch bleibt er auf dem politischen Gebiet im höchsten Grad anonym. Wir wissen nicht, wie er den Zusammenhang zwischen seiner wissenschaftlichen Tätigkeit und seiner politischen Überzeugung eingeschätzt hat. Wir wissen nicht einmal, wie er dazu kam, sich dem revolutionären Sozialismus anzuschließen. Engels schreibt in einem Brief an Bernstein (v. 27. 2. 1883, in: MEW 35, S. 442), daß Schorlemmer bereits Kommunist war, als sie sich vor zwanzig Jahren kennenlernten. Im Nekrolog wiederholt Engels diese Behauptung mit dem Zusatz, daß das einzige, was Schorlemmer von ihm und Marx zu lernen hatte, „die ökonomische Begründung einer längst gewonnenen Überzeugung" war (MEW 22, S. 314).

Das ist relativ nichtssagend. Inwieweit Schorlemmer auch politisch tätig war, läßt sich nur teilweise anhand der erhaltenen Dokumente rekonstruieren. Engels teilt zwar mit, daß er und Schorlemmer über Parteiangelegenheiten korrespondierten, doch von dieser Korrespondenz ist, wie gesagt, keine Spur zu finden. Im Jahr der Sozialistengesetze in Deutschland entwickelte Schorlemmer offenbar eine gewisse Aktivität während seiner Reisen zu den Naturforscherversammlungen und in die Heimatstadt Darmstadt; er geriet dabei einmal sogar in die Hände der Polizei (vgl. Engels' Briefe v. 23. 10., 1. 12., 31. 12. 1884, in: MEW 36, S. 226, 248, 264). Dennoch kann seine politische Arbeit nicht besonders umfassend gewesen sein.

Engels spricht in seiner Korrespondenz oft von Schorlemmer und tut dies häufig mit offensichtlichem Stolz. Einmal weist er Eduard Bernstein zurecht, weil dieser seiner Meinung nach Schorlemmer zu gering achtete. Bernstein hatte zuvor Engels geschrieben, daß die Redaktionsmitglieder von „Der Sozialdemokrat" nicht wissen können, „wer Sch. ist" (Brief v.

21. 12. 1882, in: Bernstein 1970, S. 173). Engels antwortet darauf, daß Schorlemmer „nächst Marx entschieden der berühmteste Mann der europäischen Sozialistischen Partei", der Weltbeste innerhalb seines Spezialgebietes und die eigentliche Hauptfigur des großen Lehrbuchs Roscoe/Schorlemmer ist (Brief v. 27. 2. 1883, in: MEW 35, S. 442).

In diesen und anderen Briefen zwischen Engels und führenden deutschen Sozialdemokraten kann man einen gewissen Unterschied in der Wertung Schorlemmers entdecken: Bernstein wie auch Bebel nehmen eher den begrenzten Umfang von Schorlemmers politischer Tätigkeit wahr, während Engels das Hauptgewicht auf seines Freundes wissenschaftliche Größe legt.[80] Für Engels hat der Umstand, daß sich ein anerkannter Wissenschaftler einer revolutionären Arbeiterpartei anschließt, offenkundig eine ideologische Bedeutung. Schorlemmer wird zu einer Art personifiziertem Beleg für die Triftigkeit und Überlegenheit der Ideen des wissenschaftlichen Sozialismus.

7. Moore, Lafargue und Kugelmann

Samuel Moore war Advokat in Manchester und ebenfalls Mitglied der I. Internationale. Wir haben bereits gesehen, daß Marx ihn neben Schorlemmer als eine der beiden „Autoritäten" in Manchester bezeichnete. Moores Autorität betraf vorwiegend die Mathematik. Marx widmete der Mathematik größere Aufmerksamkeit als Engels und tauschte dementsprechend viele Gedanken mit Moore aus. So diskutierte er mit ihm auch die Möglichkeit, „die Hauptgesetze der Krisen mathematisch zu bestimmen" (Endemann 1964, S. 15) — eines der wichtigsten Probleme für Marx in seiner mathematischen Arbeit. Moore war skeptisch, und Marx legte — wenn auch nur zeitweilig — die Sache beiseite (s. Brief an Engels v. 31. 5. 1873, in: MEW 33, S. 82). Noch mehrere Jahre später, nachdem Marx seine großen mathematischen Manuskripte ausgearbeitet hatte, tauschten er und Moore Ansichten und sogar Aufsätze über Fragen aus, die in erster Linie die Differentialrechnung betreffen. Jetzt jedoch spielte hauptsächlich Engels den Vermittler. Es zeigt sich, daß Marx und Moore ziemlich unterschiedliche Auffassungen vertraten und daß sie auch nicht gewillt waren, ihre Ansichten aufzugeben (vgl. die Briefe v. 21. u. 22. 11. 1882, in: MEW 35, S. 112, 114).

Auch Engels stand zumindest sporadisch mit Moore in Briefkontakt. Seine Briefe sind nicht erhalten, wohingegen einige Briefe von Moore mit diversen mathematischen Mitteilungen und Gedanken in Engels' Hinterlassenschaft gefunden wurden.[81] Die Beziehungen zu Schorlemmer und Moore haben wahrscheinlich Engels' Selbstvertrauen erhöht, als er sich auf naturwissenschaftliche und mathematische Probleme einließ. Moores Vorteil war außerdem, daß er sich minutiös in die Marxsche Vorstellungswelt einarbeitete. Er übersetzte sowohl *Das Kommunistische Manifest* als auch (zusammen mit Edward Aveling) *Das Kapital* ins Englische.

Alle naturwissenschaftlich geschulten Personen, mit denen Engels unmittelbar in Kontakt kam, teilten seine politische Anschauung. Dies betrifft auch die Ärzte, deren medizinisches und biologisches Fachwissen eine Rolle für ihn gespielt haben könnte. Einer von ihnen war Paul Lafargue. Die lebhafte Korrespondenz zwischen Engels, Paul und Laura Lafargue (enthalten in Bottigelli 1959, Bd. 3), zeugt davon, daß Engels einen gewissen Nutzen aus Lafargues biologischem Fachwissen zog, wenn es auch in weit höherem Grade der sozialistische Politiker als der Arzt war, der in diesen Briefen hervortritt.

Ein anderer Arzt, mit dem besonders Marx in engem Kontakt stand, war Ludwig Kugelmann in Hannover. Auch er war politisch sehr aktiv. Der Briefwechsel zwischen ihm, Marx und Engels berührte nur am Rande naturwissenschaftliche Dinge (s. z. B. Brief v. 10. 7. 1869, in: MEW 32, S. 621).

8. Joseph Dietzgen

Joseph Dietzgen war auf jedem Wissensgebiet ein Amateur. Als er im Jahre 1876 mit Marx in einen Briefwechsel trat[82], weckte er sogleich Marx' und Engels' Neugier: Hier tauchte ein Arbeiter auf, der eine eigene Philosophie zu entwickeln suchte. Marx' und Engels' gegenseitige Korrespondenz verrät gleichzeitig eine gewisse Ambivalenz. Dietzgen sandte 1868 das Manuskript seines Erstlingswerkes *Das Wesen der menschlichen Kopfarbeit* (gedruckt 1869) an Marx, und nachdem dieser es durchgelesen hat, leitet er es an Engels weiter. Marx meint, Dietzgen solle versuchen, seine Ansichten auf zwei Druckbögen zusammenzufassen — in dem größeren Format, das das Manuskript jetzt hat, blamiere sich der Verfasser mangels „dialektischer Entwicklung". Engels seinerseits zögert mit der Antwort und gibt sie erst ab, als Marx ihn zur Eile antreibt: Dietzgens Arbeit sei schwer zu beurteilen; der Mann sei Autodidakt, er habe Feuerbach, *Das Kapital* und gängige Popularisierungen der modernen Naturwissenschaft gelesen; seine Terminologie sei „sehr confus", doch enthalte das Manuskript glänzende Partien und Ideen. Engels ist der Meinung, daß es sechs oder acht Druckbögen wert sei, nicht nur zwei. Marx antwortet, daß Dietzgen auch auf ihn einen selbständigen Eindruck gemacht habe — es sei nur schade, daß er Hegel nicht gelesen habe (s. die Briefe v. 4. 10., 4. 11., 6. 11. u. 7. 11. 1868, in: MEW 32,

S. 174 ff.). Es muß hier erwähnt werden, daß Dietzgen schon früher seine Unkenntnis von Hegel in einem Brief (v. 25. 2. / 3. 6. 1868) an Marx einge-standen hatte (IISG, D 1032).

Dietzgen spielt in Marx' und Engels' weiterer Korrespondenz oder in ih-ren Schriften keine herausragende Rolle. Lediglich Marx hält noch engeren Kontakt mit ihm aufrecht und besucht ihn sogar einmal in seinem Haus in Sieburg (Brief v. 25. 9. 1869, in: MEW 32, S. 371). Ein Brief (v. 14. 11. 1884; IISG, L 1158) von Dietzgen an Engels nach Marx' Tod verrät in Stil und Ton, daß beide miteinander nicht näher bekannt waren. Der Mensch Dietz-gen ist also für Engels alles andere als ein enger Freund. Engels' bekannte-ste Äußerung über Dietzgens Philosophie deutet allerdings auf eine beson-dere Wertschätzung hin: Im *Ludwig Feuerbach* erklärte er, daß Dietzgen völlig unabhängig von Hegel, Marx und ihm selber eine materialistische Dialektik entwickelt habe (MEW 21, S. 293). Akzeptiert man diese Aussage als aufrichtig, so würde das bedeuten, daß Dietzgens Philosophie mit seiner eigenen in Einklang stünde, denn es war ja Engels' Hauptambition, eine materialistische Dialektik zu entwickeln.

So gesehen handelt es sich hierbei um eine überraschende Äußerung. Zunächst einmal ist Dietzgens Hauptinteresse ein anderes als Engels'. Dietzgen ist in erster Linie auf der Suche nach einer Erkenntnistheorie in der allgemeinsten Bedeutung des Wortes, also einer Theorie über das Ver-hältnis von Denken und Wirklichkeit. Engels' erkenntnistheoretische Be-mühungen nehmen, wie wir später sehen werden, einen weitaus bescheide-neren Platz in seiner Arbeit ein. Zum anderen, und was wichtiger ist, stehen Dietzgens erkenntnistheoretische Thesen in offensichtlichem Widerspruch zu denen Engels'. Für Dietzgen ist das Band zwischen dem Denken und sei-nem Objekt unauflöslich — die Wirklichkeit ist also dem Denken imma-nent (was natürlich nicht bedeutet, er sei Idealist). Fragen über den Anfang und das Ende der Welt sind keine wissenschaftlichen Probleme, da die Welt die Voraussetzung (durch das sinnlich Gegebene) des Denkens, nicht aber dessen Resultat ist. „Die Welt" ist m. a. W. für Dietzgen die chaotische Mannigfaltigkeit des Sinnlichen, während die Abstraktionen, die das Den-ken produziert, nicht an und für sich diese „Welt" repräsentieren: „Die Welt ist nichts anderes als die Summe ihrer Phänomene." (Dietzgen 1973, S. 36) Es wird deutlich, daß Feuerbach Dietzgens eigentlicher philosophischer Lehrmeister ist. Wie dieser läßt er das Materielle in der Hauptsache gleich-bedeutend sein mit dem Sinnlichen oder Empirischen. Das Verhältnis zwi-schen dem Denken und der Welt entspricht gleichermaßen dem Verhältnis zwischen Empirie und Theorie, Materie und Idee, Konkretion und Ab-straktion (vgl. dazu Pannekoek 1969, S. 46 ff.).

Dietzgen schließt damit die Möglichkeit einer Ontologie, die das eigent-liche Hauptziel für Engels' *Dialektik der Natur* darstellt, aus. Eine absolute

Voraussetzung für eine solche Ontologie ist, daß die Wirklichkeit, zumindest provisorisch, ohne Rücksicht auf das Erkenntnissubjekt betrachtet werden kann und das Erkenntnissubjekt oder das Denken als ein Teil dieser Wirklichkeit angesehen wird.

Vielleicht deutet es auf eine gewisse Unreflektiertheit bei Engels hin, daß er Dietzgens Philosophie so vorbehaltlos in einer Schrift, die eine Zusammenfassung seiner eigenen Anschauung bieten sollte, unterstützen konnte. Doch wahrscheinlich hatte er, als er *Ludwig Feuerbach* schrieb, Dietzgens Wissenschaftstheorie nicht in frischer Erinnerung. Damals, im Jahre 1868, kann sie bestimmte philosophische Probleme für ihn aktualisiert haben, doch erst fünf Jahre später macht er sich ernsthaft an die Aufgabe, sie zu lösen. Es ist gut möglich, daß er nach 1873 den entscheidenden Unterschied zwischen seinen und Dietzgens Auffassungen bei einer neuerlichen Lektüre sehr wohl entdeckt hätte.

9. Dokumente und Probleme

Das Vorhergehende hat gezeigt, daß Engels nur einige wenige Bezugspersonen kannte, die seine philosophische Arbeit direkt inspirierten. Unter diesen war es eigentlich nur Marx, dem er mehr als eine begrenzte Autorität zuschrieb. Damit gab es für Engels zugleich auch nur wenige Möglichkeiten zur Diskussion, Prüfung und Korrektur. Die Prüfung, der der *Anti-Dühring* innerhalb der Sozialdemokratischen Partei Deutschlands unterzogen wurde, sah er in keiner Weise als wegweisend an.

In diesen Umständen liegt einer der Gründe für die fehlende Einheitlichkeit seiner Arbeiten. Einige nicht oder nur schwer zu vereinbarende Gedankengänge durchziehen seine Texte. Daß seine Arbeiten so viele Interpretationen zulassen und tatsächlich zugelassen haben, beruht nicht nur darauf, daß sie formell gesehen unvollendet sind. Sie sind dies auch auf einer fundamentaleren Ebene: in ihrer Konzeption selbst.

Doch der detaillierte Überblick über Engels' unmittelbare Kontakte mit seiner zeitgenössischen wissenschaftlichen Welt hat auch ein anderes Resultat von sehr viel prinzipiellerer wissenschafts- und ideengeschichtlicher Bedeutung erbracht. Die Reichweite dieses Resultats wird nicht voll erkennbar, bevor man nicht die grundlegenden Denkmotive bei Engels untersucht hat.

Man kann es folgendermaßen zusammenfassen: Die dominierenden Probleme und die tragenden Ideen eines wissenschaftlichen oder philosophischen Werkes können nicht auf die literarischen und persönlichen Kontakte seines Urhebers reduziert werden. Die Fragen, mit denen Engels sich auseinandersetzt, und die Antworten, die er zu geben versucht, sind also weder die Summe noch eine Auswahl der Gedanken und des Wissens, mit denen er auf unterschiedliche Weise in Kontakt kam. Die großen Hauptgegensätze im Denken des 19. Jh.s waren zu Engels' Zeit nicht voll erkennbar; sie kamen nur teilweise und unvollständig zum Vorschein. Sie wirkten eher wie theoretische oder intellektuelle Agenten, die explizite Fragen und Standpunkte bestimmen, ohne selbst expliziert zu werden. Sie waren Voraussetzungen und keine Resultate. Sie lagen auf dem Grunde und nicht an der Oberfläche.

Man kann also kein individuelles Denken — auch das von Engels nicht — lediglich dadurch verstehen, daß man es zu seinen verschiedenen Ursprüngen in Beziehung setzt: Hegel, Marx, die Naturwissenschaften des 19. Jh.s usw. Man muß sie zu einer Problemwelt in Beziehung setzen, die in diesen verschiedenen Quellen ebenfalls nur unvollständig zum Ausdruck kommt. Jeder Verfasser ist in seinem Schaffen an Voraussetzungen gebunden, die er mit einem Großteil seiner Mitwelt gemein hat und die weder ihm noch seiner Mitwelt gänzlich bewußt werden können. Die Voraussetzungen bestimmen auch seine Wahlmöglichkeiten; sie legen die dominierenden philosophischen oder theoretischen Alternativen fest. Das wohlbekannte Phänomen, daß die Menschen einer bestimmten Epoche mit jeweils gleichgearteten Problemen kämpfen und daß Ideen von fundamentaler Gleichheit in unterschiedlichen Zusammenhängen auftauchen — in verschiedenen Wissenschaften, in Ästhetik und Politik, Religion und Ethik — kann nur zu einem kleinen Teil damit erklärt werden, daß einzelne Persönlichkeiten oder auch nur einzelne Wissensgebiete einander aktiv beeinflussen. Allerdings ist es wichtig, diesen Einflüssen auf die Spur zu kommen, weil sie uns Wissen darüber vermitteln, welches die grundlegenden Probleme und Alternativen einer bestimmten Epoche sind. Wir können z. B. Engels' Auseinandersetzung mit den Problemen des Determinismus nicht richtig begreifen, wenn wir nicht den verschiedenen Einflüssen, denen er ausgesetzt war, nachgehen.

Kapitel VIII
Theorie und Empirie: die drei Tendenzen

1. Die Tendenzen

Engels strebte im weitesten Sinne eine Zusammenfassung des damaligen Wissens an. Damit stand er vor den gleichen Problemen wie Spencer, Comte, Dühring und Hartmann: Welche Mittel gab es, ein Wissen, das nicht schon in den Spezialwissenschaften zusammengefaßt war, zu vereinen? War dies in der Hauptsache eine passive Aufgabe — m. a. W. war die Einheit schon in den Wissenschaften, die damals florierten, gegeben? Oder erforderte es einen über das rein Enzyklopädische hinausgehenden konstruktiven Einsatz — galt es vielmehr, ein widerspenstiges Material zu deuten und umzudeuten, zerstreute Splitter zusammenzufügen, Gegensätze auf eine höhere, philosophischere Ebene zu heben?

Die jeweilige Antwort auf diese Fragen hängt von der zugrundeliegenden erkenntnistheoretischen Auffassung ab. Gemäß einer streng empiristischen Sichtweise muß das Zusammenfügen eine passive Aufgabe sein. Die Spezialtheorien stellen Verallgemeinerungen von Beobachtungen dar, und die Synthesen dieser Spezialtheorien sind ihrerseits lediglich Verallgemeinerungen. In einer rationalistischeren Vorstellungswelt erscheinen hingegen sowohl die Spezialtheorien als auch deren Synthesen als Resultate von Gedankenoperationen, die nicht allein durch Beobachtungen begründet werden können.

Engels' Position kommt in seinen Schriften nur annäherungsweise zum Ausdruck. Seinen verstreuten Äußerungen kann man außerdem eine Reihe verschiedener, nicht miteinander zu vereinbarender Vorstellungen entnehmen. Ich werde *drei Tendenzen* unterscheiden, die ich die *hegelianische*, die *positivistische*[83] und die *dialektisch-materialistische* nennen werde. Es handelt sich dabei nicht um drei klar unterschiedene, scharf umrissene Tendenzen — nur ein kleiner Teil von Engels' einschlägigen Äußerungen kann als eindeutiger Beleg für die eine oder andere gelten. Ich glaube jedoch, daß die Vieldeutigkeit seiner Arbeiten am besten dargestellt werden kann, wenn man sie als Resultat nicht nur eines, sondern dreier verschiedener Ausgangspunkte ansieht, denen zwar nicht das gleiche Gewicht und die gleiche

Bedeutung zukommt — der dritte ist der weitaus wichtigste —, die jedoch alle auf ihre Weise sein Werk formen.

Wir wollen uns zunächst an Engels' direkte Aussagen über die Möglichkeit und den Charakter der von ihm angestrebten wissenschaftlichen Synthesen halten. Es geht also um seine Sichtweise des Verhältnisses von Theorie und Empirie, Theorie und Wirklichkeit, formeller und reeller Wissenschaften. Die Analyse wird dadurch erschwert, daß Engels keine einheitliche Terminologie verwendet. Sie setzt somit die Eingrenzung eines ungenauen und wechselnden Sprachgebrauchs voraus.

2. Theorie und Empirie: die positivistische Tendenz

An verschiedenen Stellen in seinen Arbeiten unterscheidet Engels zwischen Theorie oder Philosophie und Empirie oder Erfahrung. Er versucht nicht, dies näher zu bestimmen. Er nimmt offensichtlich an, daß die Inhalte der Begriffe dem Leser wohlbekannt sind.

Doch der Begriff „Theorie" kommt in seinen Texten in zwei verschiedenen, wenn auch eng verwandten Bedeutungen vor. Einerseits spricht er von Theorien in der Bedeutung allumfassender Anschauungen oder Philosophien, andererseits von spezialwissenschaftlichen Theorien. Letzteres sind für ihn z. B. Kants Nebulartheorie (MEW 20, S. 52 f., 316), Darwins Theorie (ebd., S. 63) oder auch die „Entwicklungstheorie" als die Lehre von der Entwicklung der Arten (ebd., S. 482).

Zugleich verwendet er das Wort Theorie in einer anderen, weiteren und vagEren Bedeutung. In der „Einleitung" zur *Dialektik der Natur* unterscheidet er zwischen der philosophischen *oder* theoretischen Entwicklung und der der empirischen Erkenntnis. Er spricht von der „Anschauungsweise" (ebd., S. 320) der griechischen Philosophen und stellt ihr die „Gesamtanschauung" (ebd., S. 314), die sich in der neuzeitlichen Naturwissenschaft entwickelt hat, entgegen. In beiden Fällen handelt es sich hier um philosophische oder theoretische Leistungen auf einem sehr hohen Niveau. Die Naturphilosophie der Griechen, derzufolge der Kosmos unablässigen Veränderungen unterliegt, war nichts anderes als „geniale Intuition", d. h. sie hatte keinen ausreichend empirischen Unterbau. Das ursprüngliche Unveränderlichkeitsdogma der modernen Wissenschaft wurde hingegen *sogar* von der Entwicklung innerhalb der empirischen Naturforschung Stück für Stück zerschlagen. Dieser Prozeß begann mit Kants Nebulartheorie — Engels bezeichnet jedoch Kant als Philosophen und nicht als Naturforscher, und damit will er gewiß ausdrücken, daß dieses Dogma anfänglich durch gedankliche Leistungen und nicht durch empirische Ergebnisse entkräftet wurde (ebd., S. 316).[84] Erst danach konnten Empiriker wie Lyell, Darwin und viele andere mit entsprechenden Erkenntnissen aufwarten. Die Unveränderlichkeit der Welt wurde allmählich auf allen Gebieten in Frage gestellt — und jetzt hielt Engels die Zeit für reif, diese verschiedenen Resultate innerhalb der empirischen Naturforschung philosophisch zusammenzufassen.

Engels' Überlegungen setzen voraus, daß sich Philosophie (oder Theorie) und Empirie jeweils in relativer Selbständigkeit entwickeln. Die Anschauung der Griechen hatte keine unmittelbare Stütze in der Empirie, und die moderne empirische Entwicklung setzt sich trotz der vorherrschenden philosophischen Sichtweise durch. Sowenig wie sich Heraklit von einem soliden Erfahrungswissen anleiten ließ, sowenig lassen sich Lyell oder Darwin von einer Philosophie leiten.

Der Gedankengang ist nicht voll entwickelt, doch impliziert er unzweideutig, daß die Philosophie als eigene Wissensform auch ohne empirisches Fundament zu gültigen Aussagen gelangen kann. Andererseits scheint es so, als ob erst mit der Entwicklung der modernen empirischen Naturwissenschaft die „geniale Intuition" mehr als reine Intuition werden könnte.

Doch diese skizzenhafte Überlegung macht nicht deutlich, wie Engels das Verhältnis Theorie/Empirie begreift und wie er seine Aufgabe, eine eigene Synthese zu entwickeln, begründet. Ein Grund dafür ist, daß er mit einem einfachen Dualismus kämpft und keinen Unterschied zwischen Theorien auf verschiedenen Niveaus macht.

Seine Auffassung, wie sich Theorie zu Empirie und philosophische Theorie zu empirisch begründeter Theorie verhalten, ist außerdem vage und widersprüchlich. Im sogenannten alten Vorwort zum *Anti-Dühring* motiviert er seine philosophische Tätigkeit damit, daß die moderne empirische Naturforschung eine gewaltige Menge positiven Wissens angesammelt hat, und daß es jetzt darauf ankommt, den inneren Zusammenhang all dieses verstreuten Wissens aufzuspüren und nachzuweisen. Engels meint, daß die Wissenschaft während ihrer ungeheuren Expansion gegen Mitte des 19. Jh.s mehr „an Breite" als „an Tiefe" gewonnen hat und daß nun die Vertiefung eine immer dringlichere Aufgabe wird. Für ihn läßt sich der Zusammenhang der Naturwissenschaften nicht mit den „Methoden der Empirie" entwickeln, „hier kann nur das theoretische Denken helfen" (ebd., S. 330).[85]

Engels scheint damit einen klaren Unterschied zwischen dem theoretischen Denken, das philosophische Theorien möglich macht[86], und der empirischen Tätigkeit, die spezialwissenschaftlichen Theorien zugrundeliegt, vorauszusetzen. Doch gerade in diesem Punkt äußert er sich oft widersprüchlich; wie wir gleich sehen werden, kommt hier die Widersprüchlichkeit der drei Tendenzen in seiner Darstellung am deutlichsten zum Ausdruck. Im selben alten Vorwort zum *Anti-Dühring* scheint er auch anzunehmen, daß die Resultate einer eher theoretischen oder einer eher empirischen, wissenschaftlichen Tätigkeit im Prinzip identisch sein können. Er meint nämlich, daß die Naturwissenschaft entweder spontan (naturwüchsig) oder, indem sie sich dem dialektischen Denken zuwendet, zu einer richtigen Naturanschauung gelangen kann. Der letztere Weg ist zwar kürzer und sicherer, das Ziel — die richtige Naturauffassung — jedoch dasselbe (ebd., S. 332).

Doch bevor wir die Beziehung dieser verschiedenen Äußerungen zu ermitteln versuchen, müssen wir bei einem anderen Begriff, der von größter Bedeutung in diesem Zusammenhang ist, verweilen. Es ist der Begriff „System". Es liegt nahe, sich das, was Engels „Theorie" oder „Philosophie" nennt, als ein System in traditioneller Bedeutung vorzustellen: ein Zusammenfügen aktuellen Wissens.

Doch das Wort „System" selbst hat einen negativen Klang für Engels. Im *Anti-Dühring* äußert er sich mit Verachtung über alle die Systeme, die in Deutschland wie Pilze aus dem Boden schießen: „Wie im modernen Staat vorausgesetzt wird, daß jeder Staatsbürger urteilsreif ist über all die Fragen, über die er abzustimmen hat; wie man in der Ökonomie annimmt, daß jeder Konsument gründlicher Kenner aller der Waren ist, die er zu seinem Lebensunterhalt einzukaufen in den Fall kommt — so soll es nun auch in der Wissenschaft gehalten werden. Freiheit der Wissenschaft heißt, daß man über alles schreibt, was man nicht gelernt hat, und dies für die einzige streng wissenschaftliche Methode ausgibt." (Ebd., S. 6)

Das ist eine Kritik an wissenschaftlichen Systemen, die in der hier vorgebrachten Form wahrscheinlich auch Engels' eigenen Versuch, die verschiedenen wissenschaftlichen Gebiete unter eine dialektische Theorie zusammenzufassen, trifft. Aber beabsichtigt er mit „System" auch etwas anderes und darüber Hinausweisendes als das, was im *Anti-Dühring* zum Vorschein kommt?

Ein Jahrzehnt später, im *Ludwig Feuerbach*, nimmt er die Frage der Berechtigung von Theoriesystemen wieder auf. Hier geht es um Hegel. Engels trifft eine Unterscheidung zwischen der „Methode" (oder genauer gesagt „Denkmethode") und dem „System" bei Hegel. Die Methode ist die dialektische, gemäß der jede Erscheinung Veränderungen unterworfen ist, alle festen Größen nur zufällig und vorübergehend sind, und jedes erreichte Stadium schnell aufgelöst wird durch die Widersprüche, die es beinhaltet. Engels zieht nicht nur theoretische Konsequenzen aus dieser Methode; sie ist in jeder Hinsicht, auch politisch, eine „revolutionäre" Methode.

Hegels System hingegen hat ein konservatives Gepräge. Mit „System" meint Engels hier ein Gedankengebäude, das den Anspruch auf „absolute Wahrheit" geltend macht. Hegel weist ständig darauf hin, sagt Engels, daß die Wahrheit nur im Prozeß zu finden sei — sei es im logischen oder im historischen Prozeß, die ja gemäß Hegel nur verschiedene Seiten der gleichen Sache sind —, dennoch läßt er den Prozeß in ein Endstadium münden. In bezug auf den logischen Prozeß kann er sich dem Dilemma entziehen, indem er das Ende des Prozesses mit dessen Anfang identifiziert. Doch für den historischen Prozeß bestimmt er ein Endstadium: die absolute Idee soll demzufolge in der Monarchie von Friedrich Wilhelm III. zur Verwirklichung gelangen.

Engels gibt zu, daß die Systemleidenschaft ein „unvergängliches Bedürfnis des Menschengeistes nach der Überwindung aller Widersprüche" (MEW 21, S. 267) befriedigt. Doch immer ist auch das System der vergänglichste Teil des Werkes eines Philosophen. Bei Hegel wird das ausgearbeitete System besonders unhaltbar, weil es in offenem Widerspruch zu seiner These vom vergänglichen Charakter aller Dinge steht.

Engels zufolge ist also ein System nicht primär durch seinen theoretischen Inhalt, sondern durch seine Geltungsansprüche gekennzeichnet. Die Polemik gegen Hegel betrifft also nicht in erster Linie dessen Idealismus, sondern den Anspruch auf Absolutheit. Engels' Kritik ist getragen von seiner Grundüberzeugung, daß es keine „festen Kategorien" gibt, sondern daß alle Verhältnisse und damit auch alle Begriffe permanenten Veränderungen unterliegen. Allerdings geraten seine von Marx inspirierten Ambitionen, allgemeine dialektische Gesetze aufzustellen, offensichtlich mit der These von der Veränderlichkeit in Widerspruch, ohne daß dies für Engels selbst offenbar wird. Das Problem besteht ja darin, über die Veränderlichkeit etwas Fixes auszusagen, das ständig entfliehende Objekt in starre Muster zu pressen, und eine Reihe allgemeiner und absolut gültiger Wahrheiten über die Prozesse der Wirklichkeit und des Denkens auszudrücken.

Als Engels die drei dialektischen Gesetze im Jahr 1879 darlegt, wird sichtbar, welche Bedeutung die neue Problemlage für sein Denken gewonnen hat. Die Gesetze stellen Verallgemeinerungen allen Wissens über die Natur, die Gesellschaft und das menschliche Denken dar. Sie sind also „abstrahiert von der Geschichte der Natur wie auch der des menschlichen Denkens", ja sie sind „die allgemeinsten Gesetze für diese beiden Phasen der historischen Entwicklung wie auch für das Denken selbst" (MEW 20, S. 348).

Man erhält den Eindruck, daß die dialektischen Gesetze äußerst umfassende empirische Verallgemeinerungen darstellen sollen, aus denen alle natur- und gesellschaftswissenschaftlichen Gesetze herleitbar sind. Sie sollen im dialektischen Materialismus ungefähr die gleiche Rolle spielen wie die Gravitationsgesetze im unverfälschten mechanistischen Weltbild.

In diesen und ähnlichen Äußerungen kann man die *positivistische* Tendenz in Engels' Denken erkennen. Sie impliziert, daß die dialektische Synthese des Wissens nicht über das hinausgeht, was durch die positiven Erkenntnisse selber gegeben ist. Die Dialektik ist also ein eher passives Hilfsmittel. Sie hat vielleicht als bewußt angewandte Methode einen heuristischen Wert — mit ihrer Hilfe können Zusammenhänge leichter offenbar werden — doch ist sie im Prinzip bereits den durch die Spezialwissenschaften generierten Fakten immanent. Engels drückt diese Auffassung im Klartext im alten Vorwort, das so viele widersprüchliche Gedankengänge enthält, folgendermaßen aus: „Darüber sind wir alle einig, daß auf jedem wissenschaftlichen Gebiet in Natur wie Geschichte von den gegebenen *Tatsachen* auszugehn ist ...; daß also auch in der theoretischen Naturwissenschaft die Zusammenhänge nicht in die Tatsachen hineinzukonstruieren, sondern aus ihnen zu entdecken und, wenn entdeckt, erfahrungsmäßig soweit dies möglich nachzuweisen sind." (Ebd., S. 334)

Die Worte „soweit möglich" können vielleicht als heimlicher Vorbehalt aufgefaßt werden, doch drücken sie eher eine allgemeine Unsicherheit aus. Es ist offensichtlich, daß diese Vorstellungen in einer problematischen Beziehung zu der These über die „fließenden" Kategorien stehen. Engels versucht sich von Hegel, den er gleichzeitig so sehr benutzt, zu distanzieren; er will nicht verdächtigt werden, in die Fußstapfen des spekulierenden Idealisten zu treten. Doch in seinem Eifer bekennt er sich zu einem Wissenschaftsideal, das äußerlich seine dialektischen Gesetze zu rechtfertigen scheint, das aber offensichtlich seinen substantielleren Gedankengängen zuwiderläuft. Dies ist in groben Zügen das Wissenschaftsideal, das im 19. Jh. von zahllosen philosophierenden Naturwissenschaftlern mit John Herschel und Emil Du Bois-Reymond an der Spitze vertreten wurde und das auf dem Gebiet der Gesellschaftswissenschaft und der systembildenden Philosophie von den führenden Positivisten wie Comte und Buckle entwickelt wurde. Gemäß diesem Ideal wird die vollwertige Wissenschaft von einer Reihe harmonisch verbundener Induktions- und Deduktionsprozesse gekennzeichnet: vom Erfahrungsmaterial schließt man auf einige allgemeine Behauptungen, die dann auf ein neues und größeres Erfahrungsmaterial angewendet werden. Ironischerweise ist dies ein Wissenschaftsideal, das auch in wesentlichen Teilen von den klassischen liberalen Nationalökonomen akzeptiert wird. Auf diesem Gebiet erfährt es nicht nur Marx', sondern auch Engels' Kritik. Seine Unvereinbarkeit mit der Marxschen Gesellschaftstheorie wird dort deutlich. Als die Gesetze der Dialektik zur Sprache kommen, ist der Charakter des Wissenschaftsideals nicht gleichermaßen durchsichtig. Der Gesetzesbegriff selbst hat Konsequenzen für Engels' Denken.

3. Die Hegelsche Tendenz

Engels bezieht die dialektischen Gesetze nicht nur auf die Geschichte der Natur und der Menschen, sondern auch auf die des Denkens. Ihm zufolge hat Hegel zwar die Dialektik des Denkens richtig begriffen, aber eben als bloße Denkgesetze: „Der Fehler liegt darin, daß diese Gesetze als Denkgesetze der Natur und Geschichte aufoktroyiert, nicht aus ihnen abgeleitet werden." (MEW 20, S. 348). Indem er mit dem Anspruch auftritt, diesen Fehler korrigieren zu wollen, glaubt Engels, seine drei dialektischen Gesetze von Hegel entlehnt zu haben.

Die Kodifizierung der drei dialektischen Gesetze ist unbegreiflich, wenn sie nicht vor dem Hintergrund der alten Vorstellung — erstmals durch Gottlob Frege effektiv ausgemerzt —, die Logik bestehe in einer Anzahl von Denkgesetzen, gesehen wird. Die traditionelle aristotelische Logik, die Engels nach Hegel die „bloß formale" nannte, enthielt demnach teils Denkregeln, teils Verallgemeinerungen der realen Genese des Denkens. Die Grenze zwischen Logik und Denkpsychologie und noch mehr zwischen Logik und Erkenntnistheorie wird damit fließend.

Traditionellerweise wurden drei Denkgesetze voneinander unterschieden. Das Identitätsgesetz ($a = a$), das Widerspruchsgesetz (*sowohl a als auch nicht a*) und das Gesetz der doppelten Negation ($a = $ *nicht nicht a*). Indem sie als Denkgesetze begriffen wurden, hatten sie einen quasiempirischen Inhalt. Daß a = a ist, bedeutet nicht nur, daß a gegen a ausgetauscht werden kann, sondern auch, daß im korrekten Denken die Idee von a (welche Größe auch immer) stets die gleiche ist. Es handelt sich also nicht um eine echte empirische Verallgemeinerung, trifft nicht auf alle Gegenstände zu, sondern lediglich auf das richtige menschliche Denken. Doch mit einem traditionellen und umfangreichen Wesensbegriff konnte man es als eine Verallgemeinerung des menschlichen Wesens verstehen, zu dem es natürlich nicht gehörte, falsch zu denken.

Hegel wendet sich gegen die Vorstellung, daß das Denken auf diese Weise vor sich geht. Für ihn sind die Denkgesetze „das rein Formelle ohne Realität" — Form ohne Inhalt (Werke, Bd. 2, S. 233 ff.). Die wirkliche Logik also kann deshalb keine Denkgesetze voraussetzen (Werke, Bd. 4, S. 36). Es verdient hervorgehoben zu werden, daß Hegel also nicht wie Engels alternative Denkgesetze aufzustellen versucht — ein weiterer Beweis dafür, wie fremd ihm die Vorstellung dialektischer Gesetze ist.

Doch Hegel gibt sich nicht damit zufrieden zu zeigen, daß das wirkliche Denken den Denkgesetzen widerspricht in dem Sinne, daß man in jedem Denkprozeß mit wechselnden, oft widersprüchlichen Inhalten arbeitet, wenn man sich zu neuen Resultaten vortastet. Der Umstand, daß *a* im Denken nicht immer *a* ist, genauso wenig wie ein knospender Löwenzahn völlig identisch ist mit einem Löwenzahn in voller Blüte, hat für Hegel sogar formallogische Konsequenzen. Er weist diesen Irrtum, der in der Vorstellung von Denkgesetzen begründet liegt, nach, doch begeht er selbst den entgegengesetzten Irrtum zu glauben, daß dies auf irgendeine Weise den Umstand, daß ein Junggeselle ein Junggeselle ist, beeinflußt. Die traditionelle formale Logik betrifft also eine niedrigere, statische Form des Denkens; die dialektische Logik hingegen soll nicht nur zu großen philosophischen und anderen wissenschaftlichen Resultaten befähigen, sondern auch die formalen Operationen, die ein Negations- und Gleichheitszeichen voraussetzen, beeinflussen (vgl. Werke, Bd. 4, S. 20—35). Engels übernimmt hier einerseits Hegels Argumentationskern. Es gibt, sagt er, zwei verschiedene Disziplinen des Denkens, „die formelle Logik und die Dialektik" (MEW 20, S. 24). Die formale Logik betrifft das niedrigere, klassifizierende und alltägliche Denken, die Dialektik das zu wirklich zusammenfassender Erkenntnis führende Denken.

Engels übernimmt andererseits viele einfache Fehlgriffe von Hegel. Für Hegel widersprechen Sätze wie „Das Buch ist rot" dem Identitätsgesetzt, denn ein Buch ist nicht identisch mit der Farbe rot (Werke, Bd. 8, § 126 u. f.). Engels wiederholt den Irrtum (MEW 20, S. 484). Es handelt sich hierbei um eine Vermengung der verschiedenen Bedeutungen von „ist". Der Satz „Das Buch ist rot" hat nichts mit Identität zu tun, er hat die Form *a ist F* (oder einfacher ausgedrückt *Fa*) und nicht $a = a$.

Doch versucht Engels, im Unterschied zu Hegel, auch alternative dialektische Denkgesetze zu formulieren. Wir können leicht sehen, daß das zweite und dritte dialektische Gesetz dem zweiten und dritten „formalen" Denkgesetz entsprechen. Das Widerspruchsgesetz bei Engels entspricht dem alten Widerspruchsgesetz, das Gesetz von der Negation der Negation entspricht dem Gesetz der doppelten Negation.

Mit dem Gesetz von Qualität und Quantität hingegen ist die Sache heikler. Bevor Engels anfing, die Idee der dialektischen Gesetze zu entwickeln, sprach er von „Identität und Unterschied" als einem der „Hauptgegensätze" (MEW 20, S. 485). Zunächst ging es ihm keineswegs darum, Entsprechungen zu den Denkgesetzen zu formulieren — die anderen Hauptgegensätze waren Notwendigkeit und Zufall bzw. Ursache und Wirkung —, doch offenbar verstand er „Identität und Unterschied" als Entsprechung zum Identitätsgesetz. Statt dessen übernimmt jetzt „Qualität und Quantität" diese Funktion. Der Grund dafür ist natürlich, daß es genau das „Gesetz" ist, daß Marx im *Kapital* kodifiziert. So, wie das Gesetz formuliert ist, erscheint es ja umgekehrt als Sonderfall des zweiten dialektischen Gesetzes: die dialektische Einheit von Quantität und Qualität ist ein Beispiel der Vereinigung der Gegensätze.[87] Lediglich in einer sehr übertragenen Bedeutung kann es als eine Entsprechung des Identitätsgesetzes verstanden werden, nämlich, wenn man Qualität bzw. Quantitäten als identisch mit sich selbst sieht (wie die Quantitäten '2 + 2' und '4' identisch sind oder die Qualität 'grün' die gleiche ist wie die Qualität 'die Mischung von gelb und blau'). Es zeigt sich auch, daß Engels, wenn er den Inhalt des Gesetzes von Quantität und Qualität darlegt, in Begriffen von Widerspruch und nicht von Identität spricht. Es ist ja überhaupt das Gesetz, dem er die gründlichste Untersuchung widmet. Im *Anti-Dühring* wird es allerdings sparsamer als das Gesetz von der Negation der Negation expliziert (9,5 Druckseiten gegenüber 13), doch in dem unvollendeten Abschnitt „Dialektik" in der *Dialektik der Natur* ist es gerade dasjenige, welches Engels kommentiert, bevor er seine Darstellung abbricht. Die Darstellung ist ca. fünf Seiten lang. Es fällt auf, daß Engels äußerst wenige Beispiele aus den formalen Wissenschaften auswählt, als er die Bedeutung dieses Gesetzes zu erklären versucht.[88] Es scheint, als ob es nur in einer sekundären Bedeutung ein Denkgesetz sein könnte oder — wie Engels in krassem Unterschied zu Hegels Sprachgebrauch[89] formuliert — ein Gesetz der „sog. subjektive(n) Dialektik" (MEW 20, S. 481).

4. Die dialektisch-materialistische Tendenz

Es ist also angebracht, von zwei entgegengesetzten Tendenzen in Engels' Denken zu sprechen: einer positivistischen und einer hegelianischen. Beide kommen vor allem in seiner Entwicklung der dialektischen Gesetze zum Vorschein, die eine in deren Anwendung auf Natur und Menschheit, die andere auf das Denken.

Ich behaupte jedoch darüber hinaus, daß man mit Recht von einer dritten, originelleren Tendenz, die ich der Einfachheit halber die *dialektisch-materialistische* nennen will, sprechen kann. Diese Tendenz ist ein Ergebnis von Engels' augenscheinlicher Hauptambition, den traditionellen bzw. den von ihm so genannten mechanischen Materialismus (z B. MEW 20, S. 518) mit der sich von Hegel herleitenden Dialektik zu bereichern. Ich brauche kaum hinzuzufügen, daß diese Ambition auch mit der anderen, bereits ausgeführten zusammenhängt, den Geschichtsmaterialismus in eine allgemeinwissenschaftliche Perspektive zu rücken.

Um diese Tendenz rekonstruieren zu können, müssen wir einleitend eine Unterscheidung treffen, zu der Engels selbst kaum bereit gewesen wäre. Wir unterscheiden zwischen den erkenntnis- und wissenschaftstheoretischen sowie den ontologischen Aspekten in seinem Werk.[90] Wir haben oben gesehen, daß Engels eine Reihe unterschiedlicher, wenn auch eng zusammenhängender Probleme aufwirft. Teils gehören sie zur Erkenntnis-

und Wissenschaftstheorie, teils betreffen sie den Zusammenhang zwischen verschiedenen wissenschaftlichen Theorien. Da Engels aufgrund seiner Erkenntnisauffassung behauptet, die Erkenntnis entspreche ihrem Objekt in dem einen oder anderen Sinn, so schließt die Frage der Verknüpfung der verschiedenen Teiltheorien auch die Frage nach der Wirklichkeit ein — ist also eine ontologische Frage. Setzt man voraus, daß verschiedene wissenschaftliche Theorien zumindest provisorisch der Wirklichkeit entsprechen, dann kann man mit Hilfe dieser Theorien ein Bild der verschiedenen Ebenen (oder „Bewegungsformen", wie Engels sagt) der Wirklichkeit konstruieren.

Es gibt also ein Bindeglied zwischen Erkenntnistheorie und Ontologie bei Engels. Aber gleichzeitig müssen beide auseinandergehalten werden. Engels unterscheidet zwischen einer subjektiven und einer objektiven Dialektik, wobei das, was er Denken nennt, die subjektive Dialektik repräsentiert. Doch, soweit ich sehen kann, spricht er von drei verschiedenen Aspekten des Denkens, nämlich

a) dem Denken als psychischem und gehirnphysiologischem Prozeß;
b) dem Denken als historischem Prozeß (der Geschichte des Denkens als einem Teil der Menschheitsgeschichte);
c) dem Denken als richtiger oder falscher Vorstellung (Erkenntnis oder Illusion) von der Wirklichkeit.

Engels spricht verhältnismäßig selten vom Denken in der Bedeutung a). Wenn er das Denken als die höchste Form der Materie in Bewegung bestimmt, dann hat er jedoch wahrscheinlich diese Bedeutung im Sinn (vgl. z. B. MEW 20, S. 354).[91] Und ganz offensichtlich ist das der Fall, wenn er von molekularen und chemischen Abläufen, die dem Denken zugrundeliegen, spricht (ebd., S. 513). Die Geschichte des Denkens und insbesondere die der Wissenschaft spielt eine herausragende Rolle in Engels' philosophischen Schriften; in die *Dialektik der Natur* geht u. a. ein unvollendeter Abschnitt „Aus der Geschichte der Wissenschaft" ein, und philosophie- und wissenschaftsgeschichtliche Gesichtspunkte dominieren selbst die „Einleitung".

Die beiden anderen Bedeutungen lassen sich nur schwer trennscharf unterscheiden: geht es um die Darstellung des Denkens als eines „Spiegelbildes" (ebd., S. 22) der objektiven Wirklichkeit, um „Erzeugnisse des menschlichen Hirns, die (. . .) dem übrigen Naturzusammenhang (. . .) entsprechen" (ebd., S. 33), oder darum, daß beide gar „übereinstimmen" (ebd., S. 529)? Natürlich können die Zusammenhänge zwischen den verschiedenen Bedeutungen nicht einfach ignoriert werden. Sie verdanken sich dem Umstand, daß die Möglichkeiten der Menschen, zu Erkenntnis zu gelangen, durch ihre biologischen Eigenschaften und historischen Umstände bedingt sind. Doch damit diese Relationen überhaupt geklärt werden können, müssen zunächst die einzelnen Bedeutungsebenen voneinander unterschieden werden.[92]

Das Denken in den ersten beiden Bedeutungen gehört zur Ontologie, während die dritte Bedeutung unter die Erkenntnistheorie fällt. Die Unterscheidung zwischen Ontologie und Erkenntnistheorie ist eine notwendige Voraussetzung für Engels' Erkenntnisrealismus. Eine Identifizierung der ersten und dritten Bedeutung setzt — soweit man nicht eine mystische Übereinstimmung von „Denken" und „Sein" annimmt — diverse Hilfskonstruktionen voraus. Engels führt in diesem Zusammenhang z. B. die Hypothese an, daß erworbenes Denken vererbt wird. Identifiziert man die zweite und dritte Bedeutung — was tatsächlich in der Geschichte des Marxismus geschehen ist: als wahr galt dann nur noch der „richtige" Klassenstandpunkt —, so wird der Erkenntnisrealismus völlig sinnlos: Daß etwas als Erkenntnis, als Wahrheit erscheint, wird gänzlich abhängig von der historischen Situation und nicht vom Erkenntnisgegenstand.

Kurz gesagt: die falsche Vorstellung hat ebenso wie die richtige ihre biologischen und historischen Voraussetzungen.

5. Die Dialektik der Erkenntnis

Was wir im folgenden skizzieren werden, ist die dialektische und materialistische Tendenz in Engels' Erkenntnis- und Wissenschaftsauffassung. Die Skizze würde einfacher ausfallen, hätte es zu seiner Zeit eine entwickelte mechanisch-materialistische Auffassung in genau diesen Fragen, mit denen er sich beschäftigt, gegeben. Der mechanische Materialismus ist für Engels in erster Linie der französische Materialismus des 18. Jh.s sowie jener, der Mitte des 19. Jh.s von Deutschen wie Vogt und Büchner vertreten wurde. Die spätere Richtung nennt Engels den „Vulgärmaterialismus" (z. B. MEW 20, S. 332). Offenbar ist seine Unterscheidung zwischen ehrenwerten Materialisten, die auf der Höhe des Wissens ihrer Zeit stehen, und vulgären Materialisten, die trotz neuer Einsichten der Wissenschaft keinen Schritt weitergehen als ihre Lehrmeister, der Marxens zwischen klassischen Ökonomen wie Smith und Ricardo und späteren Vulgärökonomen nachgebildet.

Diese Anknüpfung an Marx sagt in Wirklichkeit mehr aus, als sie unmittelbar ahnen läßt. Das Defizit der klassischen liberalen Ökonomen besteht nach Marx darin, daß ihr Begriffsapparat und damit ihr gesamter Theoriebau den Übergang von einer Produktionsform in eine andere a priori ausschließt; so wird z. B. das Kapital so definiert, als wäre der Kapitalismus eine ewige und unveränderliche Produktionsform. Bei den klassischen

Ökonomen entspricht dieses Manko dem damaligen, noch unentfalteten Entwicklungsstand der ökonomischen Verhältnisse. Die Vulgärökonomen konservieren das theoretische Defizit, ohne die neuen Bestimmungsmomente zu berücksichtigen, die in der ökonomischen Wirklichkeit entstanden sind (vgl. hierzu Therborn 1971, S. 12 u. 26).

Entsprechenderweise sind die Materialisten des 18. Jh.s Engels zufolge unfähig zu erklären, inwiefern die Materie so viele verschiedene Gestalten annehmen kann, da ja die Materie für sie lediglich die Materie der Mechanik ist. Die zeitgenössischen vulgären Materialisten sind vulgär deshalb, weil sie die naturwissenschaftliche Entwicklung des 19. Jh.s, die über den mechanischen Materialismus mit seiner „metaphysischen" oder undialektischen Festschreibung der Kategorien hinausweist, unberücksichtigt lassen (MEW 20, S. 466 ff.).

Der Vergleich mit Marx zeigt, daß das von Engels verwendete Denkmuster genau dem entspricht, das Marx für ein völlig anderes Gebiet entwickelt hat. Andererseits ist deutlich, daß, wenn Engels erkenntnistheoretische Fragen erörtert, er sich oft auf eine Weise äußert, die seiner eigenen Kritik am mechanischen Materialismus verfällt. Wenn er im gleichen Atemzug vom Denken im Sinne des psychisch-gehirnphysiologischen Prozesses und im Sinne der Erkenntnis der Wirklichkeit spricht, so folgt er der Spur der traditionellen Materialisten. Das Hauptproblem der Materialisten betraf die alte Frage von Leib und Seele, und ihre große Absicht war zu zeigen, daß die Seele nicht vom Leib losgelöst, sondern letztlich ein Produkt der ihn konstituierenden Materie war. Darüber hinaus hatten sie einige erkenntnistheoretische Ideen entwickelt; die repräsentativste war ein weitgehender Sensualismus, gemäß dem alle Erkenntnisse „Bilder", „Spiegelbilder" der äußeren, sinnlichen Wirklichkeit waren (vgl. Wilson 1972, S. 228 ff.). Engels ist, ohne es zu ermessen, einer ihrer Anhänger, sowohl, wenn er von Erkenntnis als einer Spiegelung spricht als auch, wenn er in verstreuten Äußerungen behauptet, alle Erkenntnis gehe auf direkte Beobachtung der Wirklichkeit zurück. Er folgt auch dann ihren Spuren, wenn er vom Denken als zugleich psychophysischem Prozeß und Erkenntnis spricht.

In Lenins *Materialismus und Empiriokritizismus*, wo die allgemeinen erkenntnistheoretischen Fragen in weit höherem Maße als bei Engels im Zentrum der Aufmerksamkeit stehen, wird die Widerspiegelungstheorie noch bedingungsloser verfochten — und ganz folgerichtig huldigt Lenin dem älteren Materialismus auch vorbehaltloser als jemals Engels (vgl. bes. Lenin, Werke, Bd. 14, S. 238 f.).

Eines ist offensichtlich: wenn Engels oder Lenin Erkenntnis einzig und allein als Widerspiegelung beschreiben, so verfallen sie genau der mechanischen, „metaphysischen", undialektischen Denkweise, gegen die Engels sonst so durchgängig polemisiert. Das Subjektive, die Erkenntnis, und das

141

Objektive, die Wirklichkeit, werden buchstäblich als fixe, fertige Kategorien, die in einem unveränderlichen Verhältnis zueinander stehen, begriffen. Dieselbe Denkweise steht hinter den Äußerungen Engels', in denen er die richtigen Theorien als Verallgemeinerungen einzelner Fakten bestimmt. Man könnte fast sagen, daß Engels hier die Theorien als „Widerspiegelungen" der Fakten ansieht.

Diese Vorstellungen widersprechen auch eindeutig seinen wie Marx' Gedankengängen über das *Zusammenspiel* von Theorie und Praxis; demzufolge muß die Theorie stets von der Praxis bestätigt werden, kann die Praxis sich jedoch nicht ohne die Theorie entfalten. Engels drückt klar und deutlich aus, daß er die Empirie, inklusive das Experiment, als eine Art Praxis ansieht (vgl. bes. MEW 21, S. 276).

Die Widersprüchlichkeiten in Engels' allgemeiner Erkenntnisauffassung kommen sogar in den verschiedenen Äußerungen über die Entwicklung der Erkenntnis zum Ausdruck. Sofern die Erkenntnis ein Spiegelbild des Objekts ist, dann ist die Erkenntnis endgültig und vollendet, sobald sich das richtige Spiegelbild fixieren läßt. Und sofern die Theorie lediglich in der Zusamenfassung aller Beobachtungen besteht, die sich der Wirklichkeit abgewinnen lassen, dann ist die Erkenntnis ebenfalls endgültig und vollendet, sobald alle richtigen Beobachtungen gemacht worden sind. Beide Vorstellungen eröffnen also die Möglichkeit einer vollendeten Erkenntnis. Engels äußert sich manchmal so, als ob er sich in der Tat eine solche Endstation der wissenschaftlichen Entwicklung dächte. So trifft er z. B. über das Energiegesetz die Feststellung, er habe mittlerweile „seinen letzten Ausdruck erlangt. Wir können durch neue Entdeckungen ihm neue Belege, neuen, reicheren Inhalt geben. Aber dem Gesetz selbst, wie es da ausgesprochen, können wir nichts mehr hinzufügen." (MEW 20, S. 493)

Doch weist er in anderem Zusammenhang ebenso nach, daß die Erkenntnis nie absolut oder vollständig sein kann. Er vergleicht ihre Entwicklung mit „einem unendlichen asymptotischen Prozeß" (ebd., S. 502). An anderen Stellen erklärt er sogar, daß die Erkenntnis biologisch relativ ist — sie ist m. a. W. an die biologische Konstitution des Menschen, seine Sinne, sein Gehirn usw. gebunden. Und noch wesentlicher ist sein Nachweis, daß Erkenntnis immer von der historischen Situation, in der sie sich entwickelt, geprägt ist. (ebd., S. 506 u. 330). Alle diese Behauptungen widersprechen also der Idee einer absoluten und vollendeten Wissenschaft.

Eine radikale und einfache Lösung wäre jetzt, die ganze Widerspiegelungstheorie beiseite zu schieben und sich statt dessen dem Relativismus in die Arme zu werfen: Wenn die Erkenntnis irgend etwas spiegelt, dann nicht die Wirklichkeit, sondern die biologische und historische Begrenztheit des Menschen. Doch damit würde man vom Regen in die Traufe kommen.

Wenn Engels vom Denken in mindestens drei verschiedenen Bedeutungen spricht, dann stiftet er damit bei seinen Lesern nur Verwirrung. Von seinen Ausgangspunkten aus gesehen ist es verständlich, daß er verschiedene Aspekte an die Erscheinung, die er mit dem einzigen Wort „Denken" bezeichnet, heranträgt. Wir können nur bedauern, daß er das Verhältnis dieser Aspekte nicht näher untersucht hat.

Wie ich es verstehe, haben wir es hier mit einem zentralen Beispiel eines *dialektischen Verhältnisses* in einem genaueren Sinne zu tun. Wir können drei Behauptungen aufstellen:

a) Die Erkenntnis der Menschen ist völlig abhängig von ihrer physischen und psychischen Konstitution.

b) Die Erkenntnis der Wirklichkeit ist völlig abhängig von den historischen Umständen, unter denen sie produziert wird.

c) Die Erkenntnis der Wirklichkeit vermittelt ein zutreffendes Bild der Wirklichkeit selbst.

Diese Aussagen sind, so wie sie hier formuliert wurden, unvereinbar: sie *widersprechen* einander. Doch kann jede einzelne als unmittelbar „wahr" aufgefaßt werden. Die einzige Erkenntnis, die uns zugänglich ist, ist unsere Erkenntnis. In der Entwicklung der Wissenschaft konnten die Menschen die Reichweite ihrer Sinne durch unzählige Instrumente und Apparaturen erweitern, und sogar die Denkwerkzeuge konnten verfeinert werden. Doch der Mensch bleibt immer der Ausgangspunkt seiner eigenen Erkenntnis. Und wenn wir wie selbstverständlich davon ausgehen, daß unser Weltbild richtiger und reicher ist, als das der Ameise oder Giraffe, so können wir — wie Laplace — uns doch ein weitaus intelligenteres Wesen vorstellen, das unsere physische und psychische Begrenztheit überwindet.

Im frühen Neukantianismus — also bereits zu Engels' Lebzeiten — tauchten Gedanken auf, die in diese Richtung gingen; wenn es auch nur die Grenzen des menschlichen Verstandes waren, die hier relativiert wurden. Friedrich Albert Lange, mit dem Engels wohlvertraut war, gelangte in seiner *Geschichte des Materialismus* (1866) zu dem Schluß, daß die Wissenschaft über einen lediglich methodischen Materialismus nicht hinauskommen könne. Die Welt, die wir beobachten und messen können und über die wir Theorien aufstellen, sei eine Welt, die vom Verstand des Menschen geordnet werde, doch keine Welt an sich, nicht „das Ding an sich " (vgl. Lange 1866, S. 498 ff., u. 1876, Bd. 2, S. 428 ff.). Engels erwähnt den Neukantianismus nur beiläufig, und vermutlich ist es Langes Variante, an die er dabei denkt. Natürlich ist seine Einstellung zu dieser totalen Relativierung des Wissens höchst negativ (vgl. MEW 20, S. 332).

Die These von der Relativität der Erkenntnis verdankt sich dem offensichtlichen Umstand, daß die Erkenntnis historisch veränderlich ist. In geschichtsmaterialistischer Perspektive wird sie noch plausibler: Wenn alle bisherige Geschichte eine Geschichte von Klassenkämpfen ist, dann ist wohl auch die Geschichte der Erkenntnis eine Geschichte des Klassenkampfes. Engels wie auch Marx verkündeten ja, daß die Entwicklung der Wissenschaft in der Entwicklung der Produktion begründet liegt (vgl. z. B. MEW 3, S. 43 ff.; Marx 1953, S. 439).

Doch gleichzeitig wurde die wissenschaftliche Entwicklung, im Gefolge des sich ausbreitenden Fortschrittsoptimismus, als eine Entwicklung zu immer besserer Erkenntnis der Wirklichkeit aufgefaßt. Eine alte Theorie muß deshalb einer neuen weichen, weil die neue der Wirklichkeit besser entspricht. Extrapoliert man diesen Fortschrittsprozeß in die Zukunft, dann wird irgendwann einmal eine endgültige und vollendete Erkenntnis möglich sein. Diese Vorstellung hat auch für Materialisten unterschiedlicher Provenienz nichts Befremdliches. Erkenntnis wäre demzufolge lediglich durch diverse Vorurteile und noch vorhandene Mängel der empirischen Hilfsmittel beeinträchtigt. Davon befreit, würde sie endlich die Wirklichkeit vollständig, wenn auch passiv, widerspiegeln.

Eine dialektisch-materialistische Erkenntnisauffassung, die ihren Namen verdient, beinhaltet jedoch eine Kombination aller drei Perspektiven. Konzentriert man sich nur auf eine, gerät man in eine unhaltbare Position: in Subjektivismus, in historischen Relativismus oder in mechanischen Materialismus.

Doch Engels' vereinzelte Äußerungen zeigen in ihrer Widersprüchlichkeit, daß er mit seiner Auffassung einige Schwierigkeiten hat. Wenn er von Erkenntnis im allgemeinen spricht, ist er offensichtlich derart besorgt, in die Nähe des Hegelschen Idealismus zu geraten, daß er sich immer wieder so äußert, als ob er ein Anhänger der reinen Widerspiegelungstheorie sei. Die Erkenntnis, das subjektive Moment, erscheint als Passivum.

Allerdings gibt es noch einen Punkt, den man nicht übersehen darf. Die Unterschiede zwischen der von Marx und Engels entwickelten Dialektik und der Hegelschen liegen nicht nur auf der inhaltlichen Ebene, sondern auch auf der formalen. Es ist nicht nur so — wie Marx und Engels sich manchmal zu glauben hinreißen lassen, — daß sie den Hegelschen Idealismus gegen den Materialismus austauschen. Indem sie ein dominierendes oder übergreifendes Moment postulieren — oder ein Moment „in letzter Instanz", wie Engels sagt —, brechen sie mit einem formalen Grundprinzip bei Hegel.

Diese dialektische Neuerung beziehen sie allerdings auf Gesellschaft und deren historische Entwicklung. Ihre dialektische Geschichtsauffassung geht folglich in ihre Erkenntnistheorie ein — wenngleich nicht widerspruchsfrei.

Wenn nämlich Marx und Engels von einem übergreifenden Moment in der dialektischen Ganzheit der Gesellschaft sprechen, dann betonen sie, daß dieses Moment — die materielle Produktion oder Basis — lediglich auf der abstraktesten Theoriestufe als übergreifend erscheint: der Stufe, die vom allgemeinen Zusammenhang der Gesellschaft und von gesellschaftlicher Entwicklung handelt. Auf einer niedrigeren Stufe der Theorie erscheint das Verhältnis zwischen den verschiedenen Momenten statt dessen als ein Verhältnis der *Wechselwirkung*. Somit können wir zwei verschiedene Ebenen unterscheiden: Ebene 1, auf der ein Moment a in der dialektischen Ganzheit ⟨ a, b, c, d ⟩ das übergreifende oder bestimmende ist, und Ebene 2, auf der die einzelnen Momente in derselben Ganzheit sich gegenseitig beeinflussen und bedingen.[93] Ihre Theorie über die wissenschaftliche Art und Weise, sich die Wirklichkeit anzueignen, ist folglich mit ihrer These, *daß eine richtige Theorie die Wirklichkeit widerspiegelt, unvereinbar*. Wir bekämen unterschiedliche Spiegelbilder auf Ebene 1 und Ebene 2. Und sie ist gleichfalls unvereinbar mit der These, daß wissenschaftliche Theorien unmittelbar auf „Fakten", d. h. auf empirische Beobachtungen reduziert werden könnten. Es müssen die gleichen Beobachtungen sein, die sowohl der Ebene 1 wie der Ebene 2 zugrundeliegen, doch erscheinen sie auf den beiden Ebenen in unterschiedlichem Licht.

In der Einleitung der *Grundrisse* betont Marx, daß das Resultat der theoretischen Arbeit ein Produkt des „Kopfes" und nicht direkt der Wirklichkeit ist. Er wendet sich gegen Hegels These, die Wirklichkeit spiegele das Denken, doch weist er auch die entgegengesetzte Vorstellung zurück, daß das Denken ein Spiegelbild der Wirklichkeit abgebe. Er zeigt konkret, daß die Entwicklung der Erkenntnis — entgegen Hegels Behauptung — völlig anders als die der Wirklichkeit verläuft. Somit kann erst in der entwickelten kapitalistischen Gesellschaft die abstrakte Kategorie „Arbeit" in der politischen Ökonomie erklärt werden. Erst von diesem späten Blickpunkt aus werden die früheren Produktionsweisen verständlich (s. Marx 1953, S. 21 ff.).

Marx behautet also, daß es eine grundlegende *Asymmetrie* gibt zwischen der Theorie und der Wirklichkeit, die die Theorie zu erklären beabsichtigt. Es ist dasselbe Konzept, das auch in den berühmten Unterscheidungen zwischen Forschungs- und Darstellungsweise im *Kapital* wieder auftaucht. Der Forscher bearbeitet die gesamte Vielfalt des Materials, und wenn dieser Prozeß vollendet ist, kann er mit der wissenschaftlichen Darstellung beginnen. In der Darstellung spiegelt sich der wirkliche Prozeß *ideell* wieder, und das kann dann so aussehen, als habe man es mit einer „Konstruktion a priori zu tun" (MEW 23, S. 27). Hier kann man also sehen, wie sich Marx des Begriffs „Spiegelung" auf eine bildliche Weise bedient: es handelt sich nicht um eine wirkliche, sondern eine „ideelle" Spiegelung; die Wirklichkeit hat nicht die apriorische Natur, die sie der Theorie nach zu haben scheint.

Marx knüpft hier an ein Problem an, das die Philosophen lange beschäftigte und das Kants theoretische Philosophie geprägt hat. Das Problem betrifft letztlich das Verhältnis zwischen einer axiomatischen Theorie — also einer abgeschlossenen „Konstruktion a priori" — und der Wirklichkeit, über die sich die Theorie ausläßt. In Newtons Mechanik (um das treffendste Beispiel zu wählen) folgen alle Behauptungen aus einer Anzahl Axiome und Definitionen, und doch beanspruchen diese Behauptungen, Aussagen über bestimmte reale Abläufe darzustellen. Kants Lehre von den verschiedenen Urteilstypen ist in wesentlichen Teilen ein Versuch, dieses Dilemma vom einerseits synthetischen und andererseits apriorischen Charakter wissenschaftlich-theoretischer Urteile zu überwinden (vgl. dazu Popper 1972, S. 93 ff.).

Marx setzt sich mit demselben Problem auseinander. Die Kantsche Lösung ist ihm selbstverständlich fremd, doch folgt er im großen und ganzen der Tradition, die Kant initiiert hat und die dem Denken — und damit der Theorie — eine *aktive* Rolle bei der Erklärung der Wirklichkeit zuweist. Im gedanklichen Prozeß werden die zuvor erworbenen Wahrnehmungen bearbeitet und umgewandelt — nur so ergeben sich Theorien über die Wirklichkeit. Und darüber hinaus erfordert auch die praktische Anwendung dieser Theorien einige ziemlich komplizierte Transformationen. In bezug darauf unterscheidet sich Marx' Auffassung auffällig von der Kants und liegt der Hegels näher. Bekanntlich hat Kant Newtons Theorie vor Augen — und Marx seine eigene über das Kapital. Für Kant erscheint der Weg von abstrakter Theorie zu einem bestimmten Urteil als ein rein formaler Prozeß, für Marx ist es hingegen ein hervorbringender Prozeß, in dem die konkreteren Feststellungen neue Momente, die sich nicht aus den abstrakteren herleiten lassen, enthalten.

Marx rückt demnach in die Nähe Hegelscher Ideen einer dialektischen Logik.[94] Das Verhältnis von formaler Erkenntnis (Mathematik und Logik) zu materieller wird als vieldeutig aufgefaßt. Die materielle Erkenntnis, also die Erkenntnis der Wirklichkeit, kann nicht aus der formellen, wie die Rationalisten glaubten, hergeleitet werden, doch erfordert eine avancierte Erkenntnis von zumindest gewissen Teilen dieser Wirklichkeit gleichzeitig eine weitgehend mathematische Formalisierung. Bei der Betrachtung der Mathematik geht Marx hingegen weit über Hegel hinaus, und seine umfangreichen sogenannten *Mathematischen Manuskripte* (erstmals 1968 erschienen) haben sehr wenig mit Hegel zu tun. Hegel sah die Mathematisierung der Wissenschaft nur als eine Angelegenheit für „niedrigere" Bereiche der Naturwissenschaft an, mit deren Hilfe lediglich „Verstandeserkenntnis" der Wirklichkeit in ihren einfachsten, abstraktesten Offenbarungsformen möglich sei.[95] Marx sieht dies hingegen als ein generelles Problem an — brennend aktuell für seine eigene theoretische Arbeit.

Der allgemeine Gesichtspunkt, daß zwischen dem Formellen und dem Materiellen und damit zwischen dem Analytischen und dem Synthetischen keine unüberbrückbare Kluft besteht, vereint Hegel und Marx (und Engels). Mit einem modernen Terminus könnte man sagen, daß sie Fürsprecher eines *gradualistischen* Standpunktes sind (s. dazu Nordenstam 1972). Aber hier enden auch die auffälligeren Gemeinsamkeiten.

Es kann hier nicht näher auf Marx' *Mathematische Manuskripte*, die im übrigen bereits Gegenstand einiger eingehender, wenn auch nicht völlig übereinstimmender Untersuchungen waren, eingegangen werden.[96] Ganz allgemein läßt sich sagen, daß die Dialektik Marx zufolge den Gegensatz zwischen Form und Inhalt aufhebt. Freilich können wesentliche Prozesse der Wirklichkeit mathematisch dargestellt werden. Für Marx ist sogar eine weitgehende Mathematisierung der Gesellschaftstheorie ein Ziel (s. Brief an Engels v. 31. 5. 1873, in: MEW 33, S. 82). Aber dadurch läßt sich die Wirklichkeit nicht erschöpfend erklären und beschreiben. Auch die beste Formel muß Aspekte der Realität mißachten. Wenn wir sagen: $a = b$, so beinhaltet a dennoch immer noch einen 'Rest', der *nicht* gleich b ist und folglich nicht durch die Formel erfaßt werden kann. Einer der Spezialisten der *Mathematischen Manuskripte*, Wolfgang Endemann (1974, S. 12 u. 34 f.), nennt dies den unbestimmten Überfluß der intentionalen Seite des Verhältnisses zwischen a und b.

Marx meint natürlich nicht, daß wir uns mit dieser Intentionalität zufrieden geben sollen. Wir müssen auch nach besseren mathematischen Hilfsmitteln Ausschau halten. Aber die Möglichkeit einer vollständigen Mathematisierung ist von vornherein ausgeschlossen. Das mathematische Kalkül muß „operativ" gemacht, d. h. an das Wirklichkeitsgebiet, auf dem es Anwendung findet, angepaßt werden (vgl. Janovskaja 1969, S. 26). Es ist begreiflich, daß er dem Differentialkalkül eine besondere Aufmerksamkeit widmet: mit ihm können Prozesse und folglich unendlich kleine Änderungen bestimmt und berechnet werden. Die Null ist dort kein Symbol für 'Nichts', sondern für 'das unendlich Kleine' — eine typisch dialektische Lieblingskategorie (s. Marx 1974, S. 51 ff.).

Was Engels im *Anti-Dühring* und der *Dialektik der Natur* über Mathematik sagt, scheint nur ein fader Abglanz von Marx' umfangreichen Manuskripten und darüber hinaus ein Widerschein Hegelscher Gedanken zur Mathematik zu sein. Ein wesentlicher Teil der Äußerungen von Engels betrifft jedoch den Ursprung der Mathematik: sie entsteht aus dem praktischen Bedürfnis der Menschen (MEW 20, S. 6 f., 456). Noch größere Aufmerksamkeit schenkt er der These, daß das Objekt der Mathematik seine Entsprechung in der Sinnenwelt hat; dies beruht darauf, daß sich viele Zusammenhänge der objektiven Wirklichkeit in der Tat mathematischer Behandlung und Berechnung unterwerfen lassen, was zu dem Schluß führt, die Wirklichkeit selbst müsse irgendwie mathematisch geordnet sein (vgl. ebd., S. 36 ff., 529 ff.). Marx' These wird mithin vergröbert: Marx zufolge sind die mathematischen Ausdrücke ja keineswegs Abbilder, und die Wirklichkeit läßt sich nur *annäherungsweise* in eine Theorie — sei sie nun mathematisch oder nicht — zwängen.

6. Theorie und Wirklichkeit

Ganz offensichtlich sind Marx' Äußerungen über das Verhältnis von Theorie und Wirklichkeit und somit von Theorie und Empirie sowohl umfassender als auch nuancierter als die von Engels. Marx leugnet natürlich weder, daß die theoretischen Werkzeuge sich dem praktischen Handeln der Menschen verdanken, noch, daß das menschliche Gehirn und das Denkvermögen ein Teil der objektiven Wirklichkeit sind, aber er läßt sich nie dazu verführen, daraus den Schluß zu ziehen, eine — richtige — Theorie gäbe die objektive Wirklichkeit einfach nur wieder. Der Unterschied zwischen Marx und Engels beruht zum Teil darauf, daß Engels viele verschiedene Theorien im Blick hat und nicht wie Marx damit beschäftigt ist, eine Spezialtheorie im Detail auszuarbeiten. Engels' Gebiet ist so unübersichtlich groß, daß er sich zu groben Vereinfachungen hinreißen läßt.

Trotz dieser Einschränkungen läßt sich auch bei Engels eine dialektische Sichtweise entdecken — wenn auch mehr als Tendenz denn als entwickeltes Programm. Tatsächlich ist diese unvollendete Dialektik die Voraussetzung für sein gesamtes Unternehmen der *Dialektik der Natur*.

Zwischen dieser dialektischen Sichtweise und dem Konzept vom Verhältnis zwischen Basis und Überbau, das Marx und Engels gleichermaßen vertreten, gibt es eine auffällige *Strukturgleichheit*. Wir können drei Momente, die die Erkenntnis und die Erkenntnisentwicklung bestimmen, unterscheiden: die physiologische und psychische Ausstattung des Menschen, die gesellschaftlichen Umstände und das Erkenntnisobjekt. Wir können sie a, b und c nennen und sagen, daß sie die dialektische Ganzheit $\langle a, b, c \rangle$ ausmachen. Wir könnten noch weitere Momente unterscheiden wie z.B. verschiedene Typen — materielle und ideologische — gesellschaftlicher und historischer Umstände. Wir könnten die spezielle Beziehung zwischen b und c in einer humanwissenschaftlichen Untersuchung hervorheben, da ja die Gesellschaft und deren Entwicklung Erkenntnisobjekte sind und damit — wenn auch in verschiedenen Aspekten — sowohl b als auch c in der dialektischen Ganzheit ausmachen. Wir könnten diese und andere Ergänzungen machen; aber darum geht es hier nicht. Hier geht es um die Struktur der dialektischen Ganzheit 'Erkenntnis' selbst. Die Strukturgleichheit besteht darin, daß man auch hier zwei Ebenen unterscheiden kann. Auf der unteren, konkreteren Ebene kann man in übertragener Bedeutung von einer Wechselwirkung zwischen den verschiedenen Momenten sprechen; auf der anderen, abstrakteren erscheint das Objekt der Erkenntnis, also das Moment *c* in unserem Beispiel, als das übergreifende.

Der materialistische Kern dieser Auffassung liegt somit darin, daß die Erkenntnis in letzter Instanz durch ihr Objekt bestimmt wird; es handelt sich m. a. W. um eine allgemeine realistische Erkenntnisauffassung. Und das dialektische Moment besteht in der Einsicht, daß die Erkenntnis der Wirklichkeit immer die Erkenntnis von *Menschen* ist, daß also diese Erkenntnis immer direkt oder indirekt auf die Bedürfnisse und Wünsche der Menschen und auf die allgemeine Struktur der Gesellschaft bezogen ist.

Der Primat des Objekts in der Erkenntnis bedeutet in erster Linie, daß die Erkenntnis ohne Rücksicht auf die subjektiven und historischen Umstände, unter denen sie zustandekam, betrachtet und beurteilt werden *kann* und *muß*. Dies ist sowohl Marx' als auch Engels' tiefe und zentrale Überzeugung. Marx drückt sie programmatisch im Vorwort zum *Kapital* (MEW 23, S. 17) aus. Es ist letztlich das Objekt der Erkenntnis, das deren Qualität bestimmt. Den Beweis führen, daß eine bestimmte Erkenntnis falsch ist, kann man nur, indem man sie mit ihrem Objekt konfrontiert; daß sie u. U. notwendigerweise falsch ist, kann man dann mit Hilfe der historischen und gesellschaftlichen Umstände, unter denen sie zustandekam, den ideologischen Interessen, die durch sie zufriedengestellt wurden, erklären. Hierbei handelt es sich um zwei klar voneinander getrennte Erkenntniskriterien.

Doch das Objekt der Erkenntnis können wir nur durch die Erfahrung, also durch die Empirie im weitesten Sinne kennenlernen. Mit der Vorstellung vom Primat des Erkenntnisobjektes geht die Vorstellung vom Primat der Empirie einher. Dies ist insgesamt für Marx' und Engels' intellektuelle Überzeugung grundlegend. Als sie in jungen Jahren den Hegelschen Rationalismus aufgaben, wandten sie sich zuerst Feuerbachs Philosophie zu. Feuerbachs Materialismus war nur in zweiter Linie ein ontologischer Materialismus, also eine Lehre vom Primat der Materie. In erster Linie implizierte er einen Primat der Anschauung: für ihn war Erkenntnis eine Frage der Sinnlichkeit. Als Marx und Engels Feuerbachs Empirismus in der *Deutschen Ideologie* kritisierten, betraf dies nicht den Empirismus als solchen, sondern dessen Beschränktheit. Der menschliche Kontakt mit der Wirklichkeit, die Basis der Erkenntnis, läßt sich nicht auf passive Beobachtung reduzieren. Die entscheidende Quelle ist die Handlung, die zugleich die Wirklichkeit verändert. Durch die Gründung von Gesellschaften, durch die Entwicklung von Handel und Industrie verschaffte sich der Mensch Wissen, veränderte gleichzeitig durch sein Handeln die Wirklichkeit und legte den Grundstein zu neuem, möglichem Wissen (s. MEW 3, S. 44).

In der Literatur über Marx und den Marxismus wurde diese Lehre der „Praxis" oft mit der These, Erkenntnis sei durch die äußeren gesellschaftlichen Umstände bestimmt, verwechselt.[97] Tatsächlich handelt es sich um zwei deutlich getrennte Aspekte, einen innerwissenschaftlichen und einen außerwissenschaftlichen. Die These, daß die Theorie nur in der Praxis bestätigt werden kann, besagt, daß die relative *Wahrheit* der Theorie nur in der Handlung überprüft werden kann, also in Konfrontation mit der Wirklichkeit. Die These, daß die theoretische, wissenschaftliche Entwicklung jederzeit auf die gesellschaftliche Entwicklung bezogen werden kann und muß, impliziert, daß die wissenschaftliche Entwicklung — und damit der Grad der theoretischen Wahrheit oder Wahrscheinlichkeit — letztlich nur mit Hilfe der Produktionsweise, der Klassenverhältnisse und damit auch der ideologischen Verhältnisse erklärt werden kann.

Daß es keine objektive Wirklichkeit jenseits derjenigen gibt, die wir — heute oder in Zukunft — praktisch bewältigen können, ist das grundlegende Prinzip. Allerdings kann der Erkenntnisfortschritt zu keinem Endpunkt kommen, da die durch ihn beeinflußte Praxis unablässig die Wirklichkeit verändert und folglich ensprechend die Erkenntnisgrundlagen erweitert. Jede Praxis — im Sinne systematischer, zielgerichteter Handlung — setzt Theorie voraus, aber die Theorie ihrerseits weist immer über die Summe der Handlungen, die sie anleitet, hinaus.

Ich glaube, daß dieser grundlegende Empirismus — wenn auch originell ausgeführt — Engels dazu verführt, sich so auszudrücken, als ob er ein Anhänger des reinen Positivismus sei. Es ist ganz einfach schwierig, eine Sprache für diesen von Marx und Engels vertretenen Empirismus zu finden. Es ist schwierig, sich zwischen Hegels rationalistischem Idealismus und einem Empirismus, der die konstruktive Bedeutung der Theorie verleugnet, zu bewegen.

7. Das Spiel der Gegensätze

In mehreren kleineren Anmerkungen und Entwürfen in der *Dialektik der Natur* hat Engels das aufgegriffen, was wir die dialektischen Beziehungen in der Erkenntnis- und Wissenschaftstheorie nennen wollen. Der größte Teil dieser Notizen wurde während der ersten Periode seiner Arbeit an einer allgemeinen Dialektik geschrieben, aber einige stammen aus dem Jahre 1882 (dies betrifft alle Notizen des Abschnitts „Dialektik"; s. MEW 20, S. 481—508). Engels lehnt sich in diesen Untersuchungen sehr eng an Hegel an; es gibt zahlreiche, direkte Hinweise auf Hegels Schriften. Sein unablässiger Ehrgeiz besteht darin, im Sinne Hegels zu zeigen, daß das, was wir als nicht zu vereinbarende Gegensätze in der Wissenschaft und in der Wirklichkeit auffassen, tatsächlich auf das engste zusammenhängt, sich gegenseitig bedingt und ineinander übergeht.

Engels führt eine bunte Sammlung von Beispielen an, um die Einheit der Gegensätze zu betonen. Einige dieser Beispiele scheinen höchst trivial und bedeutungslos. Es dürfte von niemandem in Frage gestellt worden sein, daß z. B. die Begriffe Nord- und Südpol zusammenhängen und der eine ohne den anderen keinen Sinn ergibt (s. MEW 20, S. 485 f.).

Es finden sich allerdings auch sinnvollere Notizen. In einigen Zeilen vermittelt Engels einen Schimmer seiner Auffassung über das Verhältnis von Theorie und Empirie (ebd., S. 478), und eineinhalb Seiten widmet er einer Erläuterung des Praxisbegriffs, die völlig im Einklang mit dem steht, was er und Marx in der *Deutschen Ideologie*, im *Ludwig Feuerbach* usw. entwickelt haben (ebd., S. 497 f.).

Auf einigen wenigen Seiten behandelt Engels auch das Verhältnis zwischen Induktion und Deduktion. Seine Darstellung zeugt nicht von einer tieferen Vertrautheit mit der damals aktuellen wissenschaftstheoretischen Diskussion. Zwar führt er z. B. William Whewell an, kennt aber offensichtlich dessen Hauptideen nicht. Er schreibt Whewell eine Auffassung zu, die dieser gerade in der Debatte mit John Stuart Mill heftig angreift (s. Whewell 1968, S. 266 ff.). In Engels' Augen wird Whewell zu einem radikalen Induktivisten, einem vorbehaltlosen Fürsprecher des Konzepts, daß alle wissenschaftliche Erkenntnis in empirischen Disziplinen auf induktivem Weg erreicht werde (MEW 20, S. 495).

Engels wendet sich dagegen, Induktion und Deduktion in der wissenschaftlichen Arbeit deutlich voneinander abzugrenzen. Die von ihm kritisierte Auffassung war etwa ab der Mitte des 19. Jh.s für einige Jahrzehnte recht dominierend und verdankte sich den Normen der zeitgenössischen Naturwissenschaft. Demzufolge ergeben sich allgemeine Gesetze durch Induktion aus einem reichen Erfahrungsmaterial und sind die Einzelergebnisse — von diesen Gesetzen ausgehend — wiederum zu deduzieren. Sollten sich dabei die Gesetze angesichts neuen empirischen Materials als unhaltbar erweisen, muß man sich über eine erneute Induktion zu neuen Verallgemeinerungen vortasten. Dieser Sichtweise zufolge sind *neue* Einsichten nur durch Induktion möglich — die Rolle der Deduktion im wissenschaftlichen Entwicklungsprozeß ist hingegen völlig passiv.

Diese Auffassung stimmt mit dem überein, was ich die positivistische Tendenz bei Engels genannt habe. Wird er mit der allgemeinen Frage Induktion kontra Deduktion konfrontiert, so wehrt er sich allerdings gegen den Gedanken der passiven Abhängigkeit der Deduktion (und somit der Theorie) vom empirischen Material. Er behauptet, daß es zwischen Induktion und Deduktion eine unablässige Wechselwirkung gibt. Die Deduktion ist auf ihre Weise genauso innovativ wie die Induktion. Er zeigt an einem Beispiel, was er damit meint: Die traditionelle biologische Klassifikation ist ein Resultat der Induktion. Auf der Grundlage gewisser gemeinsamer Kennzeichen werden Pflanzen und Tiere in Hierarchien von Arten, Familien, Klassen usw. eingeordnet. Mit der neuen Evolutionstheorie aber erscheint diese Klassifizierung in einem ganz neuen Licht, und einige Korrekturen der früheren Einteilung sind unumgänglich geworden (MEW 20, S. 482, 489 f.).

Das Beispiel — eines von vielen — soll demnach zeigen, daß eine neue Theorie auf gleiche Weise wie neues empirisches Material die wissenschaftliche Erkenntnis beeinflussen, sogar bestimmen kann. Engels' Äußerungen sind knapp und unvollständig, aber es wird dennoch klar, daß er hier einen Gedankengang verfolgt, der für ihn genauso zentral ist wie für Marx. Marx spricht in bezug auf F. A. Langes Kritik des *Kapital* von der freien Bewegung innerhalb des verwendeten „Materials", die den Kern der dialektischen Methode ausmacht. Die Freiheit ist die Freiheit, in der Darstellung das Abstraktionsniveau zu wechseln — und damit zwischen einer induktiven und einer deduktiven Verfahrensweise. Engels tastet nach Formulierungen, die zeigen können, daß die Dialektik einerseits induktivistische, rein empirische und andererseits deduktivistische, rationalistische Wissenschaftsauffassungen vereint. Bei diesen Versuchen wird er — wie zum Teil auch Marx — durch den relativen Mangel an Vertrautheit mit den Wissenschaftsbegriffen, die mit dem dialektischen unvereinbar sind, gehemmt. Engels sieht in Hegels Philosophie ein Mittel gegen das Dilemma des zeitgenössischen Wissenschaftsverständnisses, aber er wird Hegel gegenüber auch unkritisch und wählt frei aus dessen großer und unsortierter Beispielsammlung dialektischer Gegensätze in der Wissenschaft aus.

In einer Untersuchung des Verhältnisses zwischen Notwendigkeit und Zufall kommt er der Klärung dieser Fragen einen Schritt näher. Der vorherrschende Wissenschaftsbegriff geht ja nicht nur davon aus, daß alle wissenschaftliche Erkenntnis das Ergebnis von Induktion sei, sondern erklärt darüber hinaus die Deduktion zum völlig formellen Schluß vom Allgemeinen auf das Besondere. Dies wiederum impliziert strengen Determinismus als Ziel aller Wissenschaft: Die Theorie zeichnet sich demzufolge durch Verallgemeinerungen aus, die im gleichen Grad für jeden Einzelfall gültig sind.

Wir haben oben gesehen, daß dieses Ideal weder von Darwins Selektionstheorie noch von Marx' Kapitaltheorie erfüllt wird. Darwins Theorie kann nicht durch jeden einzelnen Fall bestätigt werden, und Marx' Theorie ist ständig mit Ausnahmen der allgemeinen Gesetze über die Kapitalkonzentration konfrontiert.

Wir wissen, daß Marx sich des Charakters seiner Theorie bewußt war. Die Lehre vom Primat des Unterbaus, der Produktionsweise, müßte gemäß dem deterministischen Wissenschaftsideal implizieren, daß jeder Veränderung im Unterbau auch eine Veränderung im (politischen) Überbau entspräche. Marx erklärt wiederholt, daß der Zusammenhang weit komplizierter ist. So betont er z. B. bei seiner Darstellung der Pariser Kommune die Rolle der Kontingenz für den konkreten historischen Verlauf. Der Ausgang der Pariser Kommune ist demnach nicht nur ein Resultat der Produktionsverhältnisse — Verhältnisse, die theoretisch gesehen, völlig zufällig sind, z. B. die Eigenschaften der führenden Persönlichkeiten, spielen ebenfalls eine wichtige Rolle (vgl. Brief an Kugelmann v. 17.4.1871, in: MEW 33, S. 209).

Engels streift derartige Gedankengänge im unvollendeten Abschnitt „Zufälligkeit und Notwendigkeit" in der *Dialektik der Natur*. Interessanterweise wählt er den Darwinismus und nicht die Marxsche Theorie als Beispiel für eine Theorie, die keine vollständige Deduktion zuläßt. Gemäß dem deterministischen Ideal müßte Darwins Evolutionstheorie für jedes Lebewesen angeben können, warum es so und nicht anders beschaffen ist. Der Darwinismus erfüllt diese Forderung nicht, und er kann dies nach Engels grundsätzlich nicht tun. Darwin begann umgekehrt mit dem Zufälligen, und seine Theorie hebt diese Zufälligkeiten nicht auf: „Es sind gerade die unendlichen zufälligen Verschiedenheiten der Individuen innerhalb der einzelnen Arten, ... die ihn zwingen, die bisherige Grundlage aller Gesetzmäßigkeit in der Biologie, den Artbegriff in seiner bisherigen metaphysischen Starrheit und Unveränderlichkeit, in Frage zu stellen." (MEW 20, S. 489)

Leider führt Engels diesen außerordentlich interessanten Gedankengang nicht weiter; das Manuskript schließt abrupt mit dem nicht eingelösten Versprechen, den Fall Darwin weiterzuentwickeln. Der Text in seiner Gesamtheit läßt jedoch keine Erwartungen hinsichtlich einer fruchtbaren Lösung der Frage über den Darwinschen Theorietyp aufkommen. Engels begnügt sich mit der Wiedergabe von Hegels verbaler Äquilibristik, was das Verhältnis von Notwendigkeit und Zufall angeht: einer Äquilibristik, die das Problem andeutet, aber kaum formuliert, geschweige denn löst.

Bei aller Vorläufigkeit, in der sich Engels mit dem Darwinismus auseinandersetzt, wird doch deutlich, daß dieser ihm als herausragender Beleg für seine These dient, daß Theorien sich entwickeln und auch wissenschaftlich fruchtbar angewendet werden können, *bevor* sie wissenschaftstheoretisch legitimiert sind. Darwins Selektions- und Marx' Kapitaltheorie liefen beide dem vorherrschenden Wissenschaftsideal zuwider, und es war noch nicht möglich, diesen neuen Typus der Wissenschaftlichkeit, der mit diesen und ähnlichen Theorien aufkam, zu bestimmen. Trotz fundamentaler Unklarheiten in einigen Punkten können wir in Engels' vereinzelten Äußerungen zu wissenschaftstheoretischen Fragen eine dialektisch-materialistische Tendenz, die einer Haupttendenz in Marx' und seinem eigenen Geschichtsmaterialismus entspricht, erkennen. Das Erkenntnissubjekt und dessen Objekt, Theorie und Empirie, „Zufall" und „Notwendigkeit" bedingen sich gegenseitig, prägen und bestimmen einander, doch kann eines der Momente gleichzeitig als übergreifendes, zusammenhangschaffendes charakterisiert werden.

Um Engels' Ambition, eine Dialektik sowohl der Wissenschaften als auch der Wirklichkeit zu entwickeln, nachvollziehen zu können, müssen wir uns dieser allgemeinen Tendenz erinnern. Hätte er sich — wie manche seiner Äußerungen nahelegen — dem Positivismus ausgeliefert, so wäre der gesamte Charakter seines Unternehmens ein anderer: all seine dialektischen Untersuchungen über die gegenseitige Abhängigkeit von Theorie und Empirie erschienen als unsinnig. Hätte er sich dem Hegelschen Idealismus wieder angeschlossen, so erschiene das gesamte Fundament seiner großen Synthese, die Materie und deren „Bewegungsformen", als bloße Torheit.

Die große Synthese des Wissens nennt Engels schlicht „die Theorie". Wir haben bereits mit seinen allgemeinen Charakterisierungen dieser Theorie Bekanntschaft gemacht. Es sind Äußerungen, die sich schwer vereinheitlichen lassen: Engels nimmt eine schwankende Haltung ein, wenn er sein synthetisches Unternehmen ausweisen soll.

Doch müssen wir jetzt in seiner Argumentation einen Schritt weiter gehen. Wir müssen Beispiele für Probleme finden, wo die Empirie seiner Meinung nach nicht allein oder *überhaupt nicht* irgendwelche Resultate ermöglicht. Somit geht es auch um Beispiele für die Fruchtbarkeit von Synthesen.

Von besonderem Interesse ist hier Engels' Abrechnung mit dem modernen Spiritismus, der von etlichen Naturwissenschaftlern mit Alfred Russel Wallace an der Spitze propagiert wurde. Engels schrieb in der *Dialektik der Natur* ein eigenes Kapitel über die „Naturforschung in der Geisterwelt". Seine Konklusion ist, daß man rein empirisch jeden Geisterglauben begründen kann, sofern man nur die Existenz derartiger immaterieller Wesen anzuerkennen bereit ist. „In der Tat ist die bloße Empirie unfähig, mit den Spiritisten fertigzuwerden." (MEW 20, S. 346)[98] Jedes Experiment, jedes empirische Datum kann im Zweifelsfall für nur begrenzt gültig erklärt werden oder auch in spiritistischer Manier ausgelegt werden. Um mit den Geistersehern abzurechnen, sind theoretische Erwägungen vonnöten. Im Klartext: Empiriker müssen sich von einer materialistischen Perspektive leiten lassen.

In diesem Gedankengang stoßen wir auf die klassische Forderung der Systemkonstrukteure nach der Einheit des Wissens. Wie wir wissen, ist bei Engels die Einheit relativ: Er konzediert qualitative Unterschiede zwischen verschiedenen Bewegungsformen der Materie — Unterschiede, die auch zur Heterogenität der Erkenntnisweisen und der Wissenssegmente führen. Aber er postuliert, daß diese Heterogenität in einer materialistischen Ganzheitsperspektive aufgehoben werden muß.

In einigen Äußerungen deutet Engels die Konsequenzen dieser allgemeinen Auffassung für die Empirie und für die spezialwissenschaftlichen Theorien an. Eine entscheidende These bei ihm lautet, daß man die Materie nicht von der Bewegung trennen kann; andernfalls würde sich die Frage erheben, wo die Bewegung herkommt. *„Die Bewegung ist die Daseinsweise der Materie"*, heißt es im *Anti-Dühring* (MEW 20, S. 55). Die Materie und die Bewegung müssen ewig sein — andernfalls hätte die Materie einen immateriellen Ursprung. Und die Bewegungsmenge muß konstant sein — andernfalls gäbe es einen Anfang und ein Ende (s. insbes. ebd., S. 355 ff.).

Dieser Ausgangspunkt verursachte Engels Schwierigkeiten mit dem zweiten Hauptsatz der Thermodynamik über die Richtung der Wärme. Er nahm, wie wir im nächsten Kapitel näher sehen werden, zumindest in seinen früheren Aufzeichnungen als Grundpostulat an, daß alle nichtorganischen Bewegungsformen vollständig reversibel sind. Das ist der Grund, warum er sich abfällig über Rudolf Clausius äußert (s. ebd., S. 545). Engels fühlte offensichtlich durch die Theorie von der Entropie oder dem „Wärmetod" seine These von der ewigen Konstanz der Materie und der Bewegung bedroht.

Wir können hier eine Kluft in seiner Vorstellungswelt konstatieren. Einerseits verficht er einen universellen Materialismus, andererseits eine ebenso universelle Entwicklungstheorie. Mit der gleichen Bestimmtheit, mit der er die Ewigkeit der Materie behauptet, verneint er die Ewigkeit des Lebens. Das organische Leben ist ein in höchstem Grad irreversibler Prozeß: es entsteht auf einer bestimmten Entwicklungsstufe der Materie. In der *Dialektik der Natur* attackiert er die Überzeugung, die in verschiedenen Varianten von solchen wissenschaftlichen Größen wie Justus von Liebig und Hermann von Helmholtz vertreten wurden, daß die Entstehung des Lebens aus der anorganischen Materie deshalb nicht erklärt zu werden brauche, weil das Lebendige genauso lange wie die anorganische Materie existiert habe. Seine Argumentation ist teilweise empirisch begründet: die Eiweißstoffe, die allem Leben zugrundeliegen, sind äußerst instabil. Doch dieses Argument ist an und für sich unzureichend. Organismen haben, trotz ihrer unbeständigen Grundlage, über gewaltige Zeiträume hinweg existiert. Engels allgemeine These von der Ewigkeit der Materie ist mit dem Gedanken, die verschiedenen Bewegungsformen der Materie hätten nebeneinander seit ewigen Zeiten existiert, durchaus vereinbar (s. ebd., S. 558 ff.).

Es ist nicht allein die Idee von der Materie in Bewegung, die Engels veranlaßt, Liebigs und Helmholtz' Hypothesen grundsätzlich zurückzuweisen. Engels setzt nicht nur Bewegung, sondern auch eine Bewegungsrichtung voraus: eine Entwicklung zu immer höheren, d. h. immer komplexeren Bewegungsformen. Es geht folglich um die Vorstellung, daß sogar die Natur eine Geschichte hat. Engels hat sie am besten in der Einleitung zur *Dialek-*

tik der Natur entwickelt. Wie Spencer und viele andere Zeitgenossen und wie diverse Entwicklungsdenker bis hin zu den Stoikern der Antike, vertritt Engels die Auffassung, daß die Entwicklung auf einen immer komplexeren Zustand hin in einen Auflösungsprozeß übergehen wird. Nach dem Höhepunkt der Entwicklung folgt deren Niedergang. Das Leben auf der Erde wird mit der Sonne erlöschen (ebd., S. 320 ff.).

Doch genau diese Vorstellung von dem historischen Auf und Ab der Natur hat ihren soliden Rückhalt in den bemerkenswertesten Spezialtheorien des 19. Jh.s: in der Kosmologie, der Geologie, der Evolutionsbiologie, in den führenden Theorien der Geschichte und der Gesellschaft. In Engels' Augen waren die Ideen diverser antiker Philosophen über die Veränderlichkeit aller Dinge durch die modernen Naturwissenschaften empirisch bestätigt worden (ebd., S. 320). Deshalb zählte er auch weniger die These von der Entwicklung der Materie als vielmehr die These von deren Priorität zu den theoretischen Grundpostulaten seiner Philosophie. Der Materialismus war schließlich in den zeitgenössischen Natur- und Humanwissenschaften umstrittener als der Entwicklungsgedanke.

Die Vorstellung von der Entwicklung der Materie steht natürlich mit dem Hauptstrang der Engelsschen Ontologie, der These von qualitativ verschiedenen Materietypen, in Zusammenhang. Im Entwicklungsprozeß der Materie werden ständig neue Stufen erreicht, die nicht auf frühere Stufen reduziert werden können. Doch wie verhält sich dann dieser Materialismus zu dem — von Engels so genannten — mechanischen? Welche Stütze hat er in der allgemeinen Theorie, welche in der empirischen Wissenschaft?

Engels behauptet an einer Stelle, daß der mechanische Materialismus mit seiner These von der absoluten qualitativen Identität der Materie „weder empirisch bewiesen noch widerlegt werden kann" (ebd., S. 518). Von dieser einzelnen Aussage her können wir allerdings nicht auf eine konsequente Auffassung schließen. Die Geltungsbereiche theoretischer Spekulation und empirischer Erkenntnis stehen Engels zufolge in einem historisch veränderlichen Verhältnis zueinander. Was für die alten Griechen nur Theorie (oder Philosophie) war, wurde zu seiner Zeit zu einer empirischen Wahrheit.

Doch trotz dieser Entwicklung wird der Stellenwert großer zusammenfassender Theorien nicht geringer. Nicht nur müssen innerhalb diverser Spezialgebiete tragfähige Konzepte entwickelt, sondern auch deren unterschiedliche Resultate zu einem Ganzheitsbild zusammengefügt werden. Diese Bilder gehen nicht spontan aus den Spezialgebieten hervor. Engels stellt fest, daß Physiker und Chemiker gerade den Fragen, die von gemeinsamer Wichtigkeit für sie sind, nicht nachgehen (s. ebd., S. 551). Wieviel leichter muß es da für Spezialisten aus entfernteren wissenschaftlichen Disziplinen sein, ihre wechselseitigen Beziehungen nicht wahrhaben zu wollen!

Kapitel IX
Die anorganische Natur

1. Die Klassifikation

Die Grenzziehung zwischen den verschiedenen Wissenschaften war im 19. Jh. ein notorisches Problem. Die Systemkonstrukteure versuchten, eine natürliche Einteilung zu finden, in der die Grenzen zwischen den Disziplinen mit denen verschiedener Wirklichkeitsgebiete zusammenfallen sollten. Sie strebten also eine ontologische Klassifizierung an.

Engels teilte diese Ambitionen. In einer seiner wenigen Aufzeichnungen über Comtes System heißt es sinngemäß, daß sich Comte bei seiner Klassifizierung von pädagogischen Rücksichten leiten ließ (s. MEW 20, S. 515). Engels erhob Anspruch darauf, der Wirklichkeit näher gekommen zu sein.

Eine erste Skizze zur Untergliederung der Wissenschaften hat er bereits in dem Brief vom 30. 5. 1873 entworfen — in dem Brief, in dem er Marx erstmals seine Ideen von einer allgemeinen Dialektik offenbart. Die Einteilung entspricht dem, was er die verschiedenen Bewegungsformen der Körper nennt — eine Vorstellung, der er seitdem treu bleiben sollte. Er unterscheidet zwischen Mechanik, Physik und Chemie. In den beiden ersteren studiere man vorzugsweise die anorganischen Körper. Die chemische Natur der wichtigsten Körper trete hingegen nur in Stoffen, die aus dem Lebensprozeß hervorgegangen sind, zutage, und es werde zunehmend die Hauptaufgabe der Chemie, derartige Verbindungen zu synthetisieren. Die Chemie bilde damit auch den Übergang zu den Wissenschaften vom organischen Leben, doch sei es noch zu früh, den „dialektischen Übergang" (MEW 33, S. 80 f.) bestimmen zu wollen.

Hegels Einfluß ist in Engels' sämtlichen Versuchen zur Wissenschaftseinteilung spürbar. In einer Aufzeichnung in der *Dialektik der Natur* erklärt er explizit, daß Hegels ursprüngliche Einteilung der Naturwissenschaften in „Mechanik", „Chemismus" und „Organismus" weiterhin anwendbar sei.[99] Er läßt hier sogar gelten, daß Physik und Chemie unter der gleichen Rubrik geführt werden, und er folgt den Hegelschen Denkbahnen auch darin, daß er im Organismus eine höhere Einheit von Mechanik, Physik und Chemie sieht (s. MEW 20, S. 515).

Doch kann man in dieser Aufzeichnung gleichzeitig Einflüsse einer bedeutend moderneren Grenzziehung zwischen Physik und Chemie entdecken. Selbst wenn er die beiden Disziplinen ganz in Hegels Sinne der Chemie zurechnet, deutet er doch immerhin an, daß sich die Physik mit der Bewegung der Moleküle, die Chemie mit der der Atome beschäftigt. Das ist eine Zweiteilung, für die u. a. Kekulé geworben hat, und die den modernen Molekülbegriff und die mechanische Wärmetheorie voraussetzt. Engels hatte in Schorlemmer einen weiteren Verfechter dieser Einteilung in unmittelbarer Nähe.[100] Er sollte auch in Zukunft daran festhalten. Als er im *Anti-Dühring* den dialektischen Zusammenhang zwischen den Naturwissenschaften deutlich macht, bezeichnet er die Physik als „die Mechanik der Moleküle", die Chemie als „Physik der Atome" (MEW 20, S. 61). In einem Zusatz, den er 1885 schreibt — ursprünglich in der Absicht, ihn in der neuen Auflage des *Anti-Dühring* einzufügen[101] —, konstatiert er mit Zufriedenheit, daß Kekulé in einer Rede die gleiche Grenze zwischen Physik und Chemie wie er selber gezogen hat (ebd., S. 516).

Engels' ehrgeizigster Versuch der Einteilung der Wissenschaften von der anorganischen Natur ist im Kapitel „Grundformen der Bewegung" in der *Dialektik der Natur* zu finden. Es ist 1880 oder 1881 geschrieben. Er zieht hier die gleiche Grenze zwischen Physik und Chemie wie im *Anti-Dühring*. Die Physik ist „die Theorie der Molekularbewegung", die Chemie „die Wissenschaft von der Bewegung der Atome". Er berührt die Frage — auf die der Grund zur Einteilung an sich keine Antwort gibt —, welche der Disziplinen die fundamentalste ist. Die Mechanik stellt für ihn natürlich die eigentliche materialistische Basiswissenschaft dar, doch die Chemie kommt „gleich hinter, fast neben ... und stellenweise" vor der Physik (ebd., S. 354).[102] Die unsichere Positionsbestimmung läßt erkennen, daß er nicht den theoretischen Zusammenhang zwischen Physik und Chemie thematisiert, also nicht danach fragt, ob die eine Theorie die andere voraussetzt. Eher skizziert er hier die Positionen der physikalischen und chemischen Abläufe im großen Entwicklungsprozeß des Universums. Molekular- und Atombewegungen sind für ihn ungefähr gleich grundlegend und gleich urzeitlich in diesem Prozeß.

2. Bewegung, Kraft und Energie

Engels versucht nicht bloß die verschiedenen anorganischen Bewegungsformen festzulegen; er will ebenso ihren wechselseitigen Zusammenhang, ihre Einheit, erforschen.

Es ist für seine Art des Umgangs mit den Naturwissenschaften charakteristisch, daß er seiner Phantasie bei von den Spezialisten völlig kontrovers diskutierten Fragen freien Lauf läßt. Er begibt sich z. B. frohen Mutes in den alten Zwist aus Descartes' und Leibniz' Zeit, ob die Kraft gemäß der Formel m · v (Masse x Geschwindigkeit) oder $\frac{mv^2}{2}$ berechnet werden sollte (MEW 20, S. 371 ff.). Er widmet auch der Elektrizität große Aufmerksamkeit. Seine Autorität ist G. Wiedemann, aber er verweilt mit Vorliebe bei Fragen, bei denen die Experten zögern oder uneinig sind.[103]

Wir haben hier keinen Anlaß, näher auf Engels' Behandlung dieser Streitfragen einzugehen. Sein Eingreifen in eine andere, zu seiner Zeit höchst aktuelle Auseinandersetzung hingegen sagt eine Menge über seine Vorstellung von der Einheit der anorganischen Bewegungsformen aus. Engels hat die Uneinigkeit der Physiker, ob man von der Konstanz der Kraft oder der Energie sprechen sollte, zur Kenntnis genommen, und bemerkt, daß die Anhänger des Terminus ‚Energie' an Boden gewonnen haben. Helmholtz' frühere Schrift auf diesem Gebiet hieß ja *Über die Erhaltung der Kraft*. Andere Physiker hingegen — z. B. Thomson (Lord Kelvin) und Tait — hatten schon früh von ‚Energie' gesprochen. Schließlich machte sich sogar Helmholtz diesen Begriff zu eigen (vgl. Elkana 1974, S. 132 ff.).

Engels ist mit beiden Versionen ein und desselben Gesetzes gleichermaßen unzufrieden. Er sieht die Naturwissenschaften mit ihren Formulierungen — gleichviel, ob Erhaltung der Kraft oder der Energie — der Philosophie hinterherhinken, der es bereits vor 200 Jahren um die „Unerschaffbarkeit und die Unzerstörbarkeit der Bewegung" (MEW 20, S. 355) gegangen sei.

Es muß erwähnt werden, daß der Sprachgebrauch der führenden Physiker nicht nur schwankte, sondern auch ziemlich inkonsequent war. Dies betraf vor allem die Popularisierungen, auf die Engels in erster Linie zurückgreifen mußte. Engels versuchte, die klassische These Descartes', daß die Bewegungsmenge im Universum konstant sei, wieder zu beleben. Aber „Bewegung" bezeichnet normalerweise lediglich mechanische Verläufe. In *Populäre wissenschaftliche Vorträge* — eine der Hauptquellen Engels' — spricht Helmholtz (1876, Bd. 2, S. 108 f.) von allen „Wirkungen rein mechanischer d. h. reiner Bewegungskräfte" und unterscheidet von ihnen andere Naturkräfte: „Wärme, Electricität, Magnetismus, Licht, Chemische Verwandtschaftskräfte." Es gibt demnach verschiedene Kräfte, und die mechanische Bewegungskraft ist bloß eine davon. Da Helmholtz mit „Kraft" eine wirkende Ursache (ebd., S. 190 f.) bezeichnet, bedeutet folglich seine Äußerung, daß die Bewegungskraft die Ursache der mechanischen Bewegung ist.

Aber der Terminus ‚Bewegung' hatte durch die neue mechanische Wärmetheorie einen umfassenderen Bedeutungsinhalt erhalten. Diese Theorie lief — in aller Kürze — darauf hinaus, daß Wärme mit Molekularbewegung und somit einer Form mechanischer Bewegung gleichgesetzt wurde. Zumindest in populärwissenschaftlichen Zusammenhängen konnte sie geradezu verwirrend dargestellt werden. Z. B. erklärt John Tyndall — ein anderer von Engels' naturwissenschaftlichen Favoriten — in *Fragments of Science*: „The whole stock of energy or workingpower in the world consists of attractions, repulsions and motions." (1879, Bd. 1, S. 24) Bewegung in diesem Sinne steht jenseits von Newtons Anziehung und Abstoßung.

Die schwankende und oft widerspruchsvolle Ausdrucksweise der Spezialisten ist eine Voraussetzung für Engels' Versuch, Ordnung in das Durcheinander zu bringen. Aber weshalb bezieht er sich dabei auf den cartesianischen Bewegungsbegriff? Die nächstliegende Annahme, er habe sich diese Inspirationen bei Hegel geholt, ist falsch. Für Hegel ist die These Descartes' über die Bewegungsquantität ein Resultat der Verstandesmetaphysik. Sie ist nur ein Spezialfall einer Tautologie, deren allgemeinere Formulierung wie folgt lautet: „Bewegung ist Bewegung, und Ruhe ist Ruhe." (Werke, Bd. 9, S. 104). „Bewegung" ist für Hegel keine denkbare Bezeichnung für die verschiedenen Prozesse der Entwicklung.

Alles spricht hingegen dafür, daß Engels seine Präferenzen Groves *On the Correlation of Physical Forces* verdankt. Von dieser Schrift stammen ja Engels' erste Einsichten in die Geheimnisse des Energieprinzips, und sie übt auch weiterhin einen bestimmenden Einfluß auf seine Ideen aus. In einer Notiz von 1874 weist Engels auf eine „hübsche Stelle" über die Unzerstörbarkeit der Bewegung bei Grove hin (MEW 20, S. 511). Grove spricht nun allerdings nicht von *irgendeiner* Unzerstörbarkeit der Bewegung. „Motion" steht bei ihm für eine der „forces" in der Natur, und er meint hiermit — wie Helmholtz und die meisten anderen — mechanische Bewegung. Aber er fügt gleichzeitig hinzu, er glaube, daß alle Kräfte „are, and will be ultimately resolved into, modes of motion" (1855, S. 8). Eine Identifikation der übrigen Kräfte — Licht, Wärme, Magnetismus, Elektrizität und chemische Affinität — mit mechanischer Bewegung hält er hingegen für verfrüht.

Engels fühlt sich nicht an Groves Vorsicht gebunden — die Philosophie kann schließlich der empirischen Forschung vorauseilen.

Grove deutet jedoch tatsächlich nur das Programm des reduktiven Materialismus an, sei es auch mit Vorbehalt und der vorsichtigen Ergänzung, daß die Wissenschaft keinen Anspruch auf die Entdeckung der Ursachen hinter den Erscheinungen erheben kann, sondern nur auf die Entdeckung von „facts and relations" (ebd.). Dies ist ein Programm, das Engels zu bekämpfen sich entschlossen hat. Gleichwohl ist er ohne Zögern beim Ausdruck „Bewegung" mit seiner vielfältigen Anwendbarkeit stehengeblieben. Nichts deutet darauf hin, daß Engels durch physik- oder philosophiehistorische Studien zu seinem Bewegungsbegriff angeregt wurde. Im *Anti-Dühring* und in der *Dialektik der Natur* beruft er sich auf Descartes' Lehre von der Konstanz der Bewegungsquantität nicht weniger als siebenmal (MEW 20, S. 49, 55, 318, 331, 355, 362, 511), aber weder dort noch aus seinen Exzerpten geht hervor, daß er Descartes studiert hat. Er weiß nur zu genau, daß Descartes einer mechanistischen Tradition angehört, die er selber überwinden will. Dies hindert ihn nicht, den Begriff „Bewegung" dem der „Kraft" oder der „Energie" vorzuziehen.

Groves theoretische Position ist ihm ebenfalls nicht unbekannt. In einer Aufzeichnung von 1874 führt er genau die Stelle an, wo Grove seinen Mechanizismus zum Ausdruck bringt, und stellt ihm seine eigene Auffassung entgegen (ebd., S. 513). In einer anderen Notiz aus demselben Jahr erklärt er, daß Grove auf halbem Weg stehenbleibt — „er hat die Sache, aber nicht den abstrakten Gedanken" —, weil es ihm nicht gelingt, den Hegelschen Begriff der Wechselwirkung zu entwickeln, d. h. weil er die Reduktion auf eine einzige grundlegende „Bewegung", die mechanische, als das natürliche Ziel der Wissenschaft ansieht (ebd., S. 499).

Auch andere zeitgenössische Naturwissenschaftler bedienten sich des Terminus „Bewegung", um das Ideal des reduktiven Mechanizismus auszudrücken. So erklärte z. B. W. Wundt in seiner kleinen Schrift *Über die physicalischen Axiome*, daß „alle Ursachen in der Natur Bewegungsursachen sind" (1866, S. 26). Bei Wundt — wie bei Grove und Engels — ist die Bewegung, also der Fundamentalbegriff, noch grundlegender als der Kraftbegriff. Doch die Bewegung ist eindeutig die der Mechanik.

Engels kannte Wundts Schrift zumindest indirekt, nämlich durch den veröffentlichten Vortrag über die Geschichte des Energieprinzips von Ernst Mach. Engels hatte Machs Schrift 1873 exzerpiert. Es ist bemerkenswert und phantasieanregend, daß er so früh mit einer wissenschaftstheoretischen Vorstellungswelt, die eher in das frühe 20. als in sein eigenes 19. Jh. gehört, in Kontakt kommt. Aus Machs Schrift spricht bereits der neue Positivismus, der sich so radikal vom Comteschen Positivismus des 19. Jh.s unterscheidet. Das „Positive" bei Comte stand im Gegensatz zum „Negativen" zum Verborgenen und zum angeblich für die spekulative Philosophie Wesentlichen. Comte strebte nach Entwicklungsgesetzen — Machs unmittelbares Angriffsziel ist hingegen der Mechanizismus. Die Wissenschaft kann sich lediglich über Erscheinungen und deren Verhältnis zueinander äußern. Sie kann nicht über die Erscheinungen hinausgehen und die grundlegenden Ursachen feststellen. Folglich ist es nicht möglich, wie Wundt u. a. die mechanische Bewegung als Ursache für alle Abläufe in der Natur anzugeben.[104]

Es scheint so, als hätte Engels aus einer Schrift, die eine seinem eigenen Erkenntnisrealismus so diametral entgegengesetzte Auffassung vertritt, schwerlich eine Lehre ziehen können. Jedoch spricht alles dafür, daß er sich in einigen Punkten sehr wohl von Mach hat inspirieren lassen. Es kümmert

Engels nicht, daß Mach jede Möglichkeit einer naturwissenschaftlich verankerten Welterklärung ausschließt. Er läßt sich auch nicht davon beeinflussen, daß Mach noch eine weitere Bezeichnung für das Energieprinzip vorschlägt: Mach spricht weder von Bewegung noch von Kraft oder Energie, sondern von „Erhaltung der Arbeit".

Engels kann hingegen Machs Feststellung, daß das Energieprinzip unauflöslich mit dem Mechanizismus verknüpft sei, unmittelbar anwenden (1872, S. 5). Unter jenen Autoritäten, mit denen Engels während seiner Arbeit an der *Dialektik der Natur* in Kontakt kommt, ist Mach der einzige, der einen solchen Gedanken offenbart. Mach läßt allerdings keinen Spielraum für andere, nicht-mechanizistische Auslegegungen. Doch für Engels dürfte das Wesentliche gewesen sein, daß Mach gegen die Vorstellung opponierte, die letzte natürliche Ursache für jede Veränderung müsse die „Bewegung im Raum" sein (ebd., insbes. S. 27).

Auch in einem anderen Punkt scheint Mach Engels entgegenzukommen. Mach behauptet nämlich, daß das Energieprinzip seinen Ursprung nicht im mechanizistischen 19. Jh. habe, sondern daß dessen Geschichte mindestens bis ins 17. Jh. zurückverfolgt werden könne. Descartes spielt allerdings keine Rolle in Machs Wissenschaftsgeschichte, dagegen Galilei und Stevin (ebd., S. 5 ff.). Einige Notizen in der *Dialektik der Natur*, die 1873 und 74 geschrieben wurden, haben große Ähnlichkeit mit gewissen Gesichtspunkten in Machs Schrift (z. B. MEW 20, S. 535). Insbesondere kann man feststellen, daß Engels hier von Clausius' Theorie über den Wärmetod Abstand nimmt: Mach hatte auf ähnliche Weise derartige Behauptungen über das Weltbild für „illusorisch" erklärt (1872, S. 36). Engels hatte, wie wir gleich sehen werden, seine eigenen Gründe, gegen Clausius' Theorie zu opponieren, und Mach verlieh ihm Selbstvertrauen.

Es ist nicht unwichtig festzuhalten, daß Engels, wenn auch nur am Rande, unter dem Einfluß von Ernst Mach stand — demselben Mach, der einige Jahrzehnte später von Lenin in seinem *Materialismus und Empiriokritizismus* als der Hauptfeind des dialektischen Materialismus bezeichnet werden sollte.

3. Der irreduktive Materialismus

Wenn Engels sagt, daß alle Bewegungen in der anorganischen Natur (über etwas anderes spricht er ja hier nicht) in Termini von Anziehung und Abstoßung ausgedrückt werden können, so bedeutet das, daß *die Mechanik die grundlegende Naturwissenschaft* und *die mechanische Bewegung die fundamentale Form der Bewegung* ist — d. h. alle Bewegungsformen können als mechanische Bewegungen beschrieben werden. Dies ist ein zentraler Punkt seiner Auffassung. Anziehung und Abstoßung bzw. Attraktion und Repulsion erscheinen als „die beiden einfachen Grundformen", zu denen „eine ganze Reihe von Unterformen" gehören (MEW 20, S. 362). Will man diesen Gedankengang mit Worten, die Engels in anderem Zusammenhang gerne verwendet, ausdrücken, so kann man sagen, daß Anziehung und Abstoßung die beiden grundlegenden Qualitäten sind. Man kann auch sagen, daß alle Bewegungsformen in dem Sinne identisch sind, daß sie sich in Termini von Anziehung und Abstoßung ausdrücken lassen.

Soweit kommt also Engels dem reduktiven Mechanizismus entgegen. Doch wenn er meint, daß Anziehung und Abstoßung die Grundformen — oder die grundlegenden Qualitäten — sind, und gleichzeitig die Einheit oder Identität der verschiedenen Grundformen behauptet, so postuliert er damit, daß die verschiedenen Bewegungsformen *nicht* mit diesen Grundformen oder grundlegenden Qualitäten erschöpft sind. Wärme, Licht, Elektrizität, Magnetismus oder chemische Prozesse können in Termini von Anziehung und Abstoßung beschrieben werden, doch gleichzeitig sind sie etwas anderes, etwas, das sich nicht auf jene Begriffe reduzieren läßt. Wenn man also — wie Engels — sagt, daß Wärme eine „Form der Repulsion" (ebd., S. 360) ist, so bedeutet das nicht, daß alle Abstoßung Wärme verursacht. Es gibt eine besondere „Unterform" oder Qualität ‚Wärme', die sie von anderen Arten der Abstoßung unterscheidet.

Seine größte Stütze für diese bestimmte Form von Irreduktionismus findet Engels im Energieprinzip. So, wie er das Energieprinzip versteht, bedeutet es in erster Linie, daß Materie in Bewegung unter quantitativ bestimmten oder bestimmbaren Umständen von einer Bewegungsform in eine andere übergeht: es geht immer um Anziehung und Abstoßung, doch in verschiedenen Formen, es ist „die gleiche" und doch „nicht die gleiche" Anziehung und Abstoßung. „Mechanische Massenbewegung geht über in Wärme, in Elektrizität, in Magnetismus; Wärme und Elektrizität gehen über in chemische Zersetzung; chemische Vereinigung ihrerseits entwickelt wieder Wärme und Elektrizität, und vermittelst dieser letzteren Magnetismus; und endlich produzieren Wärme und Elektrizität wiederum mechanische Massenbewegung." (ebd., S. 362).

Diese Vorstellung vom Energieprinzip hat Engels ursprünglich von Grove übernommen, und er konnte sich nie von ihr freimachen. Jede Bewegungsform kann demzufolge ohne quantitative Veränderungen in jede andere Bewegungsform übergehen: lediglich die Qualität wird umgewandelt. Deshalb sollte Clausius' sogenannter Zweiter thermodynamischer Hauptsatz ein beachtliches Problem für ihn werden. Keiner hat die Bedeutung dieses Satzes für die Auffassung vom Energieprinzip klarer zusammengefaßt als Gustav Wiedemann. In einem Aufsatz über Helmholtz erklärte er:

„Im Anschluß an das Princip von *Helmholtz* ergab sich dann später, dass nur gewisse Energieformen vollständig in andere umgewandelt werden können, nicht umgekehrt. Wir erinnern nur an den zweiten Hauptsatz der mechanischen Wärmetheorien in hochbedeutenden Arbeiten von *Clausius* ... " (1895, S. XXVII)

Engels sah schnell ein, daß Clausius' Satz die Interpretation des Energieprinzips, die ihn früher sehr erbaut hatte, gefährdete. Schon 1869 teilte er Marx in einem Brief seinen Verdruß über die neue, in Deutschland grassierende Vorstellung mit, daß „die Welt immer kälter wird" (MEW 32, S. 286 f.). Die Theorie vom „Wärmetod" hatte ihren populären Durchbruch erzielt aufgrund des Vortrags *Über den zweiten Hauptsatz der mechanischen Wärmetheorie*, den Clausius auf der Naturforscherversammlung in Frankfurt am Main 1867 gehalten hatte, und der danach in einer separaten Broschüre veröffentlicht wurde. Engels wurde unmittelbar danach von Schorlemmer, der an der Versammlung teilgenommen hatte, unterrichtet (s. Brief von Engels an Marx v. 2. 9. 1867, in: MEW 31, S. 336). In einer Reihe früherer Aufzeichnungen in der *Dialektik der Natur* setzt er seine etwas bizarre Polemik fort (MEW 20, S. 535, 545). Offenbar war es nicht nur seine Vorstellung von den Konsequenzen des Energieprinzips, sondern seine gesamte grundlegende Auffassung von der Ewigkeit des Universums, die er zu schützen suchte. In einer durchdachteren und vernünftigeren Aufzeichnung aus der gleichen Zeit tröstet er sich jedoch damit, daß die von Clausius gestellte Frage irgendwann gewiß eine Antwort erhalten wird, daß es nur eine Frage der Zeit ist, bis man weiß, „was aus der scheinbar verlornen Wärme wird" (ebd., S. 544 f.).

In später ausgearbeiteten Abschnitten ist der Name Clausius kein rotes Tuch mehr für ihn. 1880 und 1881 weist er im Gegenteil mehrmals auf dessen großes Hauptwerk *Die mechanische Wärmetheorie*, die 1876 in einer zweiten Auflage herauskam, hin (s. ebd., S. 382, 391, 545).

Es gibt, wie wir bereits gesehen haben, eine gewisse Spannung zwischen Engels' beharrlichem Festhalten an der Vorstellung, daß alle anorganischen Prozesse reversibel sind, und seiner ebenso entschieden vorgebrachten These, daß das organische Leben ein irreversibler Prozeß mit einem deutlichen Beginn in der Zeit ist. Clausius' Entropiegesetz ist ja ein Entwicklungsgesetz und dürfte deshalb, wie man meinen kann, eine gewisse Verlockung auf ihn ausgeübt haben. Tatsächlich hat er wohl auch versucht, es in seine Vorstellungswelt einzubauen. In der Einleitung zur *Dialektik der Natur*, die er 1876, bevor er mit dem *Anti-Dühring* beginnt, schreibt, drückt er die Ansicht aus, daß die Welt langsam abkühlen und schließlich alles Leben unmöglich sein wird. Doch kommt er darüber hinaus „zu dem Schluß, daß auf einem Wege, den es später einmal die Aufgabe der Naturforschung sein wird aufzuzeigen, die in den Weltraum ausgestrahlte Wärme die Möglichkeit haben muß, in eine andre Bewegungsform sich umzusetzen, in der sie wieder zur Sammlung und Betätigung kommen kann" (ebd., S. 326 f.). Ob Kälte- oder Wärmetod — mit der Entropie hört folglich die Geschichte nicht auf. Die totale Reversibilität der anorganischen Bewegungsformen erscheint damit als eine Stütze für seine Vorstellung von der Ewigkeit des Universums: die Entropie wird ihren Höhepunkt erreichen, doch dann wieder abnehmen.

Es gibt einen Zusammenhang zwischen dem Glauben an die Ewigkeit der Materie und den irreduktiven Materialismus, von dem wir nicht absehen dürfen. All die wechselnden Bewegungsformen, die das Universum vorweisen kann — von der mechanischen Bewegung bis zur Gesellschaftsentwicklung der Menschen —, können natürlich aus einer ewigen Materie entstehen. Die Materie kann sich in viele Erscheinungsformen hüllen, ohne irgendeinen Einfluß von außen. Das alte Argument gegen den mechanischen Materialismus, daß so etwas wie eine lebende Kreatur oder ein römisches Imperium oder ein Stück Poesie kein Resultat der Anziehung und Abstoßung toter Körper sein kann, bleibt nicht unwidersprochen. Selbst die einfachste Materie hat viele, qualitativ unterschiedliche Erscheinungsformen: einmal mechanische Bewegung, dann Wärme, dann Elektrizität.

Doch der irreduktive Materialismus ist nicht nur eine Hilfshypothese bei Engels, er spielt auch eine Schlüsselrolle in seinem Syntheseversuch. Er repräsentiert genau gesagt den *dialektischen Einschlag in seiner Ontologie*.

Engels stellt besonders an drei verschiedenen Stellen seinen irreduktiven Materialismus gegen den reduktiven oder mechanischen: im *Anti-Dühring* in direkter Polemik gegen Dühring (ebd., S. 61); in einer umfassenden Aufzeichnung von 1885, die von Anfang an als ein Zusatz zur neuen Auflage des *Anti-Dühring* gedacht ist (ebd., S. 516—520); schließlich in einem Kommentar zu Carl Wilhelm von Nägelis Vortrag „Die Schranken der naturwissenschaftlichen Erkenntnis", der auf der Naturforscherversammlung in München 1877 gehalten wurde und von dem Engels durch Schorlemmer erfahren hatte (ebd., S. 500 ff.).

Engels wendet sich hier gegen die „herrschende mechanische Ansicht" (ebd., S. 501). Diese besagt in aller Kürze, daß Physik, Chemie und letztlich Biologie verschiedene Typen der Mechanik sind und daß folglich die spezifischen Vorgänge, die in diesen Disziplinen behandelt werden, tatsächlich vom gleichen Verlaufstyp sind wie die der Mechanik. Wenn man von besonderen physikalischen Eigenschaften spricht — z.B. denen des Lichts — oder besonderen chemische Eigenschaften — denen eines bestimmten Grundstoffes oder einer bestimmten Verbindung —, so drückt man sich, gemäß der mechanischen Ansicht, lediglich in provisorischen und praktisch vereinfachten Termini aus. Das Licht ist nicht wissenschaftlich erklärt, bevor man es nicht auf rein mechanische Vorgänge zurückführen kann, und Entsprechendes gilt für chemische und biologische Erscheinungen. Engels wendet sich gegen Dühring, der alle Bewegung auf „die mechanische Kraft als ihre angebliche Grundform" reduziert (ebd., S. 55). In der Ergänzung von 1885 erklärt er, daß die mechanistische Auffassung darauf hinauslaufe, alle Veränderung als „Ortsveränderung" und damit jeglichen qualitativen Unterschied quantitativ zu erklären (ebd. S. 517).[105] Diese Auffassung läuft ihm zufolge auf die Theorie von der „absoluten qualitativen Identität der Materie" (ebd., S. 518) hinaus. In der Auseinandersetzung mit Nägeli charakterisiert Engels die mechanistische Sichtweise nicht nur dadurch, daß qualitative Unterschiede als aufgehoben angesehen werden, wenn sie auf quantitative Veränderungen zurückgeführt werden können; Qualität und Quantität werden auch als „absolut getrennte Kategorien" (ebd., S. 501) betrachtet.

Engels' eigene Auffassung bedeutet *einerseits*, daß es einen kontinuierlichen, quantitativ bestimmten Übergang von einer Bewegungsform in eine andere, von einem Niveau der Natur zu einem anderen gibt. Die Physik kann als „die Mechanik der Moleküle" charakterisiert werden, die Chemie als „die Physik der Atome", und die Biologie als „die Chemie der Eiweiße"; denn der mechanische Vorgang geht in einen physikalischen, der physikalische in einen chemischen, der chemische in einen biologischen über (ebd., S. 516 f.). Damit markiert Engels eine Frontlinie sowohl gegen alle vitalistischen als auch gegen die herrschenden idealistischen Vorstellungen.

Andererseits bedeutet „der Übergang von einer Bewegungsform zur andern immer ein(en) Sprung, eine entscheidende Wendung" (ebd., S. 61). Neue Qualitäten entstehen, und selbst wenn sich der Übergang zu dieser neuen Qualität quantitativ bestimmen läßt, so heißt das nicht, daß damit die Qualität eliminiert ist. Dadurch grenzt sich Engels gegen mechanistische Anschauungen unterschiedlicher Art, inklusive des mechanischen Materialismus, ab.

4. Qualität und Quantität

Was ist nach Engels eine Qualität?

Von der Mechanik sagt er, sie „kennt nur Quantitäten; sie rechnet mit Geschwindigkeiten und Massen und höchstens Volumen" (MEW 20, S. 517). Diese, wenngleich isolierte Äußerung, scheint ziemlich eigentümlich zu sein. Warum sollten Geschwindigkeit und Masse nicht Qualitäten sein? In der mehr oder weniger ausgesprochen mechanistischen Tradition, gegen die Engels sich wendet, wurde ja der Gegenstand der Mechanik oft als „primäre Qualitäten" gekennzeichnet und den sinnlich zugänglichen „sekundären Qualitäten" gegenübergestellt.[106] Bei Hegel ist der Begriff Qualität grundlegend für den Begriff Quantität (Werke, Bd. 4, S. 219). Ihm zufolge kann man sich kein grundlegendes Erkenntnis- und Wirklichkeitsgebiet ohne Qualitäten denken: „Die Quantität ist selbst eine Qualität" (ebd., S. 402), d. h. ein Maß ist immer ein Maß für *etwas*, und dieses Etwas, diese „Bestimmtheit" ist eine Qualität.

Man darf annehmen, daß Engels hier einen engeren Qualitätsbegriff verwendet, wobei Qualität in etwa das gleiche bedeutet wie die sekundäre Qualität in der traditionellen philosophischen Terminologie. Tatsächlich kann er sich dabei durch den damals üblichen Sprachgebrauch der Physiker und Chemiker, der auch in den Handbüchern vorherrscht, weitgehend abgesichert fühlen. Man darf nicht vergessen, daß Engels mit einem dieser Handbuchverfasser unmittelbar und persönlich korrespondiert. Im Roscoe/Schorlemmer wie auch in anderen Übersichtswerken wird durchweg von *physikalischen* und *chemischen* Eigenschaften, nicht hingegen von mechanischen gesprochen. Jeder Grundstoff und jede Verbindung kann also gemäß physikalischer Eigenschaften wie Härte, Farbe, spezifischem Gewicht und Temperaturverhältnissen charakterisiert werden. Ihre chemischen Eigenschaften wiederum sind ihre Reaktionen auf andere Grundstoffe und Verbindungen. Bei diesen Untersuchungen spielt die Frage nach der Reduktion der physikalischen und chemischen Eigenschaften auf die Mechanik überhaupt keine Rolle, denn in der Mechanik gibt es keine „Eigenschaften".[107]

Engels verrät im *Anti-Dühring* und in der *Dialektik der Natur* immer wieder, wie eng er sich an diesen Sprachgebrauch und damit an die darin eingeschlossene Vorstellungswelt hält. Sein Paradebeispiel für das Gesetz von Quantität und Qualität verdankt er, wie wir bereits gesehen haben, Schorlemmers Spezialgebiet, den Kohlenwasserstoffgruppen. Der Unterschied zwischen Methan (CH_4) und Äthan (C_2H_6) ist quantitativ, d. h. aufgrund chemischer Quantitäten, der Anzahl der Atome, bestimmbar, doch bedeuten die verschiedenen Quantitäten auch verschiedene Qualitäten. Methan und Äthan haben unterschiedliche physikalische und chemische Eigenschaften (MEW 20, S. 118 f., 351 ff.).

Doch versteht Engels unter „Qualität" durchgängig jede beliebige Eigenschaft? Er selbst gibt keine ausdrückliche Antwort. In der späteren marxistischen Literatur hat man oft zwischen einem allgemeineren Eigenschaftsbegriff und einem der Dialektik angepaßten Qualitätsbegriff zu unterscheiden versucht; im Russischen unterscheidet man folglich genau zwischen „svojstvo" in der ersteren Bedeutung und „kačestvo" in der letzteren (vgl., z. B. Grujić 1969, S. 37; Ballestrem 1964).

Ich glaube, daß eine solche Unterscheidung mit Engels Implikationen seines Qualitätsbegriffs im wesentlichen übereinstimmt. Doch damit ist die Frage der Abgrenzung dieses Begriffs keineswegs geklärt. Die Frage, wie sich „Qualität" zu „Eigenschaft" verhält, hatte bereits Hegel in eine gewisse — in seinem Fall ziemlich ungewöhnliche — Verlegenheit gebracht. Die Qualität ist, sagt er in der *Wissenschaft der Logik*, Eigenschaft nur in äußerlicher Bedeutung — so z. B., wenn man, um eine Gewächsart von einer anderen zu unterscheiden, die Eigenschaften hervorhebt, die die in Frage stehende Art von ihrem nächsten Verwandten unterscheidet. Man fragt dann nicht nach der Art als solcher, sondern nur nach den Eigenschaften, die sie von anderen Arten unterscheidet. Wenn es nur um die Art selber geht, spricht man nicht von Eigenschaften, sagt Hegel; aber, so fügt er sogleich hinzu, man spricht auch nicht von Qualitäten, wenn man den Gegenstand der Bestimmung nicht als etwas Fixes und Unveränderliches begreift (Werke, Bd. 4, S. 128 f.).[108]

Hegels Anflug von Unsicherheit kann Engels übernommen haben, auch wenn bei ihm der Terminus „Qualität" eine weitaus zentralere Stellung als bei Hegel einnimmt. Für Hegel handelt es sich um einen eher primitiven Begriff, der uns nicht hilft, die Wirklichkeit als Prozeß, d. h. in ihrer Entwicklung, zu begreifen. Für Engels hat er die Schlüsselrolle im dialektischen Materialismus inne. „Qualitative Veränderung" hat etwas mit „Sprung" zu tun und damit wesentlich mit dem Übergang zwischen verschiedenen Bewegungsformen. Engels kann in der Polemik gegen den mechanischen Materialismus behaupten, daß die Mechanik nicht mit Qualitäten rechnet. Wenn er allerdings seine eigene Auffassung darlegt, so ist die mechanische Bewegung *eine* der Bewegungsformen, und zwischen den verschiedenen Bewegungsformen gibt es einen *qualitativen Unterschied*. In diesem Zusammenhang kann er auch vorbehaltlos „mechanische Bewegung" als eine Qualität neben z. B. Wärme und Elektrizität bezeichnen (MEW 20, S. 349).

Ohne Frage steht diese Ausdrucksweise in besserer Übereinstimmung mit seiner Grundauffassung. Die Mechanik rechnet genauso mit Qualitäten wie die Physik oder die Chemie. „Qualität" wird somit in erster Linie gleichbedeutend mit *wesentlicher Eigenschaft* oder genauer mit einer *Eigenschaft, die von einer bestimmten Wissenschaft* (Mechanik, Physik, Chemie, Biologie usw.) *als wesentlich für ihr Untersuchungsgebiet betrachtet* wird. Die Mechanik kalkuliert einzig mit Masse und Beschleunigung („mechanischer Bewegung"); die Physik darüber hinaus mit speziellen Eigenschaften des Lichts, der Wärme, der Elektrizität und des Magnetismus. Der Unterschied zwischen Physik und Chemie liegt darin, daß sich der Physiker lediglich auf Moleküle bezieht und nicht auf die Atomzusammensetzung der Moleküle. Der Chemiker hingegen muß mit spezifisch chemischen Qualitäten, die nicht aus den physikalischen hergeleitet werden können, arbeiten: die Qualitäten der Moleküle sagen nichts über die der Atome aus (vgl., ebd., S. 350). Andererseits muß der Chemiker mit einer ganzen Garnitur „physikalischer Eigenschaften" von chemischen Verbindungen hantieren. In diesem Sinne ist die Physik fundamentaler als die Chemie. Vom Qualitätsbegriff aus gesehen erscheint die wissenschaftliche Hierarchie wie eine geordnete Serie von Disziplinen, wobei jede Disziplin zum einen mit den spezifischen Qualitäten ihrer eigenen Untersuchungsobjekte zu tun hat, zum anderen mit jenen der tieferliegenden, fundamentaleren Disziplinen. Die Biologie setzt demnach Mechanik, Physik und Chemie voraus (ebd., S. 71).

Wir müssen noch einmal auf die Strukturgleichheit zwischen dieser Vorstellung, die Engels' Ontologie zugrundeliegt, und seiner und Marx' Auffassung von Basis und Überbau hinweisen. Die Mechanik ist in diesem Sinne als die Basis der Wissenschaften anzusprechen, über die sich die anderen Wissenschaften in immer entlegenere Überbauten wölben. Diese Überbauten haben die Basis immer zu ihrer Voraussetzung, aber die Basis bestimmt sie nicht restlos: im Verhältnis zu den Qualitäten der Basis erscheinen die eigenen, einzigartigen Qualitäten der Überbauten als zufällig, unerklärlich und unvorhersehbar.

Engels' irreduktiver Materialismus hängt eng mit dem Determinismusproblem, das die Wissenschaft des 19. Jh.s in hohem Grade dominierte, zusammen. Das Gesetz von Qualität und Quantität ist ein Versuch, Zufall und Notwendigkeit zu vereinen. Die Quantität ist der determinierende Faktor, denn jeder Übergang zu neuen Qualitäten ist quantitativ bestimmt. Die Qualität ist der nicht-determinierte, der kontingente Faktor: die Qualität ‚Molekül' wird nicht in der Qualität ‚Masse', die Qualität ‚Atom' nicht in der Qualität ‚Molekül' usw. ausgedrückt.

Aber damit ist immer noch nicht ganz klar geworden, was Engels mit „Qualität" meint. Ein qualitativer Sprung scheint manchmal die Entstehung völlig neuer Qualitäten (die Qualitäten des Lebens finden sich nicht in der anorganischen Materie) zu ermöglichen, zuweilen bloße Veränderungen innerhalb bereits existierender Qualitäten. Wenn Engels von qualitativen Sprüngen zwischen verschiedenen Mitgliedern der Paraffinreihe (Methan, Äthan usw.) spricht, zielt er sicherlich auf letzteres ab (ebd., S. 118 ff., 351 f.). Methan und Äthan liegen also auf derselben Ebene von Qualitäten oder wesentlichen Eigenschaften, aber sie unterscheiden sich im Hinblick auf diese Eigenschaften auf entscheidende Weise voneinander.

Aber wie verhält sich dann ein solcher qualitativer Sprung *innerhalb* einer Bewegungsform oder eines Niveaus[109] zu dem qualitativen Sprung *zwischen* den Bewegungsformen oder den Niveaus?

Bei näherer Betrachtung läßt sich dieser Unterschied schwerer fassen als zunächst anzunehmen ist. Der Übergang z. B. vom Anorganischen zum Organischen bedeutet, daß eine oder mehrere neue Qualitäten entstehen. Doch wie steht es — um das berühmte Beispiel aus dem *Kapital* zu verwenden (MEW 23, S. 326 f.) — mit dem qualitativen Sprung vom Handwerk zur Manufaktur? Handelt es sich hier um Veränderungen innerhalb der bereits existierenden Qualitäten oder um das Aufkommen völlig neuer Qualitäten?

Man kann relativistisch antworten: Wenn man die Frage in einer großen Perspektive sieht, wenn man also die Entwicklung der gesamten Menschheit im Blick hat, dann handelt es sich *nicht* um neue Qualitäten; sieht man sie dagegen in einer begrenzten Perspektive, dann erweisen sich die neuen Züge in der Manufaktur als neue, wesentliche Eigenschaften, also neue Qualitäten.

Wenn man jedoch „Qualität" lediglich als „wesentliche Eigenschaft" bestimmt, dann erscheint die Bestimmung von Qualitäten im großen und ganzen als eine Definition eines Untersuchungsgegenstandes. Dabei tritt die Relativität am stärksten hervor: bei der Bestimmung eines lebenden Wesens spielt der Unterschied zwischen Braunbär und Eisbär keine Rolle. Stehen jedoch die Eigenschaften der Bären zur Diskussion, dann repräsentieren die verschiedenen Bärenarten verschiedene Qualitäten.

Damit wird der Qualitätsbegriff trivialisiert. Engels ist an dieser Trivialisierung nicht unschuldig, auch wenn er sich manchmal dagegen wehrt — so z. B., als er im *Anti-Dühring* gegen den Versuch, Definitionen des organischen Lebens aufzustellen, polemisiert (MEW 20, S. 77).

Wenn er von verschiedenen Bewegungsformen spricht, dann erscheinen die verschiedenen Qualitäten dieser Bewegungsformen ebenfalls nicht als Bestandteil ihrer Definition. Sie sind Variablen in wissenschaftlichen Theorien oder m. a. W. Komponenten in wissenschaftlichen Gesetzeszusammenhängen. Der qualitative Sprung par excellence ist der Sprung, mit dem eine neue Theorie beginnt und ein neuer Gesetzeszusammenhang nachgewiesen werden kann. Der Sprung vom Handwerk zur Manufaktur ist in der Marxschen Gesellschaftstheorie ein solcher qualitativer Sprung, da die Manufaktur anderen Gesetzeszusammenhängen als das Handwerk unterliegt. Für den Sprung hingegen von Methan zu Äthan gilt dies genauso wenig wie für den Sprung vom Braunbären zum Eisbären.

In dieser Bedeutung besagt das Gesetz von Qualität und Quantität, daß *es keine Universaltheorie gibt* — z. B. die Theorie der Mechanik —, *unter die alle anderen Theorien subsumiert* und als Sonderfälle bzw. Spezifikationen betrachtet werden können. Es gibt jedoch Theorien unterschiedlicher Reichweite. Die fundamentalere Theorie steckt den Rahmen für die weniger fundamentale ab. Dies gilt für die Sonderstellung der Mechanik im Verhältnis zur Physik und Chemie und für die Sonderstellung von Physik und Chemie im Verhältnis zur Biologie. Auf dem gesellschaftstheoretischen Gebiet ist es die Sonderstellung der Basis im Verhältnis zum Überbau, doch auch die Sonderstellung der Theorie des entwickelten Kapitalismus im Verhältnis zur Theorie oder zu den Theorien von der vorkapitalistischen Produktionsweise.[110]

Engels nimmt es, wie wir gesehen haben, nicht besonders genau damit, die verschiedenen Theorien über die anorganische Natur voneinander eindeutig abzugrenzen. Er verwendet unterschiedliche Klassifikationen. Schorlemmer will zeigen, daß die Grenze zwischen organischer und anorganischer Chemie nicht zufällig und bloß praktisch bedingt ist. Diese Grenzziehung ist ganz in Engels' Sinn, doch sucht man in seinen eigenen Schriften vergebens nach einer Ansicht zu genau dieser Frage.

Hingegen widmet er der Frage zwischen Leben und Leblosigkeit, Organischem und Anorganischem im *Anti-Dühring* und in der *Dialektik der Natur* beträchtliche Aufmerksamkeit. Wir haben dort eines der deutlichsten Beispiele dafür, was Engels unter einem qualitativen Übergang versteht.

Engels greift also die Frage auf, wie das Leben aus anorganischer Materie entstanden sein kann. Seine Perspektive ist in entscheidender Weise vom Chemiker Schorlemmer bestimmt und geprägt. Er gibt den Mechanisten darin recht, daß die bestimmten Qualitäten des Lebens mit einer bestimmten Form von Materie, dem Eiweiß, entstanden und unauflöslich mit ihm verbunden sind. Mit seiner Schwäche für Hegelsche Formulierungen verkündet er: „Leben ist die Daseinsweise der Eiweißkörper." (MEW 20, S. 75) Er fügt sogleich hinzu, daß die Chemiker nicht genügend vom Eiweiß oder Protein wissen: die Bezeichnung „Eiweiß" oder „Protein" selbst ist „ungeschickt". Was als sicher gilt, ist lediglich, daß die Lebensphänomene an eine bestimmte Eiweißmaterie gebunden sind (vgl. auch ebd., S. 55 f., 558 ff.).

Insofern haben die Mechanisten recht. Engels akzeptiert hingegen nicht, daß sich das Leben auf leblose Materie, auf Chemie, reduzieren ließe. Die Entstehung des Lebens bedeutet die Entstehung einer neuen Bewegungsform: der Übergang von totem Eiweiß zu lebender Materie ist ein Sprung, „eine entscheidende Wendung" (ebd., S. 61).

Engels hat mit Spannung den oft übertriebenen Versuch der Chemiker und Biologen, den Punkt zu bestimmen, wo das Lebende aus dem Anorganischen entstand, verfolgt. Es war ein Interesse, das auch Marx teilte; schon 1868 wurde er auf Haeckels Nachforschungen und die anderer nach der „Urzelle" aufmerksam (s. seinen Brief an Engels v. 19.11.1868, in: MEW 32, S. 206).[111] Sowohl Marx als auch Engels beschäftigten sich beharrlich mit der sogenannten künstlichen Zelle des deutschen Physiologen und Chemikers Moritz Traube, von der dieser eine populäre Darstellung auf der Naturforscherversammlung 1874 in Breslau gegeben hatte (s. Traube 1874 u. 1867). Sie teilten offenbar Traubes Optimismus, daß eine wirkliche Synthese nahe bevorstünde: das noch fehlende Detail sei bloß der Kern dieser künstlichen Zelle.[112]

Engels und Marx glaubten an eine endgültige Lösung des Geheimnisses des Lebens, wenn man die Materie synthetisieren könnte. Man würde dann die grundlegende chemische Zusammensetzung des Lebens kennen; dann wäre also das Leben *quantitativ* bestimmbar. Doch wären damit die Qualitäten des Lebens nicht aufgehoben. Zugespitzt hat Engels diese Grundauffassung folgendermaßen ausgedrückt:

„Wir werden sicher das Denken einmal experimentell auf molekulare und chemische Bewegungen im Gehirn ‚reduzieren‘; ist aber damit das Wesen des Denkens erschöpft?" (MEW 20, S. 513)

Kapitel X
Biologie und Humanwissenschaften

Im *Anti-Dühring* unterscheidet Engels zwischen drei Klassen von Wissenschaften. Die erste erstreckt sich von der Mathematik bis zur Chemie. In der zweiten werden die lebenden Organismen erforscht. Die dritte Klasse nennt er „die historischen Wissenschaften". Deren Aufgabe ist es, „die Lebensbedingungen der Menschen zu untersuchen, die gesellschaftlichen Verhältnisse, die Rechts- und Staatsformen mit ihrem ideellen Überbau von Philosophie, Religion, Kunst usw." (MEW 20, S. 87 f.).

Diese drei Klassen bilden eine wissenschaftliche Hierarchie. Je weiter hinunter man in der Hierarchie kommt, desto einfacher sind die Zusammenhänge, die man beachten muß, und in entsprechendem Maße werden die Theorien sicherer und exakter.

Von Engels' eigener Synthese der Wissenschaften kann man das Gegenteil behaupten. Je höher hinauf er in der Hierarchie in seinen Syntheseversuchen kommt, desto größer wird seine Sicherheit, und desto klarer werden seine Äußerungen. Auf dem Gebiet der Humanwissenschaften ist er selbstverständlich seine eigene Autorität. In bezug auf die Biologie dominieren Darwin und der Darwinismus.

1. Die Biologie

In der Hauptsache sind es drei biologische Forschungsgebiete, die Engels' Interesse wecken. Zunächst ist es die Frage vom Ursprung des Lebens und damit von der chemischen Grundlage für die einfachsten Lebensformen. Weiterhin interessiert er sich für die Resultate der Zytologie oder Zellehre. Doch in erster Linie hält er sich bei der darwinistischen Evolutionsbiologie auf, die für ihn, wie für beinahe alle seine Zeitgenossen, die biologische Generaltheorie darstellt.

Er hatte jedoch die Absicht, die Zytologie einer eingehenderen Behandlung zu unterziehen. Insbesondere waren es Rudolf Virchows Ideen, die seine Aufmerksamkeit fesselten. In dem Entwurf für die *Dialektik der Natur*, den er 1878 ausarbeitet, verspricht er ein eigenes Kapitel mit der Überschrift „Zellenstaat — Virchow" (ebd., S. 308). Schon im *Anti-Dühring* war er auf die Fundamente der Zellehre zu sprechen gekommen (ebd., S. 71). Im Vorwort zur Auflage von 1885 der gleichen Schrift, in der er zum ersten Mal seine Ansicht über die Naturwissenschaften zusammenfaßt, erwähnt er dieses Thema ebenfalls, wenngleich eher en passant (ebd., S. 14). In erster Linie ist es ein Aspekt der Zellehre, der seine Gedanken beschäftigt: es ist die Auflösung des festen Begriffs ‚biologisches Individuum' oder ‚Organismus'. Rudolf Virchow hatte in seinem Buch *Die Cellularpathologie* (1858, vierte Auflage 1871) erklärt: „*Jedes Tier erscheint als eine Summe vitaler Einheiten.*" Der Organismus ist die Summe seiner Organe, die Organe sind die der Gewebe, die Gewebe sind die der „Zellenterritorien" (Virchow 1871, S. 17). Engels kommentiert etwas ironisch, daß Virchow „die Einheit des tierischen Individuums mehr fortschrittlich als naturwissenschaftlich und dialektisch in eine Föderation von Zellenstaaten" auflöst (MEW 20, S. 14). Die Spitze ist offensichtlich: Virchow war ein führender Vertreter der national-liberalen Partei, die sich um eine deutsche Föderation von relativ selbständigen Staaten bemühte. Das Wichtige und Interessante an Virchows Perspektive ist für Engels das Zusammenfügen der verschiedenen organischen Niveaus: Organismus, Organ, Gewebe und Zelle. Der Organismus ist zugleich die Summe und die wohlgeordnete Einheit der Organe, Gewebe und letztlich der Zellen. Dies ist offenbar das, was er mit einer dialektischen Perspektive des Organismus meint. Er stellt fest, daß damit sogar der Begriff des menschlichen Individuums problematischer geworden ist. Es hat also nicht die unbedingte „Unteilbarkeit", die der Begriff Individuum selbst voraussetzt. Der Gedankengang läßt eine Fortsetzung ahnen: auf der höheren, gesellschaftlichen Ebene herrscht die gleiche relative Autonomie des Individuums gegenüber der Klasse und der Klasse gegenüber dem Individuum. Es gibt eine Hierarchie der Niveaus, innerhalb derer jedes Niveau im Verhältnis zum nächst höheren oder niedrigeren zugleich eine selbständige Einheit und ein passiver Teil respektive eine Summe ist.

Engels' Kommentare zu Darwin und dem Darwinismus sind über eine große Zahl Schriften und Briefe verstreut. Bei einigen seiner früheren Äußerungen haben wir uns schon aufgehalten. Von seinen späteren Darstellungen verdienen zwei aufgrund ihrer Ausführlichkeit hervorgehoben zu werden. Teils ist es die vernichtende Abrechnung mit Dührings Polemik gegen Darwin im *Anti-Dühring*, teils ist es das Kapitel „Anteil der Arbeit an der Menschwerdung des Affen", das Engels schrieb, kurz bevor er mit der Streitschrift gegen Dühring begann, und das jetzt in die *Dialektik der Natur* eingefügt wurde. Ursprünglich sollte es eine ganz andere Schrift mit dem preliminären Titel „Über die drei Grundformen der Knechtschaft" einleiten. Das fragliche Kapitel handelt vom Übergang der Tierwelt zur menschlichen Gesellschaft und soll deshalb im nächsten Abschnitt behandelt werden. Ein ausführlicher Brief über den Darwinismus, den Engels an den russischen Anarchisten Pjotr Lavrow im November 1875 schrieb (in: MEW 34, S. 169 ff.), ist von besonderem Interesse. Der Brief ist eine notwendige Ergänzung zur Darstellung im *Anti-Dühring*, wo Engels es als seine höchste Aufgabe ansieht, Darwin zu verteidigen und nicht seine eigene Auffassung abzugrenzen.

Eine Hauptrolle in diesen Äußerungen über den Darwinismus spielt die Redewendung „der Kampf ums Dasein" mit seinem komplexen Inhalt einer streng biologischen Selektionstheorie, malthusianischer Bevölkerungstheorie sowie eines ungehemmten Liberalismus und Elitismus. Die Frage, ob die biologische Selektion einen wesentlichen Entwicklungsfaktor sogar in der menschlichen Geschichte darstellt, ist von entscheidender Bedeutung. Doch diese Frage betrifft den Übergang von Biologie zu Geschichte und soll in dem entsprechenden Zusammenhang behandelt werden.

Engels äußert sich jedoch auch über den begrenzten biologischen Inhalt vom „Kampf ums Dasein". Die wichtigsten Textstellen finden sich im *Anti-Dühring* und im Brief an Lawrow. Auf den ersten Blick hat es den Anschein, als ob er sich in beiden selber widerspricht. Doch der Widerspruch ist nur ein scheinbarer: Im *Anti-Dühring* tritt er zur Verteidigung an, im Brief geht er zum Angriff über.

Im Brief erklärt er, daß er die eigentliche darwinistische Entwicklungstheorie, d. h. die These von der Abstammung der Arten, akzeptiert. Darwins „Beweismethode", also die Selektionstheorie, sieht er hingegen als einen ersten provisorischen Versuch an, die Artenentwicklung zu erklären. Er macht sich lustig über die materialistischen Vorkämpfer der 40er und 50er Jahre des 19. Jh.s, Vogt, Büchner und Moleschott, die vor Darwin das Zusammenwirken in der organischen Natur betont haben, jetzt jedoch nur vom Kampf ums Dasein sprechen. In der Tat schließt die komplexe biologische Entwicklung „sowohl Harmonie wie Kollision, Kampf wie Zusammenwirken" ein (ebd., S. 169; vgl. auch MEW 20, S. 564 f.).

Im *Anti-Dühring* kommen diese Gesichtspunkte nicht zum Vorschein: die Perspektive ist dort völlig von Dührings scharfer Kritik an Darwin bestimmt. Für die Rezeptionsgeschichte ist es nicht ohne Bedeutung, daß der *Anti-Dühring*, ein allseits bekannter Text, lediglich eine Verteidigung Darwins beinhaltet. Die Einwände und Abschwächungen im Brief an Lawrow und anderswo blieben unbekannt.[113]

Dühring hatte behauptet, daß Darwins Theorie jeder wissenschaftliche Wert abginge. Sie stelle hauptsächlich eine „naturphilosophische Halbpoesie" dar. Den Kampf ums Dasein und mit ihm die Selektionstheorie habe Darwin von Malthus entlehnt; die Theorie schließe eigentlich nur „ein

Stück gegen die Humanität gerichtete Brutalität" ein (Dühring 1875, S. 101; s. auch S. 109 f.).

Kritik an Darwins Abhängigkeit von Malthus hatten Marx und Engels schon viel früher geäußert. Diese Kritik hat jedoch nicht die gleiche Bedeutung für sie wie für Dühring. Für Engels ist Darwin zwar naiv, wenn er Malthus' Theorie unbesehen übernimmt. Doch bedeutet dies nicht, daß das Faktum in der organischen Welt, das Darwin in malthusianischen Termini beschreibt, selbst verleugnet werden kann. Die Selektion ist im Verlauf der biologischen Entwicklung ein Faktor von äußerster Wichtigkeit, welchen Namen man ihr auch immer gibt, „Kampf ums Dasein" oder „Mangel der Existenzbedingungen und mechanische Wirkungen" (MEW 20, S. 62 ff.).

Dühring beanstandet oft, daß Darwin die Variation zwischen den Organismen innerhalb der gleichen Art, die eine Voraussetzung für die Wirkung der Selektion ist, nicht erklärt (1875, S. 115 f.). Engels wendet ein, daß Darwin gar nicht den Anspruch erhebt, die Ursachen der Variationen aufzudecken, und hält späteren Darwinisten, insbesondere E. Haeckel, zugute, ein Stück vorangekommen zu sein mit der These, daß die Artenentwicklung das Resultat eines Wechselspiels zwischen Erbe und Anpassung ist, wobei die Anpassung den aktiven und *verändernden* Teil, das Erbe den passiven und bewahrenden Faktor ausmacht (MEW 20, S. 65 f.). Es fällt nicht schwer, Engels' Begeisterung über das allgemein Dialektische dieser These nachzuvollziehen (s. ebd., S. 481, 564). Daß sie an sich keine Aufklärung über die Ursachen der Variationen liefert, war für ihn demgegenüber zweitrangig. Darüber hinaus beruft sich Engels bei seiner Verteidigung Darwins gegen Dühring auf die Ontogenese. Das Individuum wiederholt in seiner Entwicklung die Geschichte der gesamten Art: dies ist für ihn die „sicherste Grundlage" der Entwicklungstheorie (ebd., S. 69; s. auch S. 452).

Doch erst gegen Ende dieser Abrechnung mit Dührings Kritik erreicht Engels eine Position, aus der heraus deutlich wird, warum er selbst die Hauptzüge in Darwins Theorie mit dem gleichen Eifer akzeptiert wie Dühring sie ablehnt. Es geht um *Entwicklung und Determinismus*. Dühring ist ein entschlossener Anhänger des Ideals des Determinismus. Man könne nicht über Entwicklung sprechen, wenn man nicht die Gesetze der Entwicklung kennt, sagt er (Dühring 1875, S. 127).[114] Eine vollwertige wissenschaftliche Theorie sei streng deterministisch. Die Selektionstheorie sei keine derartige Theorie, und solange eine solche Theorie nicht stichhaltig formuliert sei, könne man wissenschaftlich korrekt nicht von Artenentwicklung sprechen.

Engels stellt sich hier umstandslos auf die Seite der Selektionstheorie (MEW 20, S. 69 f.). Er tut dies aus echter Überzeugung. Der Geschichtsmaterialismus ist ja in dieser Hinsicht des gleichen Geistes Kind wie die Selektionstheorie. Dühring erhebt seinen deterministischen Anspruch auch für das Gebiet der Gesellschaftstheorie; Engels' Kritik ist dort von gleicher Art. Hier haben wir es also mit einem echten theoretischen Gegensatz zwischen Dühring und Engels zu tun, einem ganz fundamentalen Gegensatz, der zeigt, daß die Abrechnung mit Dühring *nicht nur ein ideologischer Kampf um den Einfluß auf die deutsche Sozialdemokratie, sondern auch ein Kampf um wissenschaftliche Theorien und Wissenschaftsideale ist*. Man kann sagen: Engels verteidigt beharrlich Darwins Theorie nicht nur, weil diese gewisse formale Ähnlichkeiten (Nicht-Determinismus) mit der marxistischen Gesellschaftstheorie hat, sondern auch, weil die biologische Entwicklungstheorie Darwinscher Prägung die bis dahin einzig existierende Theorie darstellt, die eine Grundlage für die marxistische Gesellschaftstheorie liefern kann. Die Kritik der Deterministen am Darwinismus impliziert eine Kritik am Geschichtsmaterialismus und an der Theorie des Kapitals.

2. Biologie und Geschichte

Für Engels besteht zwischen biologischer Entwicklung und menschlicher Geschichte eine Kontinuität. Doch gleichzeitig postuliert er eine Diskontinuität: so, wie es einen qualitativen Sprung zwischen Anorganischem und Organischem gibt, so gibt es einen qualitativen Sprung zwischen dem bloß Biologischen und dem Menschlichen.

Auf dem Gebiet der Biologie ist er bereit, die Selektionstheorie zu verteidigen. Doch gleichzeitig verteidigt er das Gebiet menschlicher Geschichte gegen die Selektionstheorie oder, genauer gesagt, gegen die direkten Übertragungen der darwinistischen Erklärungsmodelle, die schon vom Tage der Herausgabe des *Origin* . . . an Legion waren.

Engels und Marx wurden relativ früh mit Versuchen, die menschliche Geschichte als einen einzig langen „Kampf ums Dasein" zu sehen, konfrontiert, nämlich in und durch F. A. Langes Schrift *Die Arbeiterfrage* (1865; dritte Auflage 1875). Lange verstand sich als Sozialist; es war also kein Sozialdarwinist im Geiste Spencers, der die Feder führte. Langes Buch enthält zudem in späteren Auflagen etliche überwiegend anerkennende Hinweise auf das *Kapital*. Marx und Engels hatten allen Grund, sein Buch einem eingehenden Studium zu unterziehen, zumal er übrigens, noch bevor die erste Auflage herauskam, mit Engels Kontakt aufgenommen hatte.

Doch wie sieht Langes Anwendung des darwinistischen Selektionsprinzips aus? Er beabsichtigt, „die Arbeiterfrage . . . aus den von Darwin entwickelten Grundsätzen abzuleiten". Im gleichen Atemzug gibt er diese Grundsätze als nicht unvermeidbar für den Menschen aus, da sich dieser über „den grausamen und seelenlosen Mechanismus ... durch berechnete Zweckmäßigkeit" erhebe (Lange 1875, S. 29 ff.). Doch er könne sich nicht völlig vom Kampf ums Dasein freimachen. Lange betrachtet sein eigenes Buch als den ersten, wenngleich mangelhaften Versuch zu zeigen, wie sowohl die geistige als auch die ökonomische Entwicklung mit Hilfe derselben Grundsätze, die auch für die Entstehung der Arten gelten, also durch den Kampf ums Dasein, verstanden werden kann.

Weder hier noch an einer anderen Stelle im Buch wird klar, wo die Grenze zwischen der blinden Selektion und der Fähigkeit des Menschen zu Planung und Vorausschau verläuft. Wie dem auch sei, — für Lange ist das Wesentliche der Nachweis der Bedeutung der Selektion für die menschliche Entwicklung, wobei er den Ausdruck „Kampf ums Dasein" sehr weit auslegt. Schon in der Natur bedeute der „Kampf ums Dasein" nicht nur einen Kampf ums bloße Überleben: es gehe auch um die *besten* Lebensbedingungen, und das sei bei den Menschen ebenso (ebd., S. 5 f.). Der Kampf der Arbeiter sei in erster Linie ein Kampf um den „Arbeitslohn" (ebd., S. 13).

Die Voraussetzung aller Selektion sei zweifelsohne eine Überproduktion. In der Natur bedeute dies eine Überproduktion an „Lebenskeimen". Doch in der menschlichen Gesellschaft handele es sich statt dessen um eine Überproduktion von „Talenten". Führertalente seien in der Volksmasse verbreitet. In einer hierarchisch geordneten Gesellschaft kämen diese Talente nie zur Anwendung, da führende Positionen gewissen Schichten vorbehalten seien (ebd., S. 46 ff.).

In den sozialen und politischen Auseinandersetzungen scheint Lange eher einen „Kampf ums Dasein" zu sehen — oder besser gesagt: einen Kampf um die besseren Positionen der Gesellschaft — als eine Bedingung für eine Entwicklung in sozialistischer Richtung. Der Kapitalismus lege der Entwicklung Steine in den Weg, indem er die Arbeiter dazu zwinge, nur Arbeiter zu sein. Doch gleichzeitig sei ja diese Selektion eine blinde Kraft, die von der berechnenden Fähigkeit des Menschen im Gleichgewicht gehalten werde. Lange setzt somit sein Vertrauen in den moralischen Fortschritt der Menschheit, der teilweise die Naturnotwendigkeit aufheben werde (ebd., S. 15). Es ist m. a. W. offensichtlich, daß der „Kampf ums Dasein" für Lange vielerlei beinhaltet. Keineswegs leitet er ihn einfach und direkt aus den Darwinschen Grundsätzen ab.

Marx' und Engels' Kommentare zu Langes Buch sind durchweg negativ. Als Marx die zweite Auflage von *Die Arbeiterfrage* gelesen hat, teilt er Kugelmann brieflich mit, Herr Lange habe eine große Entdeckung gemacht, nämlich, daß die gesamte Geschichte einem einzigen großen „Naturgesetz" untergeordnet werden könne. Doch sei dieses Naturgesetz nichts anderes als eine Phrase, der „struggle for life", und der Inhalt dieser Phrase besteht in Malthus' Bevölkerungs- oder besser gesagt Übervölkerungstheorie. Lange versuche nicht, die Phrase zu analysieren, sondern habe in ihr lediglich „eine eindringliche Methode für gespreizte, wissenschaftlich tuende, Unwissenheit und Denkfaulheit" gefunden (Brief v. 27. 6. 1870, in: MEW 32, S. 685 f.). Marx weist also darauf hin, daß Darwins „Kampf ums Dasein" auf das Gebiet der Geschichte nicht anzuwenden ist.

Dies ist offenbar auch Engels' Auffassung: Die Selektionstheorie kann zwar die biologische Entwicklung erklären, nicht aber die historische Entwicklung der Menschen. Lange vertrat die Ansicht, daß der Mensch durch seine bewußte, planende Tätigkeit die Wirkungen der Selektion modifizieren könne. Marx und Engels wollen sich nicht damit begnügen, hier eine Modifikation zu sehen. Für sie tritt in und mit der menschlichen Entwicklung etwas qualitativ völlig Neues ein.

Die meisten ihrer Äußerungen über die Grenzlinie zwischen Biologie und Geschichte sind hingegen ziemlich einsilbig. In dem Brief an Lawrow über den Darwinismus erklärt Engels, daß der einzige, aber entscheidende Unterschied zwischen Menschen- und Tiergesellschaften der ist, daß „die Tiere höchstens *sammeln*, während die Menschen *produzieren*". Der Kampf ums Dasein wird damit ein Kampf nicht nur um die Existenzmittel, sondern um die „*gesellschaftlich produzierte(n)* Entwicklungsmittel" (MEW 34, S. 170 f.). Er nimmt die Form von Klassenkämpfen an. Um den „falschen Naturalisten" keinen Finger zu reichen, darf man die Phrase „Kampf ums Dasein" nicht verwenden, da der gegenseitige Kampf der Menschen von radikal anderer Art ist als der der Tiere. In einer Aufzeichnung in der *Dialektik der Natur*, die wahrscheinlich eine grobe Skizze für den Brief ist, findet man dieselben Gesichtspunkte in andere Worte gekleidet wieder. Die Auffassung von der Geschichte als einer Reihe wechselnder Klassenkämpfe ist „viel inhaltsvoller und tiefer als die bloße Reduktion auf schwach verschiedne Phasen des Kampfes ums Dasein", heißt es dort (MEW 20, S. 565 f.). Das Wort „Reduktion" muß betont werden. Engels sieht seinen eigenen und Marx' Terminus „Klassenkampf" als eine ungefähre Entsprechung zu Darwins „Kampf ums Dasein". Doch der Klassenkampf kann nicht auf Kampf ums Dasein reduziert werden, ohne seinen eigentlichen Inhalt zu verlieren: der Klassenkampf ist nicht wesentlich ein Kampf ums Überleben, sondern ein Kampf um Macht über die Produktion und deren Entwicklung.

In anderen Zusammenhängen beschreibt Engels den Unterschied zwischen Tier und Mensch so, daß das Tier die Natur lediglich *ausnutzt*, während der Mensch sie durch sein planmäßiges Handeln *beherrscht* (ebd., S. 452). Eine Tierart stellt einen Mosaikstein im Naturzusammenhang dar, während der Mensch im Laufe seiner Entwicklung gelernt hat, das gesamte Mosaik der Natur zu ändern und sich selbst darin einen immer größeren Platz zu sichern.

Der nordamerikanische Anthropologe Lewis H. Morgan, der zu Beginn der 80er Jahre eine so große Rolle sowohl für Marx als auch Engels spielen sollte, erklärte in seinem Buch *Ancient Society* (1877, S. 19): Die Menschen sind „the only beings who may be said to have gained an absolute control over the production of food". Morgans Gedankengang ist zwar dem von Engels ähnlich, kann aber doch eher mit der positivistischen Tradition von Comte in Verbindung gebracht werden.[115] Engels würde ja keineswegs behaupten, daß die Menschen „absolute Kontrolle" über ihre Lebensmittelversorgung gewonnen hätten; alle Produktion im Kapitalismus ist blind und unkontrolliert. Morgans Äußerung bereitet Marx und Engels ein bißchen Kopfzerbrechen. Marx kommentiert dies in seinen Exzerpten aus der *Ancient Society* mit einem Ausrufungs- und einem Fragezeichen (Marx 1976, S. 127; Krader 1976, S. 46). Als Engels diese Äußerung in *Der Ursprung* ... zitiert, modifiziert er deren Inhalt, indem er Morgan sagen läßt, daß der Mensch eine „fast unbedingte Herrschaft" habe (MEW 21, S. 30).

Dennoch gibt auch diese — bewußt oder unbewußt — gefälschte Textversion Engels' eigene Auffassung nur teilweise wieder. Kontrolle über die Natur ist nicht das gleiche wie Kontrolle über die Lebensmittelversorgung; letztere kann in marxistischer Perspektive nicht von den gesellschaftlichen Verhältnissen, vom Kampf um die Kontrolle über die Versorgung oder vom Klassenkampf getrennt werden. Die Menschen beherrschen die Natur in dem Maße, in dem ihre Produktivkräfte entwickelt sind; bei ihrer Kontrolle der „production of food" spielen auch die Produktionsverhältnisse mit hinein.

Doch Engels nimmt, wofür wir gleich mehrere Beispiele anführen werden, eine nachsichtige Haltung gegenüber Morgan ein. Er ist bereit, von den fundamentalen Unterschieden abzusehen, um in Morgan eine autoritative Stütze für manche seiner eigenen Thesen zu finden.

Wenn Engels sagt, daß der Mensch im Unterschied zum Tier die Natur beherrscht, so meint er damit nichts anderes als mit seiner ebenfalls zitierten Äußerung, daß der Mensch produziert, während das Tier höchstens sammelt. Etwas aus der Natur zu produzieren setzt voraus, daß man die Natur teilweise beherrscht: auf der Grundlage von Einsichten in den Naturprozeß, bringt man etwas Neues aus ihr hervor. Die Produktion ist ihrerseits Grundlage für neue Einsichten — und damit wiederum für eine effektivere Produktion und eine wachsende Gewalt über die Natur.

Die einzige Stelle, an der Engels den Übergang vom Tier zum Menschen etwas näher beleuchtet, befindet sich im Kapitel „Anteil der Arbeit an der Menschwerdung des Affen". Die rein biologischen Erkenntnisse und Annahmen, die in die Darstellung eingehen, sind Darwins *Descent* sowie Haeckels *Natürliche Schöpfungsgeschichte* und *Anthropogenie* entnommen (s. z. B. MEW 20, S. 477 ff.). Engels' beharrliches Studium von

Nature hat sicherlich auch ihm Aufschlüsse über die biologische Diskussion gegeben.[116]

Doch begnügt er sich nicht damit, die biologischen Hypothesen zu referieren. Er interpretiert sie auch mit Hilfe seines Geschichtsmaterialismus und seines irreduktionistischen Grundprinzips. Darwin und Haeckel sahen den Nachweis des kontinuierlichen (oder in Engels' Sprachgebrauch: des quantitativen) Übergangs vom Menschenaffen zum Menschen als ihre Aufgabe an. Ihre Untersuchungen setzten ebenfalls gewisse Hypothesen über die geschichtliche Entwicklung der Menschheit voraus; doch derartigen Hypothesen widmeten sie ein sehr beiläufiges Interesse, und wahrscheinlich war ihnen die Bedeutung und der kontroverse Charakter der Hypothesen nicht bewußt.

Engels betont die entscheidende Bedeutung der Arbeit oder der Produktion für die „Menschwerdung". Seine Argumentation hat eine Form, die es verdient, hervorgehoben zu werden. Sie kann als paradigmatisch für seinen gesamten irreduktiven Materialismus bezeichnet werden.

Zunächst erscheint die Entwicklung bis hin zum „qualitativen Sprung" vom Tier zum Menschen als ein rein biologischer Prozeß. Die besonderen Merkmale der Menschen spielen also hier keine Rolle, sie existieren noch nicht. Der aufrechte Gang befreite die Hand, und mit der Entwicklung der Hand folgte die der übrigen Organe, u. a. des Gehirns. Der Affe, der Mensch wurde, war ein Herdenwesen, und darin liegt eine historische Voraussetzung für den Gesellschaftsaufbau der Menschen. Eine weitere Voraussetzung ist die Entwicklung der Sprechorgane (s. MEW 20, S. 444 ff.). Man darf sich nicht vorstellen, daß Engels den definitiven Punkt, an dem der Affe zum Menschen wurde und die biologische Entwicklung in menschliche Geschichte überging, sucht. In der Zeitdimension kann der Übergang als ein völlig kontinuierlicher Prozeß mit einem längeren oder kürzeren, sowohl biologischen als auch historischen Übergangsstadium angesehen werden.

Der qualitative Sprung braucht sich im Verlauf eines Entwicklungsprozesses gar nicht als entscheidende Veränderung abzuspielen. Der Prozeß selbst kann durchaus kontinuierlich verlaufen, das Entscheidende ist *der Sprung von einem theoretischen Niveau zu einem anderen.* Wie der Mensch Mensch wurde, kann rein biologisch erklärt werden. Doch ist für die historische Entwicklung des Menschen seine biologische Konstitution nur die allgemeine und überall ziemlich gleichgeartete Grundvoraussetzung. Der Unterschied zwischen Feudalismus und Kapitalismus kann — ebenso wie der zwischen absolutem Königtum und bürgerlicher Demokratie, zwischen Christentum und Islam, zwischen Barockstil und Empirestil — nicht auf biologischem Weg erklärt werden. Die letztendliche Erklärung liegt in der Produktion des Menschen, seiner Arbeit.

Es gibt noch einen anderen Aspekt in Engels' Gedankengang, der Hervorhebung verdient. *Er sucht das entscheidende oder bestimmende Moment in jeder Ganzheit*, mag es eine biologische oder eine historische sein. In Anlehnung an Darwin oder Haeckel sieht er die Befreiung der Hand als das Entscheidende für die biologische Entwicklung des Menschenaffen zum Menschen an. Gemäß dem historischen Materialismus erhält die Arbeit oder die Produktion die entsprechende Rolle in der historischen Entwicklung. Diese Struktur ist, wie wir gesehen haben, bezeichnend für Marx' und Engels' gesamte Theoriebildung: sie ist der Kern ihrer Dialektik.

3. Die Humanwissenschaften

Wenn Engels über das, was wir hier die Humanwissenschaften nennen, spricht, dann verwendet er das Wort „Geschichte". Es ist ein Wort, das seine geistige Verwandtschaft mit den Historisten enthüllt: die Bezeichnung hat er wohl am ehesten von Hegel übernommen. In diesem Sprachgebrauch läßt er sich auch nicht von der Einsicht irritieren, die er Darwins *Origin* verdankt, daß sogar die Natur ihre Geschichte hat.

Einmal wird er gezwungen, Rechenschaft über den Unterschied zwischen „Geschichte" in weiterer und engerer Bedeutung abzulegen. „Mit dem Menschen treten wir ein in die *Geschichte*", schreibt er in der Einleitung zur *Dialektik der Natur* (MEW 20, S. 323). Er fügt jedoch hinzu, daß auch die Tiere eine Geschichte haben. Doch während die Tiere sich ihrer Entwicklung passiv unterwerfen, können die Menschen die ihrige durch eigene Tätigkeit beeinflussen — und das in dem Maße, in dem sie sich von ihrem eigenen ursprünglichen Tierstadium entfernen.

Engels hinterfragt nicht das Verhältnis zwischen den verschiedenen humanwissenschaftlichen Spezialgebieten, doch berührt er immer wieder das Verhältnis zwischen Basis und Überbau. Seine berühmteste Präzisierung ist die, daß die Basis den Überbau „in letzter Instanz" bestimmt. Der Ausdruck wird heute in erster Linie mit dem Brief, den Engels 1890 an Joseph Bloch schrieb, assoziiert. Dort hat er am ausführlichsten erklärt, was er darunter versteht. Wir haben bereits gesehen, daß diese Untersuchung bestens mit dem, was Marx in weniger populären, philosophisch gefärbten Wendungen u. a. in der Einleitung zu den *Grundrissen* ausdrückt, übereinstimmt. Doch erscheint der Ausdruck zum ersten Mal in Engels' *Anti-Dühring* — und dort ziemlich überraschend.

Engels verwendet ihn völlig beiläufig, um Marx' und seine eigene Geschichtsauffassung zu bezeichnen: „Wir behaupten dagegen, alle bisherige Moraltheorie sei das Erzeugnis, in letzter Instanz, der jedesmaligen ökonomischen Gesellschaftslage." (Ebd., S. 87 f.) In diesem kurzen Satz wird nicht besonders klar, was „in letzter Instanz" bedeuten soll. Doch diese beiläufige Äußerung ist eingebettet in eine Polemik gegen Dührings Anspruch, auf dem Gebiet der Moralphilosophie und Ökonomie eine „endgültige Wahrheit letzter Instanz" aufzustellen (Dühring 1875, S. 2, 14 f.).

Dühring erhebt den gleichen Anspruch in bezug auf die Humanwissenschaften wie auf die Biologie. Seine Moralphilosophie und seine politische Ökonomie sind ambitiöse Versuche, eine Art Mechanik der Moralregeln respektive der ökonomischen Verhältnisse zu formulieren. Die „zeitlosen Prinzipien und einfachen Elemente" der Moralphilosophie gehorchen ihm zufolge den gleichen unumstößlichen logischen Regeln wie die physikalischen Theorien. Die ethischen Wahrheiten sind ebenso unveränderlich wie die Wahrheiten der Mechanik (s. ebd., S. 192 ff.). Jenseits der wechselnden Moralvorstellungen, jenseits des scheinbaren Chaos der menschlichen Geschichte gibt es also bestimmte Wahrheiten in letzter Instanz.

Zunächst mutet es seltsam an, daß Engels mit solchem Eifer gegen diese Vorstellung polemisiert, um dann selbst zu erklären, was die Wahrheit der Geschichte „in letzter Instanz" ist. Doch liegt die Erklärung darin, daß er mit demselben Ausdruck einen anderen Inhalt meint. „Wir sind (...) auf dem Gebiet der Menschengeschichte mit unsrer Wissenschaft noch weit mehr im Rückstand als auf dem der Biologie", stellt Engels fest (MEW 20, S. 83).

Die Organismen sind im großen und ganzen seit Aristoteles die gleichen geblieben, während die menschlichen Verhältnisse unablässige und durchgreifende Veränderungen durchmachten und durchmachen. Der Historiker hat es also mit einer veränderlichen Erfahrungswelt zu tun. Der historische Zusammenhang wird erst dann für den Beobachter klar, wenn eine Epoche ihrer Auflösung entgegengeht.[117] Deshalb ist die Erkenntnis auf diesem Gebiet in allen Belangen wesentlich „relativ". Wer auf der Suche nach Wahrheiten in letzter Instanz ist, kann mit kaum mehr als mit Platitüden wie „daß die Menschen im allgemeinen ohne Arbeit nicht leben können, daß sie sich bisher meist eingeteilt haben in Herrschende und Beherrschte, daß Napoleon am 5. Mai 1821 gestorben ist usw." aufwarten (ebd.).

Engels drückt sich hier sicherlich polemisch zugespitzt aus. Daß Menschen einander beherrschten oder beherrscht wurden, ist gemäß der geschichtsmaterialistischen Auffassung bekanntlich keine Platitüde, sondern der Grund selbst für den Klassenkampf. Doch ist das Ziel seiner Polemik deutlich sichtbar. Es ist die Vorstellung, daß die historische Entwicklung und damit die menschlichen Verhältnisse mit Hilfe von festen, unveränderlichen Prinzipien bestimmt und erklärt werden können. Diese Prinzipien sind allerdings vielfältig: ein gottgegebenes Gesetzes- und Regelsystem, Vorstellungen vom unveränderlichen Wesen des Menschen oder auch Kausalgesetze, die vermeintlich mit Gesetzen der biologischen Entwicklung oder des gesamten Universums in Übereinstimmung stehen. Dührings „Wahrheiten in letzter Instanz" stellen eine Kombination aus Wesens- und naturwissenschaftlichen Gesetzesannahmen dar. Einerseits sind es Normen für menschliche Handlungen, andererseits deren allgemeine Erklärungen.

Engels wendet sich dagegen, irgendwelche „Wahrheiten" für sowohl unveränderlich als auch universell auszugeben. So sind für ihn z. B. die jeweiligen Moralauffassungen zur Basis, zur materiellen Produktion in Beziehung zu setzen, durch deren Entwicklung sie sich selber verändern. Man kann daran zwei Schritte seiner Kritik erkennen. Zum einen greift er Dührings Hypostasierung der Moral als einer selbständigen Größe an, zum anderen dessen Vorstellungen von den ewigen Wahrheiten durch alle verschiedenen gesellschaftlichen Verhältnisse hindurch.

Dem ersten Kritikpunkt zufolge betreibt Dühring Ideologie anstelle von Wissenschaft. „Ideologie" hat hier die einfache Grundbedeutung: „Ableitung der Wirklichkeit nicht aus sich selbst, sondern aus der Vorstellung" (s. insbes. ebd., S. 89). Dühring geht in seiner Moraltheorie von einer Anzahl Axiomen aus, von denen er die Prinzipien einer allgemeingültigen und zeitlosen Moral ableitet. Engels will hingegen zeigen, daß diese Axiome nichts anderes sind als freischwebende Vorstellungen. Die Gleichheit der Menschen ist ein solches Axiom. Um dieses zu präzisieren und zu entwickeln, konstruiert Dühring eine ganze Historik, die nur sehr lose mit der wirklichen Geschichte verknüpft ist. Es handelt sich hierbei um den gleichen Konstruktionstyp, mit dem die klassisch-liberalen Ökonomen glänzten und dem Marx den Namen „Robinsonade" verliehen hat. Engels kommt darauf in seiner Kritik an Dührings Gesellschaftsauffassung auch immer wieder zurück (z. B. ebd., S. 148 f.). Dühring geht ebenso vor wie Smith und Ricardo: er macht sich eine Vorstellung von der allgemeinen Bedeutung bestimmter menschlicher Verhältnisse, und aus dieser Vorstellung heraus konstruiert er einen Verlauf. Dieser Verlauf bekommt eine höhere Wertigkeit zuerkannt als die wirkliche Entwicklung (ebd., S. 90 ff.).

Doch ist diese Vorgehensweise laut Engels nicht nur ideologisch. Wenn irgend jemand ein historisches Schema konstruierte, das sich von dem Dührings immerhin durch solide materialistische Ausgangspunkte oder „Axiome" unterschiede, dann würde er sich ebenfalls Engels' Kritik aussetzen. Dies geht aus Engels' Bestimmung der historischen Wirklichkeit, die wir oben kennengelernt haben, hervor. Engels wiederholt dort mit anderen Worten, was Marx und er bereits in der *Deutschen Ideologie* dreißig Jahre zuvor ausgedrückt hatten, nämlich daß die geschichtsmaterialistischen „Abstraktionen" kein „Rezept oder Schema, wonach die geschichtlichen Epochen zurechtgestutzt werden können", liefern (MEW 3, S. 27).

Doch hält er unter diesem Gesichtspunkt die Humanwissenschaften nicht für einzigartig und zieht zwischen dem, was er Geschichte nennt, und anderen Wissenschaften keine scharfe Grenze. Für ihn muß die Ökonomie großenteils „nur mit relativ bekannten Faktoren" arbeiten, doch fügt er sofort hinzu, daß auch Physik und Chemie auf gewissen Gebieten genauso dazu gezwungen sind. Sein Beispiel hierbei betrifft die Anzahl Moleküle in einem Gasvolumen und das tatsächliche, nicht nur relative Atomgewicht (MEW 20, S. 287). Die grundlegende Voraussetzung für seine Synthese der Wissenschaften ist ja, daß diese eine zusammenhängende Hierarchie darstellen. Was für die Geschichtsforschung gilt, gilt ebenso, wenn auch in geringerem Maße, für die Biologie und gilt sogar für Mechanik, Physik und Chemie. Überall ist man gezwungen, mit Näherungswerten zu arbeiten. In der Geschichte jedoch ist der Abstand zwischen Begriff und der Wirklichkeit, auf die der Begriff zielt, am größten.

Wir können seinen Gedankengang folgendermaßen erhellen. In einer Disziplin wie der Newtonschen Mechanik ist der Abstand zwischen den „Abstraktionen" — z. B. Masse und Beschleunigung — und der Wirklichkeit, auf die die Abstraktionen angewandt werden, höchst unbedeutend. Mit Hilfe von Newtons Theorie kann man also die mechanischen Bewegungen jedes Körpers mit außerordentlich großer Genauigkeit bestimmen. Entsprechende Abstraktionen auf geschichtswissenschaftlichem Gebiet sind keineswegs gleichermaßen einfach und präzise anzuwenden. Wenn wir, wie Engels vorschlägt, Abstraktionen wie Produktivkraft, Produktionsverhältnisse und Klassengegensätze verwenden, so gelingt uns lediglich die Bestimmung der historischen Zusammenhänge in sehr groben Zügen. Wir können damit nicht die einzelnen historischen Abläufe bestimmen.

Dührings Irrtum beruht also nicht nur darauf, daß er von Allgemeinvorstellungen ausgegangen ist. Er täuscht sich auch darin, welche Art von Wissenschaftlichkeit man in den Geschichtsdisziplinen erreichen kann. Wie Smith und Ricardo (und auch Comte, Spencer und viele andere) nimmt er an, daß das historische Studium erst dann wissenschaftlich wird, wenn es, wie in der Physik von bestimmten festen Begriffen, Axiomen und Gesetzen, von denen die Einzelheiten abgeleitet werden können, ausgeht. Engels macht sich über Dührings Axiome der politischen Ökonomie lustig, die so banal sind, daß sie nichts über die ökonomische Wirklichkeit aussagen (ebd., S. 206). Dühring hat nicht begriffen, daß die politische Ökonomie „wesentlich eine *historische* Wissenschaft" ist, weil sie „einen geschichtlichen, das heißt einen stets wechselnden Stoff" hat (ebd., S. 136).

Wenn Engels sagt, daß die Basis „in letzter Instanz" den historischen Prozeß bestimmt, dann meint er nicht das gleiche wie Dühring, der historischen Wahrheiten „in letzter Instanz" nachjagt. Meiner Meinung nach kann man in völliger Übereinstimmung mit Engels' Sprachgebrauch sagen, daß Masse und Beschleunigung Ursachen „in letzter Instanz" für die mechanischen Bewegungen der Körper sind. Der Ausdruck bei Dühring hingegen ist ziemlich witzlos, da es keine dazwischenliegenden Instanzen gibt, die es zu berücksichtigen gilt. Hingegen ist es wichtig, den Ausdruck „in letzter Instanz" zu verwenden, wenn man beispielsweise einen Zusammenhang zwischen der Basis und der cartesianischen Philosophie zu behaupten versucht. Hier sind die vermittelnden Instanzen Legion, hier gibt es die philosophische und wissenschaftliche Tradition, die von der Offensive der katholischen Kirche geprägte religiöse Situation, die rechtlichen und politischen Verhältnisse in Europa usw., die alle einen unmittelbareren Einfluß auf die cartesianische Philosophie haben als die Entwicklung der Basis.

Nach Dühring können all diese zwischen den „Axiomen" und den konkreten historischen Fällen liegenden Instanzen als unwesentlich bezeichnet werden — etwa derart, wie es in der Newtonschen Mechanik unwesentlich ist, ob ein Körper, dessen Bewegungen berechnet werden sollen, ein Feldstein oder ein Eisenklumpen ist. Nach Engels sind sie weiterhin von Bedeutung und erfordern deshalb alle Aufmerksamkeit von demjenigen, der „den wirklichen historischen Verlauf deutlich machen will".

4. Marx, Engels und Morgan

Im *Anti-Dühring* heißt es, das *Kommunistische Manifest* paraphrasierend, daß alle bisherige Geschichte die Geschichte von Klassenkämpfen ist (MEW 20, S. 25). Als Engels 1883 einige zentrale Teile dieser Schrift unter dem Titel *Die Entwicklung des Sozialismus von der Utopie zur Wissenschaft* herausgab, fügte er hinzu: „mit Ausnahme der Urzustände" (ebd., S. 610). Eine entsprechende Korrektur nahm er in einer Fußnote in der 1888er Auflage des *Kommunistischen Manifestes* vor.

In diesen Fragen verweisen Marx und Engels in erster Linie auf den bayrischen Rechtshistoriker Georg Ludwig von Maurer und auf den amerikanischen Ethnologen Lewis H. Morgan. Schon 1868 drückte Marx in einigen Briefen an Engels (v. 14. 3. u. v. 25. 3. 1868, in: MEW 32, S. 42 ff., 51) seinen Enthusiasmus für Maurers Schriften über die früheste Entwicklung der Eigentums- und Rechtsverhältnisse in Deutschland aus.[118] Engels teilt seine Begeisterung (Brief an Marx v. 19. 3. 1868, in: ebd., S. 48).

Es ist sicherlich nicht die wissenschaftliche Einstellung in Maurers Arbeiten (s. dazu Leiser 1967 und Brinz 1884), die Marx und Engels zusagt, sondern es sind dessen Thesen über die deutsche Urgeschichte. Maurer bekräftigt eine Ansicht, die Marx kurz zuvor im ersten Band des *Kapital* (1867) angedeutet hat. Dort geht es noch nicht um eine klassenlose Urgesellschaft im eigentlichen Sinne; es geht um die Entwicklung der Produkte zu Waren. Marx hatte angenommen, daß sich der Warenaustausch nicht innerhalb eines Gemeinwesens entwickelt, sondern dort „beginnt, wo die Gemeinwesen enden, an den Punkten ihres Kontakts mit fremden Gemeinwesen" (MEW 23, S. 102).[119] Er entdeckt, daß Maurers Forschungen ihm in diesem Punkt recht zu geben scheinen.

Doch bereits diese Ansicht, die Marx vertrat, bevor er Maurers Arbeiten in die Hände bekam und lange bevor Morgan aktuell für ihn geworden war, trägt den eigentlichen Keim der Vorstellung von einer klassenlosen Urgesellschaft in sich. In einer Gesellschaft, in der kein Warentausch herrscht, müssen die lebensnotwendigen Produkte nach anderen Prinzipien verteilt werden. Doch wie läßt sich eine solche Verteilung vorstellen, wenn man gleichzeitig davon ausgeht, daß es eine herrschende Klasse gegeben haben muß mit völliger Verfügungsgewalt sowohl über die Produktionsmittel als auch die Produkte? Einfacher scheint es zu sein, überhaupt keine Klassen, sondern Gemeineigentum zu unterstellen.

Erst Maurer, dann Morgan und einige andere anthropologische Verfasser und Rechtshistoriker schienen Fakten zu liefern, mit denen sich diese Hypothese belegen ließ. Die Umstandslosigkeit, mit der sowohl Marx als auch Engels die These vom Klassencharakter aller bisherigen Gesellschaften im *Manifest* aufgaben, zeigt in nuce, wie sie sich der gesellschaftswissenschaftlichen Generalisierung gegenüber verhielten. Sie sahen darin keine Gesetzesbehauptung von bindender Kraft, aus der jeder einzelne Fall abgeleitet werden könnte. Jede Verallgemeinerung in der Geschichtswissenschaft baut eben — mit Engels' Worten aus dem *Anti-Dühring* — auf „relativ unbekannten Faktoren" auf. Der wirkliche historische Prozeß kann immer in einem zukünftigen Abschnitt seines Verlaufs zu erkennen geben, daß er einen anderen Charakter hat als denjenigen, der ihm gerade unterstellt wird. Dies wäre dann kein Grund, nach einer neuen und besseren Verallgemeinerung zu suchen, unter die tatsächlich alle historischen Geschehnisse subsumiert werden könnten. Ginge es in der Geschichtswissenschaft hauptsächlich um Dührings „Axiome", so wäre sie gezwungen, sich mit lauter Trivialitäten abzugeben.

Auch Engels hatte im wesentlichen den Gedanken der Allgegenwart des Klassenkampfes in der Geschichte aufgegeben, bevor er mit Morgan, oder genauer gesagt, mit Marx' Exzerpten von Morgans *Ancient Society* in Kontakt kam. Bereits in dem Brief an Lawrow (v. 12. 11. 1875, in: MEW 34, S. 172) über den Darwinismus erklärt er abschließend, daß er nicht glaubt, die Menschen hätten während der frühesten Entwicklung in einem gegenseitigen Kampfzustand gelebt. Die Vorstellung einer klassenlosen Urgesellschaft hat er zwar noch nicht entwickelt, doch die eines urzeitlichen Klassenkampfes weist er immerhin von sich.

Es ist also nicht die Vorstellung eines „Urzustandes", die Marx und Engels von Morgan übernommen haben. Natürlich fanden sie bei ihm und überhaupt in der neuen Anthropologie[120] etliche neue, entschiedenere Auffassungen darüber, wie sich die Urgeschichte des Menschen gestaltet hatte. Doch die Grundstruktur ihrer Geschichtsauffassung änderte sich damit nicht.

Man muß hingegen annehmen, daß insbesondere Morgan die Konnotationen ihres eigenen Begriffs *Basis* beeinflußt hat. Offensichtlich bekam für sie die *Familie* einen zentraleren Stellenwert. Zwar hatte die Familie in ihren Untersuchungen über die geschichtsmaterialistische Auffassung schon seit der *Deutschen Ideologie* eine Rolle gespielt (vgl. z. B. MEW 3, S. 21 ff.; MEW 20, S. 167, 451). Doch ging es da um die Familie als ökonomischer Produktionseinheit. Jetzt kommt ein neuer Aspekt hinzu: die Familie als Produzent neuer Menschen.

Dieser neue Stellenwert kommt bereits im Vorwort zu *Der Ursprung ...* zum Ausdruck. „Nach der materialistischen Auffassung ist das in letzter Instanz bestimmende Moment in der Geschichte: die Produktion und Reproduktion des unmittelbaren Lebens", schreibt Engels (MEW 21, S. 27 f.). Die Formulierung unterscheidet sich nicht fundamental von der im *Anti-Dühring* verwendeten. Doch präzisiert er jetzt seine Auffassung so, daß Produktion und Reproduktion doppelter Natur sind: einerseits geht es um Nahrung, Kleidung, Wohnung usw., andererseits geht es um neue Menschen. Die Produktion neuer Menschen gehört demnach zur gesellschaftlichen Basis.

Engels' Erweiterung des Basisbegriffs deckt sich mit Marx' Exzerpten aus Morgans *Ancient Society*. Marx notiert dort in Übereinstimmung mit Morgan, daß, während die Familie sich ständig entwickelt, die Vorstellung von den Verwandtschaftsbeziehungen auffällig hinterherhinkt. Marx kommentiert: „so verhält es sich mit politischen, religiösen, juristischen, philosophischen Systemen überhaupt" (Marx 1976, S. 148) — und Engels zitiert seinen Kommentar wörtlich (MEW 21, S. 38).

Es ist offensichtlich, daß die in verschiedenen Gesellschaften geltenden, sich wandelnden Vorschriften, wer mit wem Kinder zeugen darf, zur Basis gerechnet werden. Es mag den Eindruck erwecken, daß diese Erweiterung des Basisbegriffs für die Theorie als solche wenig bedeutungsvoll scheint: die Grundstruktur bleibt bestehen, der Umfang der Basis hat sich nur unbedeutend vergrößert.

Doch ist die Veränderung in der Tat äußerst wichtig, und in einem Sinne hat sie wahrscheinlich dazu beigetragen, die materialistische Geschichtsauffassung in ihrer Weiterentwicklung gegen Ende des 19. und Anfang des 20. Jh.s zu vergröbern und zu verzerren. Wir können dies sehen, wenn wir ganz einfach die Frage stellen, was die fundamentalen Beziehungen der Basis ausmacht.

Die Basis ist, kurz gesagt, das Verhältnis zwischen Produktivkraft[121] und Produktionsverhältnissen. Wenn die These, daß die Menschenproduktion, d. h. Kinderzeugung, zur Basis gehört, nicht ein völlig abgehobener Zusatz zum ursprünglichen Geschichtsmaterialismus sein soll, so muß man von ihrer Produktivkraft und ihren Produktionsverhältnissen sprechen. Die Produktionsverhältnisse stellen hier keine Schwierigkeiten dar: es geht um Einehe oder Mehrehe usw. Die Produktivkraft der Kinderzeugung muß ein Werkzeug sein, mit dem die Menschen Kinder produzieren, folglich die Geschlechtsorgane.

Die Geschlechtsorgane können noch so komplex sein, ihre Funktion noch so gebunden an komplizierte, instinktmäßige und hormonelle Verhältnisse — ihre „Produktivkraft" ist eine rein biologische Angelegenheit. In jeder historischen Betrachtung treten sie als gegebene Konstanten auf. Das Bild des Geschlechtstriebs, Geschlechtslebens und der Erotik kann noch so veränderlich sein — die Möglichkeiten der Kinderzeugung sind keine historische Angelegenheit. Man kann hier nicht von einer Produktivkraftentwicklung sprechen, wie man von der Entwicklung der materiellen Produktivkräfte spricht.

Demnach dringt die Biologie auf einem Frontabschnitt in das Gebiet der Humanwissenschaften ein. Sicherlich haben weder Marx noch Engels die Konsequenzen besonders genau berücksichtigt. Marx hat ja nur wenige Kommentare zu seinen Exzerpten abgegeben, und Engels hat lediglich den neuen, weiteren Umfang der Basis bestimmt.

Doch sind die Konsequenzen in der Tat sehr groß. Als Marx und vor allem Engels früher und in anderen Zusammenhängen die Beziehung zwischen Biologie und menschlicher Geschichte unter besonderer Berücksichtigung des Darwinismus diskutierten, haben sie eine fast völlig konsequente Grenze gezogen: Der Mensch als biologisches Wesen ist die Voraussetzung der gesamten historischen Entwicklung, doch kann die Biologie nicht die historische Entwicklung selbst erklären. Die Naturgeschichte gibt lediglich den Rahmen der Gattungsgeschichte ab, bestimmt aber nicht die verschiedenen Gesellschaftsformen oder Vorstellungswelten.

Wenn also die Kinderzeugung, dieses echt biologische Phänomen, in die Basis selbst verlegt wird, dann ist die Grenze zwischen Biologie und Geschichte verwischt. Diese theoretische Reformulierung, an der sich Karl Kautsky (z. B. 1960, S. 214 ff.), Edward Aveling (1884) und viele andere lebhaft beteiligen, beinhaltet, daß die materialistische Geschichtsauffassung zur Fortführung der darwinistischen Biologie degeneriert — die Entwicklung der Produktivkräfte wird zu einem der biologischen Selektion analogen Prozeß. Und, wenn auch eher indirekt, sind es Marx und Engels selber, die dieser Revision Vorschub leisten! Was Engels mit großer Konsequenz u. a. im *Anti-Dühring* ausführt, hebt er in einem begrenzten, aber zentralen Punkt in *Der Ursprung* ... wieder auf.

Engels ist besonders darauf bedacht, Morgan als Geschichtsmaterialisten darzustellen. Schon im Vorwort zu *Der Ursprung* ... behauptet er, daß Morgan die materialistische Geschichtsauffassung aufs Neue unabhängig von Marx entdeckt hat (MEW 21, S. 27). Wie Krader (1976, S. 39) hervorhebt, ist die Frage des Morganschen Materialismus höchst kontrovers. Man kann feststellen, daß Marx in seinen Exzerpten nirgends behauptet, Morgan teile seine Geschichtsauffassung. Dagegen setzt er nach dem Wort „ideas" ein Ausrufezeichen, als er Morgans Ausdruck „Earliest ideas of property" wiedergibt (Marx 1976, S. 170). Aus Marx' Sicht ist dies ein sehr wichtiges Ausrufungszeichen: Morgan sucht hinter den frühesten Eigentumsformen die entsprechenden Ideen vom Eigentum.

5. Theorien und Prozesse

Es ist nun abschließend an der Zeit, eine Zusammenfassung von Engels' Ontologie — die er selbst nicht geleistet hat — zu geben. Es gibt in seinen Schriften viele unvollendete Ansätze und widersprüchliche Thesen. Eine Zusammenfassung muß eine Rekonstruktion dessen leisten, was jenseits all dieser verstreuten Äußerungen als das Wesentliche erscheint.

Was ich hier Engels' Ontologie[122] nenne, beinhaltet als entscheidendes Moment eine Untersuchung der grundlegenden, vor- oder außerwissenschaftlichen Annahmen. Der Materialismus ist eine solche Annahme, ebenso der Irreduktionismus. „In der Tat ist die bloße Empirie unfähig, mit den Spiritisten fertigzuwerden", hebt er an einer Stelle hervor (MEW 20, S. 346); „die Theorie von der absoluten qualitativen Identität der Materie (also der mechanische Materialismus; S.-E. L.) (...) ist empirisch ebensowenig widerlegbar wie beweisbar", sagt er an einer anderen (ebd., S. 518).

Doch Engels' Ontologie bleibt hierbei nicht stehen. Er will vor allem zeigen, wie diese grundlegenden Voraussetzungen auf unterschiedlichen wissenschaftlichen Gebieten zum Ausdruck kommen oder kommen können. Er will untersuchen, inwieweit sie in Übereinstimmung mit oder in Widerspruch zu gängigen wissenschaftlichen Theorien stehen. Auf diese Weise strebt er das, was wir ein wissenschaftlich untermauertes Weltbild nennen können, an. Dieses Weltbild ist keine schlichte Zusammenfassung dessen, was von den führenden Vertretern oder dominierenden Richtungen innerhalb der verschiedenen Disziplinen als wahr angesehen wird. Eine solche Zusammenfassung eines bereits hochspezialisierten Wissens würde nicht besonders einheitlich ausfallen. Man muß davon ausgehen, daß bedeutende Strömungen innerhalb verschiedener wissenschaftlicher Disziplinen mit den grundlegenden ontologischen Prinzipien unvereinbar sind. So unterliegt es auch keinem Zweifel, daß z. B. nicht alle Wissenschaften materialistisch orientiert sind.

Die Grenze der Autorität der Ontologie gegenüber den Spezialwissenschaften ist natürlich ein Problem für Engels, wie übrigens auch für alle anderen Synthesebildner seiner Zeit. Ganz allgemein läßt sich sagen: Je umfassender die Theorien, desto größer ist für ihn die Autorität der Ontologie; in dem Maße jedoch, in dem es um die Aussagerelevanz der reinen Empirie geht, ist die Ontologie auf das Spezialwissen angewiesen. Dieses Prinzip als solches ist völlig trivial und einfach, doch in die Praxis umgesetzt bereitet es ständig Schwierigkeiten. Diese häufen sich, wenn gegensätzliche Auffassungen zwischen verschiedenen wissenschaftlichen Autoritäten auftreten: dann muß die Ontologie zu Gericht sitzen.

In diesem etwas weiteren Sinn bedeutet Ontologie nicht nur eine Ergründung der Voraussetzungen der Wissenschaft, sondern auch ihrer Resultate. Voraussetzungen und Resultate sind keine unabhängigen Welten. Nimmt man an, daß jede wirkliche Wissenschaft materialistisch ist, so werden deren Resultate dem nicht widersprechen. Zum Hauptpunkt in Engels' Untersuchung avanciert jedoch die Frage, wie sich die Voraussetzungen zur aktuellen Lage der verschiedenen Wissenschaften verhalten. So verausgabt er z. B. viel Energie auf den Nachweis, daß die Wissenschaft des 19. Jh.s auf einem Gebiet nach dem anderen die allgemeinen Annahmen über den ständig veränderlichen, fließenden Charakter der Wirklichkeit bestätigt.

Es ist für Engels selbstverständlich, daß jede Wissenschaft einen ontologischen Anspruch erhebt: sie äußert sich über etwas unbedingt Wirkliches. Daß das Denken (d. h. die Theorie) seinem Objekt entspricht, ist die „unbewußte und unbedingte Voraussetzung" (ebd., S. 529) aller theoretischen Tätigkeit. Die kantianischen Gedankengänge, die z. B. Helmholtz und Lange auf verschiedene Weise vertreten, sind ihm deshalb zutiefst fremd. Daß die Wissenschaft sich nur unter Vorbehalt über die Wirklichkeit äußern könne, weil immer die Möglichkeit einer *anderen*, wissenschaftlich nicht zugänglichen Realität besteht — dies scheint ihm ein gräßlicher Gedanke zu sein (s. ebd., S. 332, 490 ff., 499 ff.). Ganz im Gegensatz zu allen erkenntnistheoretischen Skrupeln gegenüber theoretischen Erklärungsansprüchen werden ja empirische Aussagen für bare Münze genommen: ein Hund hat wirklich vier Beine. Wenn jedoch die Empirie ohne Vorbehalte akzeptiert wird, muß entsprechend auch die Theorie akzeptiert werden — sofern sie sich eben empirisch bestätigen läßt.

Wenn nun die Übereinstimmung der Theorie mit der Wirklichkeit die „unbewußte und unbedingte Voraussetzung" der Wissenschaft ist, so heißt dies, daß die Vorstellung über eine Wirklichkeit, die von den wissenschaftlichen Aussagen nicht erreicht wird, faktisch eine Vorstellung über wissenschaftliche Theorien ist, die mit dem Charakter der wissenschaftlichen Tätigkeit in Konflikt gerät. Engels ist der Meinung, daß wir im Namen der Wissenschaft immer so tun, *als ob wir über die absolute Wahrheit verfügten*: An jedem Entwicklungspunkt der Wissenschaft wird demnach vorausgesetzt, daß das geltende Wissen mit der Wahrheit identisch ist. Gleichzeitig wissen wir, daß die Erkenntnis veränderlich ist, daß das heutige Wissen morgen nicht mehr gültig ist. Drittens erscheint diese Veränderlichkeit als ein Fortschrittsprozeß: Wir wissen heute mehr als gestern, und wenn die wissenschaftliche Arbeit nicht abgebrochen wird, werden wir morgen mehr wissen als heute.

Diese Erkenntnisdialektik, die wir bereits früher kennenlernten, bedeutet gleichzeitig, daß jede Ontologie, die — wann auch immer — eine Zusammenfassung der gültigen Wissenschaft versucht, ein Provisorium sein muß. Die Synthese der Wissenschaften wandelt sich mit deren Entwicklung. Aber diese historische Relativität darf genausowenig wie die biologische — die biologische und psychologische Begrenzung des Menschen — zur Annahme einer unerreichbaren Wirklichkeit verführen. Statt dessen lernt der Mensch durch seine historische Entwicklung (die ihn auch einige seiner biologischen Schranken überwinden läßt) die einzig verfügbare Wirklichkeit immer besser kennen.

Was ich hier Engels' Ontologie nenne, setzt folglich eine erkenntnisrealistische Auffassung voraus. Deren Grundlagen beruhen auf einigen Konzepten über die Wirklichkeit (der Materialismus; die Lehre von der Identität von Materie und Bewegung, die Lehre von der Irreduzibilität der „Bewegungsformen", die Lehre von der Wirklichkeit als einem sich ständig verändernden Prozeß), die wir auf die allgemeine Ontologie zurückführen können. Ihr völlig dominierender Teil ist allerdings die Interpretation der aktuellen Wissenschaft. In einer differenzierten und spezialisierten wissenschaftlichen Kultur heißt dies zuallererst *eine Interpretation des Zusammenhangs zwischen wissenschaftlichen Disziplinen und speziellen Theorien* und somit — unter der Voraussetzung, daß die Wissenschaften ihren Objekten provisorisch entsprechen — *eine Interpretation des Zusammenhangs zwischen den verschiedenen Niveaus der Wirklichkeit.*

Im vorhergehenden Kapitel haben wir Engels' oft schwankende, widersprüchliche Interpretationen der aktuellen Theorien und Wirklichkeitsgebiete kennengelernt. Ein wesentlicher Aspekt ist damit jedoch in den Hintergrund geraten. Wir haben immer wieder feststellen können, daß sich Engels oft in positivistischer und hegelianischer Manier ausdrückt; wir haben gesehen, wie er von der Erkenntnis als „Spiegelbild" der Wirklichkeit spricht und wie er diverse Konzeptionen zu endgültigen erklärt. In diesen Punkten zeigt er eine weit größere Nachlässigkeit als Marx.

Aber gleichzeitig spricht er, seit er Ende der 50er Jahre mit seinen Anstrengungen beginnt, vom fließenden, veränderlichen Charakter der Wirklichkeit. Hierzu sucht er sich in Hegels Philosophie abzustützen. Ferner sind ihm sowohl das Energieprinzip als auch der Darwinismus hochwillkommen, weil sie die scharfen Grenzlinien aufheben sowie die starren Gegensätze und festen Klassifikationen auflösen. Dieses Motiv ist so durchgängig, daß man seine Bedeutung leicht übersieht. Fast wirkt es wie ein allgemeines Lippenbekenntnis, da Engels oft ganz im Gegenteil das Starre, das Endgültige sucht. Den Höhepunkt markieren dabei seine drei dialektischen Gesetze, die ein Versuch sind, das Veränderliche selbst in feste Formen zu pressen.

Aber das Zugeständnis an die Veränderlichkeit der Wirklichkeit ist in der Tat von ausschlaggebender — wenn auch nicht immer vollständig realisierter und aktualisierter — Bedeutung. Allerdings gerät das Veränderlichkeitspostulat in Konflikt mit seinem erkenntnisrealistischen Ansatz. Der Erkenntnisrealismus setzt, zumindest implizit, eine totale Übereinstimmung zwischen Theorie und Wirklichkeit voraus. Und dann werden die Kategorien der Veränderlichkeit unbequem.

Man kann sagen, daß zwischen diesen Perspektiven — Erkenntnisrealismus und Veränderlichkeitsprinzip — eine wirkliche dialektische Spannung herrscht. Die Erkenntnis bildet ihr Objekt ab, aber während sie das Bild entwickelt, hat sich das Objekt verändert.

Es ist Engels nicht gelungen, diesen Gegensatz einer angemessenen konkreten Lösung zuzuführen. Marx hingegen ist z. B. in seinen *Mathematischen Manuskripten* weitergekommen. Es ist nun nicht nur wünschenswert, sondern tatsächlich auch möglich, Engels' Gedankengang zu rekonstruieren und auf den Punkt zu bringen. Erst dadurch können wir den rationalen Kern seiner allgemeinen Dialektik begreifen.

Wenn Engels den schwerüberschaubaren, entgleitenden Charakter der Wirklichkeit hervorheben will, so sagt er oft, daß die Wirklichkeit einen *Prozeß* darstellt. Die Bedeutung dieses Begriffs hat er Hegel entliehen (z. B. Werke, Bd. 4, S. 75; Bd. 5, S. 184 ff.; Bd. 8, S. 329 f.; Bd. 9, S. 67). Wenn er behauptet, daß die *Wirklichkeit* selber und nicht nur unsere Erkenntnis von ihr dialektisch ist, so meint er im wesentlichen das gleiche, als wenn er die Wirklichkeit als einen Prozeß bezeichnet (s. insbes. MEW 20, S. 22 f., MEW 21, S. 293). Er würde, wohlgemerkt, nie sagen, daß die Erkenntnis oder die Theorie einen Prozeß darstelle. Die Wirklichkeit hat Prozeßcharakter, die Theorie aber kann bestenfalls diesen Prozeßcharakter wiedergeben.

Daß die Wirklichkeit einen Prozeß darstellt, hat eine Reihe eng miteinander verbundener Implikationen: Die Wirklichkeit ist komplex; sie kann nie aus einer einzigen Erscheinung bestehen; die vielen oder wenigen Komponenten, die sie ausmachen, sind auf vielerlei Weisen kausal miteinander verknüpft; jede Ursache wird von ihrer eigenen Wirkung beeinflußt (hierin liegt der Grund für Engels' übertriebener Liebe zur Kategorie Wechselwirkung; s. z. B. MEW 20, S. 499). Dies wiederum bringt mit sich, daß sich die Wirklichkeit in ständigem Wandel und ständiger Entwicklung befindet.

Wir haben vorher aufgezeigt, daß es eine gewisse Zusammenhanglosigkeit zwischen Materialismus und Entwicklungsdenken bei Engels gibt. In seinen konkreten Untersuchungen, z. B. der Frage nach der Ewigkeit des organischen Lebens, stehen beide unvermittelt nebeneinander (ebd., S. 556 ff.). Erst auf der sehr abstrakten und allgemeinen Ebene, auf der die Wirklichkeit für Engels als ein einziger zusammenhängender Prozeß erscheint, tritt der Grund für sein Entwicklungsdenken hervor. Die Entwicklung des Universums, also die Entwicklung der „Materie in Bewegung", stellt einen geordneten Verlauf dar: der Weg verläuft vom weniger Komplexen zum Komplexeren. Der abstrakte Ausgangspunkt für diese Vorstellung kann so formuliert werden:

a) Auf keiner Entwicklungsstufe des Universums ist es ein einziger Faktor oder eine einzige Kraft oder Bewegungsform, die den Entwicklungsverlauf bestimmt. Es handelt sich immer um eine Wechselwirkung zwischen verschiedenen Faktoren. (Diese Schlußfolgerung zieht Engels u. a. aus dem Energieprinzip. Der Angriff ist gegen die mechanische Auffassung und den Schöpfungsglauben gerichtet.)

b) Diese Wechselwirkung zwischen verschiedenen Faktoren hat eine Tendenz, Erscheinungen hervorzubringen, die in der weiteren Entwicklung zu neuen wirksamen Faktoren im Entwicklungsprozeß werden. (Aus dem Zusammenspiel zwischen mechanischen, physikalischen und chemischen „Bewegungsformen" kann unter bestimmten Umständen das organische Leben entstehen. Es wird dann als selbständiger Faktor den Prozeß, in den es eingeht, beeinflussen.)

Der Prozeß der Wirklichkeit bringt also spontan neue Qualitäten hervor. Eine bestimmte Wechselwirkung zwischen den anorganischen Bewegungsformen ⟨ a, b, c ... n ⟩ bewirkt einen lebenden Organismus; existiert er erst einmal, so wird er in einen neuen, komplexeren Wechselwirkungstyp ⟨ a, b, c, L ... n ⟩ hineingezogen. L steht hier für den lebenden Organismus, und der Großbuchstabe drückt aus, daß der lebende Organismus an sich auch ein Ergebnis der Wechselwirkung zwischen den anderen Bewegungsformen ist. Dieser neue Typ einer komplexeren Wechselwirkung ist Ursache weiterer neuer Konstellationen, neuer, differenzierterer und komplexerer Organismustypen usw. Je zusammengesetzter der Verlauf wird, desto zahlreicher werden die möglichen Konstellationen und Neubildungen von Faktoren, die den Entwicklungsprozeß beeinflussen. Wenn die Menschen auf den Plan treten, kompliziert sich das Bild noch weiter, da die Menschen einen zunehmenden Teil ihrer Wirklichkeit vorsätzlich verändern können.

Es ist diese Entwicklungsidee, die Engels mit teilweise anderen Begriffen in einigen seiner zusammenfassenden Texte wie z. B. in der Einleitung zur *Dialektik der Natur* sowie verstreut in vielen Notizen und Anmerkungen präsentiert. (Er rechnet allerdings auch mit einem entgegengesetzten Prozeß, einer Degeneration des gesamten Universums, in der sich die zusammengesetzteren Formen auflösen (MEW 20, S. 324). Diese Erwartung beeinflußt jedoch unsere Überlegungen nicht.

Jetzt kommt es darauf an zu versuchen, das Verhältnis zwischen dem wirklichen Entwicklungsprozeß und unserer Erkenntnis desselben zu begreifen. Das Ziel ist eine einheitliche Erkenntnis. Aber wie kann diese Einheit erreicht werden? In der existierenden Wissenschaft sind die verschiedenen Teile des Prozesses Gegenstand verschiedener Disziplinen, und das Verhältnis zwischen diesen Disziplinen ist kontrovers. Mechanik, Physik, Chemie, Biologie und die Humanwissenschaften bilden freilich eine Hierarchie, in der die eine Wissenschaft dort ansetzt, wo die andere aufhört. Aber der Versuch, aus ihnen eine Einheit zu formen, setzt einige Vereinfachungen voraus. Der mechanische Materialismus nimmt an, daß der einfachste, der elementarste Teil des Prozesses der einzig wirkliche und alles andere — von den Qualitäten der Chemie und Physik bis hin zum Denken der Menschen — nur ein Phänomen dieser mechanischen und materiellen Wirklichkeit sei. Der Idealismus hingegen geht vom komplexesten Teil des Prozesses aus: von den Ideen und Vorstellungen der Menschen.

Engels hält natürlich den materialistischen Ausgangspunkt für den einzig gegebenen, aber er weist den Versuch der mechanischen Materialisten, die faktischen Unterschiede zwischen den verschiedenen Wissenschaften zu eliminieren, zurück. Es gibt einen entscheidenden Unterschied zwischen seiner und deren Verfahrensweise. Ein mechanischer Materialist versucht, die Kräfte der Physik und Chemie, das Leben der Biologie, die bewußten Handlungen der Menschen auf mechanische Bewegung zu reduzieren. Es kommt ihm also darauf an, jeden Teil des Prozesses direkt auf den einfachen Urzustand zurückzuführen. Engels beschäftigt sich nie mit der Frage, ob man z. B. die Biologie in Mechanik umwandeln kann. Seine Aufmerksamkeit wird völlig von der Frage, wie sich Biologie und organische Chemie oder die menschliche Geschichte und die Biologie zueinander verhalten, in Anspruch genommen. Er macht keine Sprünge in der wissenschaftlichen Hierarchie. Er ist völlig mit dem Verhältnis zwischen den Nachbardisziplinen beschäftigt. Das Ziel, das er der wissenschaftlichen Entwicklung vorgibt, ist nicht die Verankerung aller Wissenschaften in der Mechanik. Jede Disziplin soll, so schwebt ihm vor, im Verhältnis zu ihren Nachbargebieten bestimmt werden können.

Er geht folglich von der Voraussetzung aus, daß die Reihenfolge der Wissenschaften im großen und ganzen dem wirklichen Prozeß vom weniger komplexen zum komplexeren Zustand entspricht. Mit der wissenschaftlichen Entwicklung nimmt die Übereinstimmung ständig zu. So sind z. B. die Frage des Verhältnisses zwischen Biologie und organischer Chemie und die der Entstehung des Lebens aufs engste miteinander verknüpft. Kann man die eine Frage annähernd beantworten, so trifft dies ebenso für die andere zu. Kann man also die theoretische Frage über das Verhältnis zwischen zwei großen Theoriegebieten lösen, so kann man gleichfalls die Frage nach der wirklichen Entwicklung lösen.

Doch die Vorstellung, daß die Theorien ein immer besseres Bild der Wirklichkeit vermitteln, bedeutet nicht, daß die Theorien im buchstäblichen Sinn mit der Wirklichkeit, von der sie handeln, übereinstimmen. Engels äußert sich nicht selten so, als ob er sich eine solche totale Porträtähnlichkeit vorstelle: nämlich dann, wenn er von der Erkenntnis als einem Spiegelbild der Wirklichkeit spricht. Doch wenn er z. B. die Bedeutung des Geschichtsmaterialismus auslegt, kann er klar und deutlich zeigen, daß eine komplexe Theorie unterschiedliche Spiegelbilder liefern kann: Der Geschichtsmaterialismus mißt einerseits der Basis eine Sonderstellung zu, andererseits unterliegt diese auch allen möglichen Wechselwirkungen.

Wir können uns auch fragen, ob die These vom qualitativen Sprung tatsächlich den wirklichen Prozeß abbildet. Die meisten Beispiele von Engels deuten an, als ob es sich durchgängig so verhalten würde: das Wasser gerät ins Kochen, Methan wird zu Äthan usw. Doch den wirklich großen und entscheidenden Sprüngen — den Sprüngen zwischen den verschiedenen Theoriegebieten — scheinen keine entsprechenden Umbrüche in der Wirklichkeit zu entsprechen. Engels hält sich mit Vorliebe bei allen Zwischenformen zwischen Lebendem und Totem auf, die die zeitgenössische Wissenschaft gefunden zu haben glaubte, und schildert den Übergang von Affe zu Mensch als einen kontinuierlichen Prozeß. Er stellt sich offensichtlich nicht vor, daß das Leben oder der Mensch plötzlich auf der Bildfläche erschienen wären. Es geht ihm beim qualitativen Sprung also um den Übergang von einer Theorie zu einer anderen.

Dieser Diskrepanz zwischen Theorie und Wirklichkeit scheint er sich nicht bewußt zu sein, obgleich er so oft einerseits den fließenden Charakter der Wirklichkeit und die Unangemessenheit aller festen Grenzlinien und andererseits die Schranken zwischen verschiedenen theoretischen Gebieten betont. Hier, wie auf so vielen anderen Gebieten scheint Marx aufmerksamer zu sein. Marx behauptet emphatisch den qualitativen Sprung vom Handwerk zur Manufaktur und vom Feudalismus zum Kapitalismus. Doch bedeutet dies nicht, daß er meint, der wirkliche historische Prozeß mache einen entsprechenden Sprung. „Abstrakt strenge Grenzlinien scheiden ebensowenig die Epochen der Gesellschafts- wie die der Erdgeschichte", schreibt er im *Kapital* (MEW 23, S. 391).[123]

Auch eine andere, noch zentralere Frage über das Verhältnis von Theorie und Wirklichkeit verdient unsere Aufmerksamkeit. Engels betont, wie wir gesehen haben, daß die Biologie und noch mehr die Humanwissenschaften nicht das gleiche Niveau der Exaktheit wie die Mechanik, Physik oder Chemie erreicht haben. Es wird jedoch nicht deutlich, ob er glaubt, daß die weitere wissenschaftliche Entwicklung in entscheidender Weise den Unterschied mindern oder auslöschen wird, oder ob dies sozusagen in der Natur der Wirklichkeitsgebiete liegt. (Strenggenommen ist die Frage nicht zu beantworten, da man das Wissen der Zukunft nicht voraussagen kann, oder m. a. W. nicht wissen kann, was man noch nicht weiß.) Er sagt wiederholte Male, daß es der Biologie *noch nicht* gelungen ist, die „Bewegungsformen" des Lebens festzustellen, doch erklärt er auch — vor allem in der Polemik gegen Dühring —, daß die Gesetzmäßigkeit der Biologie und noch mehr die der Geschichte von anderer Art als die der Mechanik sein muß. Diese Auffassung, die bei ihm als die dominierende erscheint, da sie die Voraussetzung für seinen Versuch zur wissenschaftlichen Synthese ausmacht, impliziert, daß der Unterschied zwischen den verschiedenen Wissenschaften ein gradueller und kein Artunterschied ist. Der strenge Mechanismus ist nicht einmal auf den Gebieten der Physik und Chemie, noch weniger auf dem der Biologie und am wenigsten auf dem der Humanwissenschaften gültig.

Damit sind wir bei einer Frage, die, wenn auch oft nur implizit, Gegenstand so vieler philosophischer Bemühungen nicht nur in Engels' Schriften, sondern im gesamten späteren 19. Jh. war. Es ist die Frage des Determinismus. Ist es ein Mangel, wenn eine Theorie die Gesetzmäßigkeit eines Vorgangs, der zu ihrem Gebiet gehört, nicht exakt bestimmen kann? Ist es, wissenschaftlich gesehen, unzulänglich, wenn man eine bestimmte Erscheinung als zufällig apostrophieren muß, wenn man sie also mittels der jeweils eigenen Theorie weder bestimmen noch vorhersagen kann?

Marx und Engels antworten einstimmig und eindeutig nein auf diese Frage, soweit dies ihre eigenen Theorien auf humanwissenschaftlichem Gebiet betrifft. Der Zufall spielt eine Rolle und muß sie spielen. Engels zeigt darüber hinaus in seinen kurzen Überlegungen über „Zufall und Notwendigkeit" im Rahmen des Darwinismus, daß er eine ähnliche Auffassung auch bezüglich der Biologie vertritt. Aber er sieht nicht die Konsequenzen: Er greift das Problem nicht als allgemeingültig wissenschaftstheoretisches, ontologisches Problem auf.

Deshalb ist es uns nur in größter Allgemeinheit möglich, seine Auffassung auf der Basis seiner allgemeinen Vorstellungen über die Wirklichkeit als eines zusammenhängenden Prozesses, der immer komplexere Formen annimmt, zu rekonstruieren. Die zunehmende Komplexität impliziert, daß immer mehr Faktoren die Richtung des Prozesses bestimmen. Die Anzahl möglicher Erscheinungen wächst exponentiell; dadurch wird die Determination immer geringer. In einem rein anorganischen Prozeß ist die Anzahl theoretisch möglicher Ergebnisse geringer als in einem organischen oder einem historischen Prozeß.

Damit ist nicht gesagt, daß man den Umfang dieser *möglichen* Resultate nicht bestimmen könnte. Auf der Basis dieser oder jener biologischen Entwicklungsstufe lassen sich durchaus Aussagen über die möglichen Entwicklungslinien treffen. Und die These, daß die Basis den Überbau bestimmt, impliziert, daß man bei ausreichender Kenntnis eines gegebenen Basisniveaus den ungefähren Umfang der möglichen Entwicklungslinien in einer Gesellschaft angeben kann. Umgekehrt ließe eine entsprechende Kenntnis des Überbaus keine Einschätzung zukünftiger Entwicklung zu. Die Basis determiniert den Überbau nur in dem Sinne, daß sie die Grenzen für dessen Entwicklung angibt.

Bereits diese Auslegung, die meiner Meinung nach am besten mit Marx' und Engels' Anschauungsweise übereinstimmt, zeigt, daß die Theorie nicht als ein einfaches Spiegelbild des wirklichen Prozesses begriffen werden darf. Doch gibt es noch einen weiteren Gedanken hinzuzufügen, der die Diskrepanz zwischen Theorie und Objekt unterstreicht. Die Lehre vom qualitativen Sprung *im qualifizierten Sinn* — der Sprung von einem Theoriegebiet zu einem anderen — bedeutet, daß der Übergang von z. B. anorganischer Materie zu organischer, von Affe zu Mensch oder von einer Produktionsweise zu einer anderen bis auf den Übergang selbst bestimmt werden kann. Es ist möglich, wissenschaftlich zu zeigen, wie die Entstehung des Lebens oder das allmähliche Werden des Menschen oder die Verwirklichung des Kapitalismus mögliche Resultate unter diesen oder jenen gegebenen Umständen sind. Es ist keineswegs selbstverständlich, daß man die Entwicklung berechnen kann, nachdem die neue „Qualität" in Funktion getreten ist.

Die angemessenste Auslegung von sowohl Marx wie auch Engels ist zweifellos die, daß man mit Kenntnis der anorganischen Bedingungen des organischen Lebens oder der rein biologischen Bedingungen des Menschen, wenn auch nur annäherungsweise, den möglichen Rahmen für die biologische respektive historische Vielfalt angeben kann. Die neue Qualität ist in der Tat neu: ihre Wirkungen können nicht in einem Kalkül bestimmt werden. Hierin liegt auch der Grund für Marx' und Engels' berühmten Widerwillen, mehr als nur die allerallgemeinsten Züge der sozialistischen Gesellschaft, die sie als qualitativ verschieden von der kapitalistischen sehen, anzugeben.

Anmerkungen

1 Dühring hatte 1868 den 1. Band des *Kapital* rezensiert. Vgl. hierzu die Briefe zwischen Marx und Engels ab dem 8.1.1868, in: MEW 32, S. 8 ff. Dühring erscheint nochmals in der Korrespondenz von 1876, s. den Brief Engels-Marx v. 24.5.1876, in: MEW 34, S. 12. In der *Dialektik der Natur* (MEW 20) gerät er völlig in den Hintergrund; bis auf die Teile, die Vorarbeiten zum *Anti-Dühring* sind.

2 Brief von Lange an Engels v. 2.3.1865, IISG Marx-Engels Nachlaß, L 3270. Vgl. Engels' Antwort am 29.3.1865, MEW 31, S. 466 ff., u. die Briefe v. Marx und Engels, die Lange betreffen, 6.3. — 10.3.1865, MEW 31, S. 91 ff. Engels' Brief an Lange wurde bereits um die Jahreswende (in: *Die Neue Zeit*) gedruckt. Vgl. hierzu Vorländer 1911, S. 278. Eine neuere Veröffentlichung von Langes Briefen an Engels und andere ist Lange 1968.

3 Brief von Dietzgen an Marx o. D. 1867, IISG Marx-Engels Nachlaß, D 1030, abgedruckt in: Dietzgen 1911, Bd. III, S. 67 ff., und Dietzgen 1973, S. 119 ff. — Vgl. auch die Briefe zwischen Marx und Engels zu Dietzgen ab dem 4.10.1868, MEW 32, S. 174 ff.

4 Die Exzerpte sind teils im IISG (Amsterdam), teils im IML-ZPA (Moskau) zugänglich. Letztere sind in einem bes. Register in Reiprich 1969, S. 126 ff., aufgeführt.

5 Von den vier Konvoluten mit Manuskripten und Aufzeichnungen, die den Ausgaben der *Dialektik der Natur* zugrundeliegen, wird nur das dritte auch so genannt. Die Verzeichnisse der verschiedenen Konvolute hat Engels sehr spät geschrieben, nicht vor 1886 (vgl. MEW 20, S. 681, Anm. 406). Außerdem hat Engels auf die Druckbögen, die das erste Konvolut ausmachen, als eine Art Rubrik „Dialektik der Natur" geschrieben (vgl. MEW 20, S. 647, Anm. 162). Im Text selbst kommt der Ausdruck „Dialektik der Natur" nicht vor. Als das Manuskript 1925 veröffentlicht wurde, gab man ihm den Titel *Dialektik und Natur* (russischer und deutscher Paralleltext), ebenso 1927. Erstmals in MEGA (1935) erhält es den nunmehr gebräuchlichen Titel *Dialektik der Natur*.

6 In der heutigen Sekundärliteratur hat wohl am ehesten Vranicki (1972) diese Absicht. Er will mit seiner Geschichte die Entwicklung der marxistischen Theorie analysieren (Bd. 1, S. 9). Was seine ziemlich ausführliche Behandlung des späten Engels betrifft (ebd., S. 211—248), so schließt er sich dort dem traditionellen Standpunkt an, daß Engels' allgemeine Dialektik nicht mit dem historischen Materialismus verknüpft sei. Vranicki versäumt es, sie in ihren histori-

schen Zusammenhang zu setzen, und es gelingt ihm ebensowenig, ihre große und kontroverse Bedeutung in der Geschichte des Marxismus zu erklären. — In den umfassenderen Übersichtswerken über die Geschichte des Sozialismus fehlt fast vollständig die Vorstellung einer Theorieentwicklung im Marxismus; dieser Prozeß wird von politischen Ereignissen und Namen verdeckt, sowohl in Cole (1953—56) als auch bes. im oberflächlicheren Landauer (1959). Von der eher auf das Wesentliche ausgerichteten französischen Entsprechung *Histoire générale du socialisme* (hrsg. v. J. Droz) sind bislang zwei der drei geplanten Bände (1972—74) erschienen. Hier findet man einige wertvolle Studien, die jedoch nur punktuell die Entwicklung des Marxismus beleuchten.

Die bisher umfangreichste Arbeit, Kolakowskis *Die Hauptströmungen des Marxismus* (3 Bde., Bd. 1, 1977) geht von der Vorstellung aus, daß die Entwicklung des Marxismus durch eine frühe Blüte und einen anschließenden Verfall gekennzeichnet ist. Marx ist vor allem ein „deutscher Philosoph" (S. 15). Engels' allgemeine Dialektik hingegen sieht er als völlig anti-philosophisch und „szientistisch" an, d. h. vom grenzenlosen Wissenschaftsglauben des späten 19. Jh.s geprägt (S. 427 ff.).

7 Dies ist nicht ungewöhnlich in Darstellungen des Sowjetmarxismus. Vgl. die sehr unterschiedlichen Darstellungen von Ahlberg (1960) und Negt (1969). Bochenski (1956) und Wetter (1960) gehen noch weiter.

8 Althusser behauptet durchweg und programmatisch, daß Hegel keine aktuelle Bedeutung für die vollentwickelte marxistische Theorie habe (s. Althusser 1965 u. Althusser / Balibar 1954). Seine Einstellung zur Naturdialektik dagegen wird kaum deutlich. Auf meine direkte Anfrage (Brief v. 28. 8. 1972) erklärt er, daß die Idee einer Naturdialektik 1. einen polemischen Wert habe: die Geschichte beginnt nicht mit dem Menschen; daß sie 2. einen Geschichtsidealismus verhindere und daß sie 3. nicht funktionsfähig werden könne, wenn nicht die positivistischen Einschläge bei Engels rigoros entfernt werden, vor allem sein Gesetzesbegriff.

9 In einer vollständigeren Analyse sollte natürlich auch das Wissen, das zur Festigung oder Veränderung des politischen oder rechtlichen Niveaus Anwendung findet, beachtet werden; man wäre dann gezwungen, mit einer besonderen ‚praktisch-politischen' bzw. ‚praktisch-rechtlichen (administrativen)' Anwendung vor allem der Gesellschaftswissenschaften zu rechnen.

10 Hierher gehört vor allem die häufige Anwendung von kybernetischen Modellen, die u. a. von den sowjetischen Forschern Vassilij Parin und Alexander Spirkin entwickelt wurden. In diesem Zusammenhang sind auch die Arbeiten von G. Klaus (1966, 1972) interessant.

11 Man schreibt das Jahr 1891, den Ort „Die Neue Zeit". Es geht um einen Aufsatz zum Gedenken an Hegel; s. Plechanow 1891/2. Engels teilt Kautsky mit, daß er den Aufsatz „ausgezeichnet" findet, Brief v. 3. 12. 1891, MEW 38:235 — Vgl. Carew-Hunt 1955, S. 5., Jordan 1967, S. 3 u. 397, u. Baron 1963, S. 287.

12 Vgl. z. B. das Vorwort, unterzeichnet vom Institut für Marxismus-Leninismus in Moskau, zur *Deutschen Ideologie*, MEW 3, S. VII, und Oisermann 1965, S. 379 ff., wo die gänzlich dominierenden sowjetischen und ostdeutschen Auffas-

sungen von einer kontinuierlichen und harmonischen Entwicklung der Ideen und Theorien bei Marx und Engels auffallen, mit z. B. Althusser 1968, bes. S. 30 ff., und seine Hauptthese eines radikalen Bruches in Marx' wissenschaftlicher Entwicklung.

13 Brief v. Engels an J. Bloch v. 21./22. 9. 1890, MEW 37, S. 463 ff. — Eine wichtige Bestimmung zur Anwendung der Theorie macht Marx in einem Brief an Vera Sassulitsch, MEW 35, S. 166 f.

14 Eine lohnende Zusammenfassung der Diskussion über die asiatische und überhaupt der vorkapitalistischen Produktionsweise ist Sofri; Godelier und Rodinson sind ebenfalls wichtig.

15 Die detaillierteste Untersuchung von Marx' Weg zum *Kapital* ist Rosdolsky 1969. Wesentlich ist auch Wygodsky 1967. Die entscheidende Bedeutung des Arbeitskraftbegriffs wird noch stärker von Nicolaus 1972 hervorgehoben.

16 Habermas ist hier ein Beispiel unter tausend möglichen. Das Bild eines mehr oder weniger revolutionären humanistischen Marx, völlig verschieden von einem wild spekulierenden oder dogmatischen Engels, ist besonders in der westdeutschen und der angelsächsischen Literatur Allgemeingut. S. z. B. Hook 1933, S. 75 f., Calvez, S. 374 ff., Sartre 1967, S. 151 f., Landgrebe 1965, S. 50 f. Die gleiche Sichtweise taucht auch bei Jordan 1967, S. 13 ff., in einer durchdachteren und besseren Argumentation als sonstwo auf, sowie bei Levine 1975, S. 1 ff., in einer manisch aufgebauschten Version. Ausgewogener, aber ebenfalls ohne Zweifel, ist Hartmann 1970, S. 552 ff.

17 Über Smith' unterschiedliche Versuche, den Wert zu bestimmen, s. z. B. Dobb 1977, S. 47 ff.

18 Tatsächlich entwickelte Mill zwei verschiedene Theorien über die Triebkräfte der historischen Entwicklung. Nach der einen, in erster Linie in den *Principles of Political Economy* vorgetragen, macht die Distribution den beweglichen, aktiven Teil der Entwicklung aus; nach *On Liberty* beruht der menschliche Fortschritt auf neuen Ideen. Er erklärt hier offen, daß Meinungsfreiheit und ökonomische Freiheit in keinem direkten Zusammenhang stehen; beide Entwicklungstheorien können folglich Seite an Seite stehen. Daß Mill eine derartige Inkonsequenz zuläßt, beruht darauf, daß er nicht die Gesellschaft, sondern das Individuum in einer einheitlichen Perspektive betrachtet. Die Theorie über die Distribution und die Theorie über die Ideen sollen als unterschiedliche Abstraktionen der Individual-Psychologie (die Gewinnsucht des Menschen bzw. — wahrscheinlich — seine intellektuelle Kapazität) gesehen werden.

19 S. außer Rosdolsky u. Nicolaus 1972 auch Nicolaus 1973. Noch weiter — und viel zu weit — geht McLellan 1971, S. 2 ff., u. McLellan 1973, S. 290 ff. Die *Grundrisse* spielen eine vorherrschende Rolle in den Arbeiten von Zelený 1970, Althusser 1968 u. Rozental 1969.

20 Die vergleichende Anatomie spielt jedoch in Hegels Vorstellungswelt nur eine untergeordnete Rolle; vgl. z. B. Werke, Bd. 9, S. 676.

21 Man kann dies bereits bei Hegel (Werke, Bd. 25, S. 1714 ff.) unter dem Schlagwort „Organik, Organisches" bzw. „Organismus" sehen.

22 Über den Relationsbegriff bei Hegel s. (die etwas unübersichtliche) Monographie von Wall 1966.

23 Die Abstraktion ist „eine Trennung des Konkreten, und eine Vereinzelung seiner Bestimmungen". Hegel, Werke, Bd. 5, S. 61.

24 Die meiner Meinung nach beste Untersuchung des Reflexionsbegriffs bei Hegel ist die des Holländers Willem van Dooren 1965, bes. S. 81 ff.

25 „Verhältnis" ist ein terminus technicus Hegels für die Beziehung zwischen den Momenten in einer Totalität; ein „ungleiches Verhältnis" im Marxschen Sinne könnte er nicht tolerieren.

26 Ein Paradebeispiel ist Thier 1954. — Sogar dort, wo man einer derartigen Marxlektüre fern steht, findet man die Vorstellung, daß Marx' Dialektik in den Frühschriften gegenüber Hegel abgegrenzt ist. Nicolaus (1973, S. 43) behauptet in bezug auf sehr frühe Schriften: „All the elements of Marx's particular character as materialist *and* dialectician are present here, but the announced intent of focusing systematizing the many points of difference with Hegel's ‚Logic' is not carried out."

27 „Erfahrungswissenschaften haben für das, was sie seyn sollen, ihre eigenthümliche Methode, des Definirens und Klassificirens ihres Stoffes, so gut es geht, gefunden." (Hegel, Werke, Bd. 4, S. 50)

28 Die Frage der Darstellungsweise war bei vielen Philosophen, mit denen Marx in Kontakt kam, wie z. B. Hegel und Comte, aktuell. S. dazu außer Negt 1964 auch Schmidt 1971, S. 121 ff. — Über das Verhältnis abstrakt / konkret in den *Grundrissen* bzw. im *Kapital* hat Echeverría 1978 eine wichtige Untersuchung vorgelegt.

29 In dieser Hinsicht scheint H. Koch gegenüber Lukács recht zu haben; vgl. Koch 1960, S. 104 ff. Zweifelhafter ist die Kritik von A. Gedö im gleichen Zusammenhang, die darauf hinausläuft, daß Lukács in der Methodenfrage fehlgeleiteter als Stalin gewesen wäre; vgl. Gedö 1960, S. 36 f.

30 So z. B. für G. Lichtheim. Man muß es geradezu Verlogenheit nennen, wenn Lichtheim (1970, S. 294) behauptet, Engels habe sich erst nach Marx' Tod an die Ausarbeitung einer allgemeinen Dialektik gemacht.

31 Vgl. die Briefe v. Marx an Engels v. 8. 12. 1857, MEW 29, S. 225; v. 18. 12. 1857, MEW 29, S. 232; v. 11. 1. 1858, MEW 29, S. 256; v. 29. 1. 1858, MEW 29, S. 269; v. 31. 5. 1858, MEW 29, S. 330.

32 Früher hatten ja Marx und Engels mehrmals einen historisch geprägten Materialismus Feuerbachs naturalistischem Materialismus entgegengestellt; aber die zitierte Formulierung scheint hier zum ersten Mal vorzukommen.

33 Noch in den *Ökonomisch-philosophischen Manuskripten* sind es Feuerbachs Ideen einer materialistischen Wissenschaft, die Marx' Denken dominieren. „Die *Sinnlichkeit* (siehe Feuerbach) muß die Basis aller Wissenschaft sein", heißt es dort (MEW, Erg.-Bd. 1, S. 543). — In der *Deutschen Ideologie*, wo Feuerbach beschuldigt wird, Materialismus und Geschichte zu trennen (MEW 3, S. 45), wird der neue Materialismus in erster Linie als ein „praktischer Materialismus" oder „Kommunismus" (ebd., S. 42) präsentiert. Der Begriff der Dialektik spielt hier noch keine Rolle.

34 Merkwürdigerweise ist das einfache, aber außerordentlich fundamentale Faktum, daß Engels *zu dieser Zeit* die Hauptpunkte in Marx' Auseinandersetzung mit Hegel in den *Grundrissen* fremd waren, in der umfangreichen Sekundärlite-

ratur nicht bemerkt worden. In jener Tradition, die eine abgrundtiefe Kluft zwischen Marx und Engels finden will, hat man wie Bollnow und Habermas — um nicht von Lichtheim zu reden! — die Unterschiede durch windige Vergleiche von Schriften aus weit auseinanderliegenden Entwicklungsperioden von Marx und Engels zu beweisen versucht. Reichelt (1970, S. 133) erwähnt Engels' Rezension, zieht aber keine Schlußfolgerung daraus. In anderen Traditionen, die auf eine unablässige, harmonische Zusammenarbeit zwischen Marx und Engels abheben, hat man beim Vergleich genausowenig eine Lupe benutzt. — Zur späteren Tradition gehört die umfangreiche Untersuchung (über 500 S.) über Engels' ökonomisches Denken und die marxistische ökonomische Theorie von L. A. Leontjew. Auf Engels' Rezension geht er zwar ausführlich ein, ohne jedoch irgendeinen Unterschied zwischen Marx' und Engels' Einstellung zu bemerken. Leontjew 1970, S. 279 ff., bes. S. 282. Vgl. a. Zelený 1970, S. 57 f. In den großen Biographien über Engels ist das Schweigen noch drückender, wie in Mayer 1934, Bd. 2, in Gemkow et al 1970 u. sogar in Henderson 1976, Bd. 2.

35 Daß Brazill (1970) in seiner Monographie über die Junghegelianer die Naturphilosophie überhaupt nicht thematisiert, spricht Bände.

36 Es bleibt im wesentlichen bei einer bloßen Nennung von Namen und allgemeinen Theorien — ein Umstand, den einige Interpreten überschätzen. Reiprich (1969, S. 18) legt großes Gewicht auf Engels' Wiedergabe einer Äußerung von Cuvier, die gegen Schellings Naturphilosophie gerichtet ist (vgl. *Schelling und die Offenbarung*, in: MEW, Erg.-Bd. 2, S. 202 f.). Für Reiprich ist das ein Hinweis auf Engels frühe Bekanntschaft mit den Naturwissenschaften. Engels' bloße Anführung von Namen wie Newton, Black, Lavoisier (MEW 1, S. 551) ist für Reiprich ein weiterer Beleg.

37 Sowohl das „Wesen" des Menschen als auch seine „Entfremdung", „Entäußerung" von diesem Wesen spielen eine große Rolle z. B. in den *Ökonomisch-philosophischen Manuskripten* von 1844 (MEW, Erg.-Bd. 1, S. 514 ff.). In der 6. Feuerbachthese (1845) wird die Vorstellung eines menschlichen Wesens zurückgewiesen: „Feuerbach löst das religiöse Wesen in das *menschliche* Wesen auf. Aber das menschliche Wesen ist kein dem einzelnen Individuum innewohnendes Abstraktum. In seiner Wirklichkeit ist es das Ensemble der gesellschaftlichen Verhältnisse." (MEW 3, S. 534). Somit muß auch der frühere Entfremdungsbegriff (Entfremdung des Menschen von seinem *Wesen*) verändert werden. In der *Deutschen Ideologie* kommt das Wort nur einmal vor, in einer ironischen Anspielung: „Diese *Entfremdung*, um den Philosophen verständlich zu bleiben . . ." (MEW 3, S. 34). Wenn Marx später, z. B. in den *Grundrissen*, von „Entfremdung" und „Entäußerung" spricht, ist der Zusammenhang mit dem alten Wesensbegriff (das *unveränderliche* Wesen des Menschen) völlig verschwunden, und es geht nun um bestimmte Verhältnisse, die die Rolle der Menschen in der Produktion betreffen (z. B. Marx 1953, S. 715 ff.).

37a IISG Marx-Engels Nachlaß, B 49 (Heft XLIV, 1851), S. 34 ff., B 59 (Heft LIII, S. 1 ff.) und B 106 (Heft XCVII). Letzteres ist erst 1865—66 geschrieben worden, also gegen Ende der Fertigstellung des 1. Bandes des *Kapital*. Marx exzerpiert sogar auch andere Schriften von Liebig.

38 Er will mit seinem Brief bezwecken, daß Marx ihm ein Exemplar von *Die Naturphilosophie* borgt.

39 Hegel faßt seine Auffassung in folgenden Worten zusammen: „Nur in den Veränderungen, die auf dem geistigen Boden vorgehen, kommt Neues hervor"; nur dort gibt es ein „Prinzip der Entwicklung" (Werke, Bd. 11, S. 89 ff.).

40 Über das Verhältnis zwischen Marx, Engels und Darwin gibt es einige Spezialstudien — so z. B. Lukács 1968, Colp 1974, Heyer 1975 und Gerratana 1973. Entweder zeichnen sie sich durch völlige Unkenntnis des Marxismus oder des Darwinismus oder von beiden aus. Die sonderbare Vorstellung, Engels sei ein Vulgärdarwinist, ist weit verbreitet — besonders bei Lichtheim (1961, S. 234). Gewöhnlich geht man dabei von Engels' Äußerungen bei Marx' Begräbnis aus, wo Marx und Darwin in *Hinblick auf ihre wissenschaftliche Größe* verglichen werden (MEW 19, S. 333). Vergleiche zwischen Darwins „Entwicklungsgesetzen" der Arten und Marx' „Entwicklungsgesetzen" des Kapitalismus sind genauso vorherrschend im *Kapital* wie in Engels' Schriften und Äußerungen.

41 Das Experiment war eines von vielen, mit dem Tyndall die mechanische Wärmetheorie veranschaulichen wollte: Wärme als eine Form von Bewegung (vgl. Tyndall 1879, S. 413 ff.).

42 Briefe von Marx an Engels v. 25. 1. 1865, in: MEW 31, S. 44, und v. 13. 2. 1865, in: MEW 31, S. 72. In diesen beiden Briefen beschreibt Marx das Experiment mit fast dem gleichen Wortlaut. Siehe auch die Briefe von Engels an Marx v. 6. 3. 1865, in: MEW 31, S. 92, und v. 4. 1. 1866, in: MEW 31, S. 168. — In dem letztgenannten Brief empfiehlt Engels Tyndalls *Heat a Mode of Motion*.

43 Die Exzerpte „Chemie", IISG Marx-Engels Nachlaß, B 108, S. 2 ff. — Die Aufzeichnungen wurden 1868 gemacht, also nach dem enthusiastischen Brief im Nov. 1867.

44 Vgl. Brief von Marx an Engels v. 3. 1. 1968, von Engels an Marx v. 6. 1. 1868, in: MEW 32, S. 5 ff. und von Schorlemmer an Marx o. D., IISG Marx-Engels Nachlaß, D 3986.

45 Er macht sich Notizen u. a. zu R. Clausius' *Über den 2. Hauptsatz der mechanischen Wärmetheorie* (1867) (s. IML-ZPA 1:1:4042) im Jahr 1870 oder möglicherweise bereits 1867, und er beginnt mit einigen Exzerpten von Arbeiten von Helmholtz, Thomson-Tait u. a., ohne sie jedoch vor 1880 zu vollenden (IISG J41; IML-ZPA 1:1:3930).

46 62 dieser 181 Artikel und Notizen in der *Dialektik der Natur* lassen sich nach MEW 20, S. 691 f. nicht mit Sicherheit datieren. Aber wahrscheinlich sind die meisten dieser 62 Schriftstücke nach 1878 zustande gekommen. Einen Datierungsversuch unternimmt Fischer 1978, S. 1414 ff.

47 S. z. B. mehrere Notizen in MEW 20, S. 483 f. u. 507 f., die alle aus dem Jahre 1874 stammen. — In einer anderen Notiz von 1874 kommt Hegels *Wissenschaft der Logik* vor (ebd., S. 508). Daß Engels zu dieser Zeit intensive Hegelstudien betrieb, geht aus einem Brief an Marx v. 21. 9. 1874 hervor, in dem er erklärt: „Ich sitze tief in der Lehre vom Wesen." (MEW 33, S. 119 f.).

48 Das Wort entlehnt er von Hegel, der es jedoch in mehreren Bedeutungen verwendet; Engels' „Metaphysik" entspricht am ehesten Hegels „Verstandes-Metaphysik" (vgl. Hegel, Werke, Bd. 9, S. 255 ff.).

49 Engels benutzt hier nicht die Worte „Quantität" und „Qualität", aber es ist völlig sicher, daß er genau dies meint.

50 MEW 33, S. 81: „Organismus — hier laß ich mich vorläufig auf keine Dialektik ein." — Schorlemmer kommentiert am Rande: „Ich auch nicht."

51 Daß er hier wie in der 1876 verfaßten „Einleitung" zur *Dialektik der Natur* (MEW 20, S. 326) so großes Gewicht auf das Gegensatzpaar Zufall / Notwendigkeit legt, macht es zumindest wahrscheinlich, daß der wichtige Abschnitt „Zufälligkeit und Notwendigkeit" (ebd., S. 486 ff.) — der nicht auf andere Weise datiert werden konnte — in der vor-*Anti-Dühring*-Periode geschrieben wurde.

52 Es ist gut möglich, daß Engels bei näherer Betrachtung zu dem Resultat kam, daß das Gesetz von der Negation der Negation das der spiralen Entwicklung einschließt.

53 Nach Engels soll das erste Gesetz im ersten Buch von Hegels *Wissenschaft der Logik* („Die Lehre vom Sein"), das zweite im zweiten Buch („Das Wesen") und das dritte im dritten Buch („Die Lehre vom Begriff") entwickelt worden sein. Abgesehen davon, daß Hegel nicht von irgendwelchen Gesetzen redet, hat die Behauptung doch eine gewisse Berechtigung, was die beiden ersten Gesetze betrifft, nicht jedoch für das dritte. Das Verhältnis zwischen den drei Gesetzen ist ja auch nicht auf irgendeine Weise mit dem Sein, dem Wesen und dem Begriff bei Hegel vergleichbar.

54 Es gibt sogar Beispiele aus der Mathematik (s. MEW 20, S. 121 ff.). — Daß z. B. (um Engels' Beispiele für Quantität und Qualität aufzugreifen) eine Gruppe chemischer Verbindungen mit Hilfe des Gesetzes von der Negation der Negation verdeutlicht werden könnte, scheint ausgeschlossen. Sollte etwa die dritte Verbindung in der Methangruppe die Negation der Negation sein? Der Anspruch auf Allgemeingültigkeit der dialektischen Gesetze erweist sich demnach von Beginn an als unhaltbar.

55 Im Vorwort zur zweiten Auflage des *Anti-Dühring* von 1885 macht Engels jedoch immer noch Gebrauch vom Ausdruck „dialektisches Gesetz" (MEW 20, S. 9).

56 Marx hat etwa 30 Exzerpte hinterlassen, von denen jedoch mehrere die praktische Anwendung der entsprechenden Disziplinen betreffen.

57 IISG Marx-Engels Nachlaß, J 32 und IML-ZPA 1:1:4299 (Exzerpte von Wiedemanns *Die Lehre vom Galvanismus*).

58 Marx analysiert d'Alembert in seinen mathematischen Manuskripten; vgl. Marx 1974, S. 146 ff. — Engels Exzerpte: IISG Marx-Engels Nachlaß J 42, S. 20 ff.

59 Marx führt z. B. im *Kapital* Mommsen auf, aber es geht dabei lediglich um dessen Kapitalbegriff (MEW 23, S. 182, 185). Niebuhr wird in einer Fußnote spöttisch erwähnt (ebd., S. 250). Sybel und Treitschke geraten nur wegen ihres Angriffs auf das *Kapital* und den Sozialismus in das Blickfeld von Marx und Engels — vgl. den Brief von Engels an A. Hepner v. 30. 12. 1872 (in: MEW 33, S. 553), wo er nebenbei die Auseinandersetzung von Schramm (1872) mit Sybel lobt, und den Brief von Marx an Engels v. 1. 8. 1877 (in: MEW 34, S. 66), wo Mehrings anonyme Broschüre gegen Treitschke, *Herr von Treitschke, der Sozialistentödter, und die Endziele des Liberalismus* (1875) als „sehr langweilig

und seicht geschrieben", aber nicht völlig uninteressant bezeichnet wird. Irgendein Interesse für das Programm des Historismus nach Hegel und den Junghegelianern zeigten weder Marx noch Engels.

60 Engels' Arbeitsverhältnis in der Firma seiner Verwandten und seine schließliche Befreiung von den Buchhalterdiensten sind in den umfangreichen Engels-Biographien v. Mayer 1934, Bd. II, S. 10 ff. und Henderson 1976, Vol. II, S. 196 ff. gründlich untersucht worden. Vgl. auch Stepanova 1956 und Jenkins 1951, passim.

61 Engels' unterschiedliche Reaktionen auf die Manuskripte der noch unfertigen Bände des *Kapital* kann man gut im Sammelband Marx-Engels 1954, S. 277—380, studieren.

62 Derartige Informationen sucht man in der im übrigen verdienstvollen Zusammenstellung der Entstehungsgeschichte des *Anti-Dühring* von Ulrich-Werchan (1978, S. 398 ff.) vergebens.

63 Engels hingegen betonte häufig, daß Schorlemmer sowohl Chemiker als auch Kommunist bzw. Sozialdemokrat war. Die Literatur, die den gesamten Schorlemmer behandelt, beschränkt sich im wesentlichen auf Zimmermann 1964, Heinig 1971 und 1974 sowie Hager 1960 und meinen Aufsatz von 1974.

64 C. Schorlemmer, *Geschichte der Chemie*, I—II, in: ‚Manchester University Library', Special Collections. — Besonders der letzte Brief von Engels, dem Bruder Hermann diktiert und an den Chemiker L. Siebold adressiert, bezieht sich auf diese Chemiegeschichte, die nach Engels noch nicht druckreif ist (MEW 39, S. 54). — Siebold hatte mitgeteilt, daß ein Verleger in Deutschland bereit war, die Chemiegeschichte herauszugeben (Brief von Siebold an Engels v. 22. 7. 1895, IISG Marx-Engels Nachlaß, L 5709). Noch Partington hat sich davon überzeugt, daß Schorlemmers Chemiegeschichte höchst unfertig ist (s. Partington 1964, Bd. 4, S. 775).

65 Ein einziger Brief von Engels an Schorlemmer ist erhalten geblieben. Er wurde in dem eben genannten Manuskript vergessen. Der Brief gibt Aufschluß über einige chemiehistorisch interessante griechische Worte (vom 27. 1. 1891, in: MEW 38, S. 14). Vier Briefe von Schorlemmer an Engels sind noch vorhanden (IISG Marx-Engels Nachlaß, L 5606—5609 und IML-ZPA, 1:5:2318). Einer enthält interessante Informationen über Literatur in der Chemie; er ist jedoch aus der Zeit vor 1873 (L 5607 bzw. 1:5:2318).

66 Falls Schorlemmer sie selbst vernichtete, müßten die Briefe von ihm an Engels vorhanden sein. Natürlich gibt es die Möglichkeit, daß sowohl Schorlemmer wie Engels die erhaltenen Briefe vernichteten.

67 IISG Marx-Engels Nachlaß, 3986—3992; IML-ZPA, 1:5:3311. — In einem der Briefe (25. 9. 1873) klärt Schorlemmer Marx über die Adressen von Darwin und Spencer auf.

68 Einige Briefe an Marx' Töchter, insbesondere an Laura Lafargue sind über ganz Europa verstreut; in IISG Marx-Engels Nachlaß (G 172 und 347—48), in British Museum (Add. 45345 f133) und in Colléction M. E. Bottigelli. — Einige Briefe von Schorlemmer zu chemischen Fragen sind in der Chemical Society in London und andere ähnliche Briefe in der Staatsbibliothek preußischer Kulturbesitz in Berlin und der Bibliothek des deutschen Museums in München aufbewahrt.

69 In einem Brief an A. Krause hat Schorlemmer, offensichtlich vom Adressaten aufgefordert, seinen „Lebenslauf" geschildert (Bibl. d. dt. Museums). Wesentlich ausführlicher ist P. J. Hartogs Artikel „Schorlemmer, Carl (1834—1892)" in: *Dictionary of National Biography*, Vol. L. — In den Matrikeln von Heidelberg wird eine Immatrikulation von einem C. Schorlemmer nicht erwähnt.

70 Leider scheinen die Akten, die die Tätigkeit der Schiller-Anstalt betreffen, verloren gegangen zu sein. Der Verein hörte bei Ausbruch des 1. Weltkriegs auf zu existieren.

71 Im Nekrolog in ‚Nature‘ fügt Roscoe hinzu, daß er „knows but little of his political views, for these he did not obtrude on his friends though he held decided ones. He believed in popular freedom and popular rights, and was a strong supporter of the German Democratic Party / sic! /, many of the leaders of this movement both in Germany and in England, being his intimate personal friends." (Roscoe 1895, S. 365)

72 Brief v. Engels an L. Lafargue v. 20. 7. 1891, MEW 38, S. 138: „Aber er wird immer mehr Tristymeier, man muß sich sehr anstrengen, ihm ein Lächeln abzuringen."

73 Bereits Bd. 5, der 1896 herauskam, wurde, wie es in der dt. Auflage heißt, „fortgesetzt von J. W. Brühl" in Zusammenarbeit mit den Chemikern E. Hjelt und O. Aschan aus Helsinki.

74 Vgl. Brief v. Engels an P. Lafargue v. 19. 5. 1892, MEW 38:347: „Sie wissen, daß dieser /Schorlemmer/ physisch und moralisch seit 4 Jahren krank ist ..." Worin Schorlemmers physische und mentale Krankheit bestand, ist schwer zu sagen. Man kann festhalten, daß Engels mit auffallender Erleichterung mitteilt, daß die Obduktion zeigte, daß Schorlemmer an Lungenkrebs gestorben sei; z. B. im Brief an L. Schorlemmer v. 30. 6. 1892, MEW 38:379. — Es war ein Gerücht im Umlauf, daß „die Liebe und der Alkohol" ihn „zerstört" habe; vgl. den Brief v. A. Bebel v. 5. 6. 1892 an den Führer der östereichischen Sozialisten Victor Adler; ‚V. Adler‘, S. 90. Es ist denkbar, daß diese heiklen Angelegenheiten dazu beitrugen, daß Engels die Briefe v. Schorlemmer nicht aufbewahrte.

75 ‚Bibliothek des deutschen Museums‘, Brief v. E. Hoster an E. Erlenmeyer v. 22. 10. u. 22. 11. 1862, sowie der Brief v. Schorlemmer an Erlenmeyer v. 6. 11. 1862.

76 Obwohl mehrere Generationen englischer und deutscher Chemiestudenten in Schorlemmers Lehrbuch ihre Unterweisung erfuhren, hat sich seine Namensgebung nicht durchgesetzt.

77 Marx lernte seinerseits die Grundlagen der Chemie aus Schorlemmers deutschen Bearbeitung von Roscoes Lehrbuch (Roscoe 1868); Vgl. Brief Marx an Engels v. 2. 11., 27. 11. u. 7. 12. 1867, MEW 31, S. 375, 391 bzw. 405 sowie die Exzerpte ‚IISG Marx-Engels Nachlaß‘, B 145.

78 Offensichtlich hat Engels recht mit seiner Vermutung. In seiner Geschichte der organischen Chemie weist Schorlemmer auf Engels hin. Es geht um die Methan- oder Paraffingruppen, d. h. Schorlemmers eigenes Spezialgebiet. Schorlemmer sagt, ganz in Engels' Sinn, die „Paraffine zeigen, wie auch andere homologe Reihen, sehr klar, wie fortwährend ‚Quantität in Qualität umschlägt‘

...". In einer Fußnote weist er auf den *Anti-Dühring* hin. — Schorlemmer 1889, S. 117 f.

79 Diese Ausgabe kaufte Engels später aus dem Nachlaß auf (Brief von Siebold an Engels v. 30. 12. 1892, IISG Marx-Engels Nachlaß, L 5704). Das Werk wird im IML-ZPA aufbewahrt.

80 Die Unterschiede werden besonders während Schorlemmers letzter Krankheit und nach seinem Tod deutlich. Engels teilt seinen Parteikameraden in Deutschland mit, daß das Hinscheiden seines Freundes eine Parteiangelegenheit von höchster Wichtigkeit sei. Vgl. z. B. Brief v. Engels an Kautsky v. 11. 6. 1892 (MEW 38, S. 360) und v. 27. 6. 1892 (ebd., S. 378) sowie von Engels an Bebel v. 20. 6. 1892 (ebd., S. 372). Wie sehr sie durch die Trauerbotschaft betroffen sind, ist schwer zu bestimmen. Bernstein, der aus dem früheren Fehltritt gelernt hat und jederzeit darum bemüht ist, Engels zufriedenzustellen, bringt seine bittere Trauer zum Ausdruck, beklagt aber am meisten, daß Engels einen Freund verloren hat (Brief v. Bernstein an Engels v. 2. 7. 1892; in: Bernstein 1970, S. 382 f.). Bebel drückt vor allem seine Freude darüber aus, daß Engels einen Kranz bei Schorlemmers Beerdigung niedergelegt hat, denn Bebel und seine engsten Mitarbeiter hatten wohl nicht daran gedacht, „und außerdem kannten wir seine Stellung zu wenig" (Brief von Bebel an Engels v. 9. 7. 1892, in: Bebel 1965, S. 563).

81 S. z. B. IISG Marx-Engels Nachlaß, L 5041 u. 5043: Brief v. S. Moore an Engels v. 2. 6. 1875 bzw. 3. 7. 1879.

82 Die Briefe v. Dietzgen an Marx werden im IISG Marx-Engels Nachlaß, D 1030—1041, aufbewahrt; außerdem ist ein Brief v. Dietzgen an Engels erhalten (vom 14. 11. 1884, ebd., L 1158). Der erste Brief an Marx wurde mehrmals gedruckt, u. a. in: Dietzgen 1911, Bd. 2, S. 97 ff. Die bisher vollständigste Dietzgenausgabe ist Dietzgen 1961, die betreffenden Briefe befinden sich dort in Bd. 3, S. 400 ff. Eine Auswahl ist auch in Dietzgen 1973, S. 119 ff. zu finden.

83 Mit den positivist. Tendenzen meine ich hier die Auffassung, daß alle theoretischen Annahmen über die Wirklichkeit (Gesetze usw.) nur Zusammenfassungen von einzelnen Beobachtungen sind; es dreht sich m. a. W. um einen sehr unqualifizierten Empirismus (Empirismus als solchen fasse ich weiter: nach ihm bildet die Erfahrung den Ausgangspunkt für die theoretische Arbeit; damit ist sogar die dialektisch-materialistische Tendenz bei Engels eine Art Empirismus).

84 Die starre Grenzziehung zwischen „Philosoph" und „Naturforscher" mag heute eigentümlich erscheinen, war aber zu Engels' Zeit ziemlich verbreitet. Alles was Kant, ja sogar alles, was Descartes machte, war Philosophie.

85 Es ist nicht bekannt, weshalb Engels dieses Vorwort nicht im *Anti-Dühring* benutzte; vielleicht glaubte er, daß es allzu lang und schwer verständlich für die polemische Schrift sei. Später wollte er es in die *Dialektik der Natur* (MEW 20:307) einbringen.

86 Der Terminus „philosophische Theorien" ist unvereinbar mit Engels' eigenem Sprachgebrauch, wonach die Theorien die Philosophie in der modernen Wissenschaft allmählich ersetzen. Was der Philosophie bleibt ist das menschliche Denken (MEW 20:24).

87 Einer, der dies deutlich gesehen hat, und sich übrigens weniger andächtig über

die drei Gesetze äußerte, ist Mao Tse Tung. Eine seiner Formulierungen wird wie folgt wiedergegeben: „The unity of opposites is the most basic law, the transformation of quality and quantity into one another is the unity of the opposites quality and quantity, and the negation of the negation does not exist at all." (Mao Tse-tung 1974, S. 226)

88 Dies geschieht eigentlich nur im *Anti-Dühring* (MEW 20, S. 113), wo er es als Widerspruch ausgibt, daß die Wurzel von A eine Potenz von A sein könne (wie etwa $A^{1/2} = \sqrt{A}$) und daß man mit imaginären Zahlen ($\sqrt{-1}$) rechnen könne.

89 Die Aufgabe der Dialektik ist ja nach Hegel, den Gegensatz zwischen dem Subjektiven und Objektiven, Denken und Wirklichkeit zu überwinden (vgl. z. B. Werke, Bd. 4, S. 60 ff.).

90 Eine derartige Unterscheidung findet sich bekanntlich auch bei Hegel nicht. Bei ihm ist es ein leitender — um nicht zu sagen *der* leitende — Gedanke, daß der Erkenntnisprozeß bzw. der Weg von der reinen Beobachtung zum absoluten Wissen zugleich auch der Weg der Ontologie vom reinen Geist über die reine Materie zum absoluten Sein ist. Ersteren verfolgt er in der *Phänomenologie des Geistes*, letzteren vor allem in der *Wissenschaft der Logik*. Das Problem muß sich jedoch für den Materialisten Engels wesentlich anders stellen.

91 Man muß allerdings betonen, daß für Engels sogar die Geschichte der Menschheit eine Bewegung ist, und daß in diese „Bewegungsform" auch das Denken als ein (untergeordneter) Teil eingeht.

92 Engels selber läßt die verschiedenen Bedeutungen völlig ineinanderfließen. Selbstverständlich kann nur von der wahren Vorstellung (der objektiven Erkenntnis) gesagt werden, sie „spiegele" ihr Objekt; aber wenn Engels von der Entsprechung Wirklichkeit / Vorstellung spricht, so scheint er zu behaupten, daß, wenn die Erkenntnis (das Denken) der objektiven Wirklichkeit entspringt, sie ihr auch nicht „widersprechen" kann (vgl. MEW 20, S. 33).

93 Insbesondere in der sowjetischen und der DDR-Literatur wurde die Frage unterschiedlicher Kausalzusammenhänge in der Marxschen Theorie aufgeworfen und abgehandelt. Gewöhnlich bringt man zum Ausdruck, daß man es für wichtig hält, zwischen einem „tieferen", „konkreteren" Ursachenzusammenhang und einem äußerlicheren, abstrakteren zu unterscheiden; es ist möglich, wenn auch nicht ganz selbstverständlich, diese Äußerungen in Übereinstimmung mit der hier vorgetragenen Interpretation zu deuten. — Vgl. z. B. Iljenkov 1969, S. 87 ff., und Zelený 1970, S. 109 ff.

94 Hegels prägnanteste Äußerung über die Dialektik findet man in der *Phänomenologie* (Werke, Bd. 2, S. 35) und der *Wissenschaft der Logik* (s. bes. Werke, Bd. 4, S. 50 ff.; Bd. 5, S. 31 ff.). Die Dialektik ist bei Hegel primär eine philosophische Angelegenheit, bei Marx ist sie eine Angelegenheit der empirischen Arbeit mit wissenschaftlichen Theorien.

95 Hegel behandelt mathematische Fragen eingehend in der *Wissenschaft der Logik* (Werke, Bd. 4, S. 293—389). Seine deutlichsten Aussagen über die Mathematik als einer „Verstandeswissenschaft" findet man im *System der Philosophie* (s. bes. Werke, Bd. 9, S. 84).

96 Unter den Arbeiten, die nach der Herausgabe der mathematischen Manuskripte (Marx 1974) veröffentlicht wurden, verdienen vor allem Janovskaja 1969

und Endemann 1974 Erwähnung. Interessante Gesichtspunkte gibt es auch in Witt-Hanson 1973 (bes. S. 92). Von den älteren Darstellungen muß man v. a. den Aufsatz des berühmten Mathematik-Historikers Struiks herausstreichen; vgl. a. Colman 1931 u. 1933.

97 Die Voraussetzung einer solchen Unterscheidung ist natürlich, daß man überhaupt eine besondere innerwissenschaftliche Perspektive akzeptiert.

98 Der Artikel wurde 1878 geschrieben, also zu einer Zeit, als Engels seine „dialektischen Gesetze" entwickelte. Der Widerspruch zwischen dem Positivismus, den er dort vertritt, und der angeführten Äußerung ist offensichtlich.

99 Tatsächlich hat Engels hier die Hegelsche Einteilung aus der *Wissenschaft der Logik* von „Mechanismus", „Chemismus" und „Teleologie" (Hegel, Werke, Bd. 5, S. 179—235) abgeändert; mit der Teleologie will Engels sich nicht befassen. — Er berücksichtigt dabei nicht Hegels spätere Einteilung (ausgearbeitet im *System der Philosophie*) „Mechanik" — „Physik" — „Organik" (Werke, Bd. 9, S. 66 ff.). Dort findet die Teleologie nur beiläufig Erwähnung, wenn es um das Organische geht (ebd., S. 452). Nach beiden Einteilungen gehören Physik und Chemie zur gleichen Einheit.

100 In Bd. I von Roscoe / Schorlemmer 1877 (für den allerdings Roscoe als Hauptverantwortlicher angesehen werden muß) ist die Zweiteilung nicht deutlich ausgeführt; Physik und Chemie werden hier als schwer zu differenzierende Einheit dargestellt (S. 37 f.), aber gleichzeitig wird die Physik mit dem Molekularbegriff, die Chemie mit dem Atombegriff verknüpft (S. 58 ff.), — Daß Schorlemmer in seinen eigenen Schriften die strikte Zweiteilung Physik / Molekulartheorie — Chemie / Atomtheorie unterstützt, geht u. a. aus seinem chemiehistorischen Manuskript hervor (Manchester University Library 1879, Bd. 1, S. 2).

101 Es ist erwähnenswert, daß Engels später seine eigenen Ausführungen über die Naturwissenschaften im *Anti-Dühring* durch „eine große Unbeholfenheit der Darstellung" gekennzeichnet sah. Er arbeitete den Text aber nicht um, sondern schrieb stattdessen, als Kritik und Komplettierung seiner Darstellung — ein längeres Vorwort zur neuen Auflage 1885 (MEW 20, S. 10 ff.).

102 Vgl. die „Einleitung" (1876 fertiggestellt, bereits vor der Arbeit am *Anti-Dühring*), wo Engels die physikalischen Prozesse klar *vor* den chemischen in der Entwicklung plaziert (MEW 20, S. 321).

103 Kap. „Elektrizität" (geschr. 1882), MEW 20, S. 394—443 passim, insbes. S. 429. — Dieser 50seitige Abschnitt ist mit Abstand der umfangreichste, den Engels für die *Dialektik der Natur* fertigstellte. Die Bedeutung der Elektrizität für seine Naturdialektik kann dies überhaupt nicht motivieren.

104 Die umfassendste Biographie über Mach ist Blackmore 1972. Machs Monographie über das Energieprinzip, sein philosophisches Erstlingswerk, wird dort nur nebenbei erwähnt (S. 42). Blackmore greift die Frage über das Verhältnis von Comtes Positivismus und Machs Neopositivismus auf, aber meiner Meinung nach unterbetont er den entscheidenden Unterschied in bezug auf den wissenschaftlichen Gesetzesbegriff und die Anwendung der Wissenschaft (S. 164 ff.).

105 Engels bringt hier einen Gedanken vor, der überhaupt nicht mit seinen sonstigen Überlegungen übereinstimmt. Er weist darauf hin, daß man noch längst nicht alle quantitativen Veränderungen, die neue Qualitäten hervorbringen

(z. B. in der Biologie), aufzeigen könne. Dies ist ja das übliche Argument des Vitalismus, und es kollidiert mit Engels' Hauptgedanken, daß eine qualitative Veränderung immer einer quantitativen entspricht.

106 Die Unterscheidung zwischen Eigenschaften, die als zum Gegenstand selbst gehörend angenommen werden, und Eigenschaften, die dem Gegenstand vom Beobachter zugeschrieben werden (z. B. Farbe), kann bis in die antike materialistische Philosophie zurückverfolgt werden und spielt dann eine große Rolle bei z. B. Galilei, Descartes und Newton.

107 Vgl. z. B. Roscoe 1868, S. 21 ff., 63, 93, 96 f., 138 ff.; Roscoe / Schorlemmer 1877, Bd. 2, S. 821; Regnault-Strecker 1853, Bd. 1, S. 1 f., 1863, Bd. 2, S. 31 f., 37. Sogar im großen Wurtz (1874—76) sind die Artikel über die Grundstoffe so aufgebaut, daß nach der Geschichte und der Beschreibung des natürlichen Zustandes eines Stoffes sowie der Art und Weise, ihn chemisch zu isolieren und zu bearbeiten, eine sorgfältige Aufzählung zunächst der physikalischen und dann der chemischen Eigenschaften folgt.

108 Vgl. ebd., S. 607 f., wo Hegel Eigenschaft als „reflektierte Qualität" bezeichnet.

109 Unter „Niveau" wird ein theoretisches Gebiet verstanden, auf dem man mit den gleichen Qualitäten zu rechnen hat, z. B. (nach Engels Ontologie) die Mechanik oder die Biologie, oder (um ein Beispiel aus dem Geschichtsmaterialismus zu wählen) die Basis bzw. verschiedene Bereiche des Überbaus.

110 Es ist ja ein zentraler Gedanke bei Marx, daß frühere Produktionsweisen nur dann voll verständlich sind, wenn man die kapitalistische kennt (vgl. Marx 1953, S. 25 ff.).

111 Marx' Ausdrucksweise erinnert hier sehr an die spätere von Engels (natürlich können sich beide gleichermaßen auf Schorlemmer berufen): „Die Urform muß natürlich bis zu einem Punkt herunter verfolgt werden, wo sie chemisch fabrizierbar ist."

112 Aus einem Brief von Marx an W. A. Freund — einem sozialdemokratischen Gynäkologen in Breslau — v. 21. 7. 1877 geht hervor, daß Marx Traube kannte und daß Traube ihm versprochen hatte, ihm seine Schriften zu senden. Der Brief verrät auch, daß Engels Traubes Resultat für die *Dialektik der Natur* ausnutzen wollte. Eine Korrespondenz zwischen Marx und Traube (oder Engels und Traube) ist nicht erhalten geblieben, und die Hinweise auf Traubes Forschungen, die sich in der *Dialektik der Natur* finden (MEW 20, S. 560, 578), sind älter als Marx' Brief (MEW 34, S. 246).

113 Die uninformierte Literatur über Engels' Verhältnis zu Darwin zeugt davon, daß die Einseitigkeiten in Engels' Bewertung im *Anti-Dühring* immer noch die Vorstellungen beherrscht. Zugegebenermaßen versuchten einige sogenannte orthodoxe Marxisten von den späten 80er Jahren an, tatsächlich die materialistische Geschichtsauffassung zu einer Art einfacher Anwendung des Darwinismus auf die menschliche Geschichte zu machen.

114 Dühring beruft sich in seiner Kritik am Darwinismus auf das Programm des reduktiven Mechanizismus. Er erklärt, daß „alle Entwicklungsschematismen, soweit sie mehr als äußerliche Anschauungsbilder der unmittelbaren Erfahrung sein sollen, die Bearbeitung eines atomistischen Materials aufweisen müssen.

Nur in diesem Sinne können wir Entwicklungsgesetze als letzte Instanzen der Rechenschaft anerkennen, und nur in dieser Richtung kann es eine zergliedernde und hiermit erst wahrhafte Wissenschaft geben. Der reine Mechanismus hat in dieser Beziehung denselben Anspruch zu machen, und die Entwicklung muß in der rein mechanischen Composition sogar ihre erste Stelle haben." (Dühring 1875, S. 127)

115 Nach Comte gelingt den Menschen eine ständig zunehmende Herrschaft über die Natur durch die Entwicklung der Erkenntnis; für diese Entwicklung kann z. B. der Klassengegensatz kein Hindernis darstellen.

116 Wahrscheinlich ist eben auch Haeckel gemeint, wenn Engels von den „materialistischsten Naturforscher(n) der Darwinschen Schule" spricht (MEW 20, S. 451). Engels hatte früher Haeckels *Natürliche Schöpfungsgeschichte* und *Anthropogenie* gelesen und beruft sich auf beide Schriften (z. B. in ebd., S. 477 ff.).

117 Engels' Vorstellung entspricht hier derjenigen Hegels. Vgl. dessen berühmte Metapher, daß die Eule der Minerva erst in der Dämmerung ihren Flug beginnt (Werke, Bd. 7, S. 37).

118 Es waren vor allem die im Literaturverzeichnis aufgeführten, 1854 und 1865 erschienenen Bücher von Maurer, die Marx studierte.

119 Vgl. Bd. 3 des *Kapital* (MEW 25, S. 187), wo Marx sich auf diese „Meinung" beruft, und Engels in einer Fußnote hinzufügt, daß dies zwar 1865 lediglich eine Meinung war, aber jetzt, „seit der umfangreichen Untersuchung der ursprünglichen Gemeinwesen von Maurer bis auf Morgan", ein von fast allen akzeptiertes Faktum ist.

120 Marx exzerpierte auch Phear, Maine u. a. (vgl. Marx 1976).

121 Das Wort „Produktivkraft" wird ja sowohl im Singular wie im Plural verwendet, z. B. im *Kapital*. In einer exakten Formulierung der Theorie muß die Singularform benutzt werden: die Produktivkraft der Arbeit ist „eine Größe, die durch das Produktenquantum, das die Arbeit gemäß des Entwicklungsgrades der Produktionsbedingungen in einer gewissen Zeit hervorbringt, gemessen wird" (MEW 23, S. 60 u. a.).

122 Es muß darauf hingewiesen werden, daß Engels selbst das Wort „Ontologie" nicht benutzt. — Von den heutigen Verfassern, die umfassendere ontologische Untersuchungen durchführten, ist vor allem Bhaskar (1975) zu nennen. Bhaskar unterscheidet zwischen philosophischer und wissenschaftlicher Ontologie: Erstere befaßt sich mit den Voraussetzungen, letztere mit den Resultaten der Wissenschaft. Die Unterscheidung mag wichtig sein (S. 29 f., S. 36); das Wesentliche an einer dialektisch-materialistischen Darstellung der Ontologie ist jedoch die Betonung des Zusammenspiels zwischen Voraussetzungen und Resultaten.

123 Vgl. hierzu die klärende Darstellung von Aspelin (1972, S. 109 f.). Aspelin hat sicher auch darin recht, daß Marx hier an Lyells geologische Theorie denkt.

Literatur

1. Quellensammlungen

Bibliothek des deutschen Museums, München. Briefe von C. Schorlemmer und E. Horster.
British Museum, London. Briefe von C. Schorlemmer (Add. 45 345 f. 133)
Collection M. E. Bottigelli, Paris. Briefe von C. Schorlemmer.
Institut für Marxismus-Leninismus, Moskau (IML-ZPA). Marx-Engels-Sammlungen.
International Instituut voor Sociale Geschiedenis, Amsterdam (IISG). Marx-Engels-Nachlaß.
Manchester University Library. Special Collections. C. Schorlemmer, Geschichte der Chemie, I—II.
Staatsbibliothek preußischer Kulturbesitz, Berlin (West). Briefe von C. Schorlemmer
Beim Verfasser. Brief von L. Althusser.

2. Gedruckte Literatur

Adamiak, R.: „*Marx, Engels, and Dühring*", in: *Journal of the History of Ideas*, Vol XXXV, 1974.
Adler, M.: *Marx als Denkner. Zum 25. Todesjahr von Karl Marx*, Berlin 1908.
Adler, V.: *Briefwechsel mit August Bebel und Karl Kautsky*, gesammelt und erläutert von F. Adler, Wien 1954.
Adorno, T. W.: *Negative Dialektik*, Frankfurt 1966.
Ahlberg, R.: ‚*Dialektische Philosophie' und Gesellschaft in der Sowjetunion*, Berlin 1960.
d'Alembert / le Ronde, J.: *Traité de dynamique*, Paris 1743.
Althusser, L.: *Für Marx*, Frankfurt 1968.
—: *Réponse à John Lewis.*, Paris 1973.
— / Balibar, E. (Hg.): *Das Kapital lesen*, 2 Bde., Reinbek 1972.
Anschütz, A.: *August Kekulé*, 2 Bde. Berlin 1929.
Árnason, J. P.: *Von Marcuse zu Marx. Prolegomena zu einer dialektischen Anthropologie*, Neuwied / Berlin 1971.

Aspelin, G.: *Karl Marx som sociolog*, Lund 1972.

Aveling, E.: *The Student's Darwin*, London 1881.

—: *The Darwinian Theory: Its Meaning, Difficulties, Evidence, History*, London 1884.

Ballestrem, K. G.: *Russian Philosophical Terminology*, Dordrecht 1964.

—: *Die sowjetische Erkenntnismetaphysik und ihr Verhältnis zu Hegel*, Dordrecht 1968.

Baron, S. H.: *Plekhanov. The Father of Russian Marxism*, Stanford / Calif. 1963.

Bernstein, E.: *Die Voraussetzungen und die Aufgaben der Sozialdemokratie*, Stuttgart 1899.

Bhaskar, R.: *A Realist Theory of Science*, Leeds 1975.

Blackmore, J.T.: *Ernst Mach: His Work, Life, and Influence*, Berkeley 1972.

Blackburn, R. (Hg.): *Ideology in Social Science. Readings in Critical Social Theory*, London 1972.

Blumenberg, W. (Hg.): *August Bebels Briefwechsel mit Friedrich Engels*, Den Haag 1965.

Bochenski, I. M.: *Der sowjetische dialektische Materialismus*, Bern 1956.

Bollnow, H.: „Untersuchung über Engels' Auffassung von Revolution und Entwicklung", in: Marxismusstudien I, Tübingen 1954.

Bottigelli, M. E.: *F. Engels, P & L. Lafargue: Corréspondence*, 3 Bde., Paris 1956—59.

Brazill, W. J.: *The Young Hegelians*, New Haven 1970.

Brecht, B.: *Gesammelte Werke, Bd. 19: Schriften zur Literatur und Kunst 2*, Frankfurt 1967.

Brinz, M.: „Maurer, Georg Ludwig V.", in: Allgemeine Deutsche Biographie, Bd. 20, Berlin 1884.

Brookes, C.: „Force and Energy. The Conservation of Energy a Fact, not a Heresy of Science", in: *Nature*, Vol. VI, 13.6.1872.

Burrow, J. W.: *Evolution & Society, A Study in Victorian Social Theory*. Cambridge 1966.

Butlerow, A. M.: *Lehrbuch der organischen Chemie*, Bd. 2 und 3, Leipzig 1864—66.

Büchner, L.: *Kraft und Stoff. Empirisch-naturphilosophische Studien in allgemeinverständlicher Darstellung*, Leipzig 1855.

—: *Sechs Vorlesungen über die Darwin'sche Methode*, Leipzig 1868.

Butts, R. E. (Hg.): *William Whewell's Theory of Scientific Method*, Pittsburgh 1968.

Calvez, H.-Y.: *La Pensée de Karl Marx*, Paris 1956.

Cannan, E.: „Editor's Introduction", in: Smith 1950.

Carew-Hunt, R. N.: *Marxism. Past and Present*, London 1955.

Carpenter, W. D.: „Inaugural Address" beim Brit. Assoc. Meating at Brighton, in: *Nature*, Vol. VI, 15.8.1872.

Clausius, R.: *Über den zweiten Hauptsatz der mechanischen Wärmetheorie. Ein Vortrag*, Frankfurt 1867.

—: *Die mechanische Wärmetheorie* (1864) Bd. 1, Braunschweig ^{2}1876.

Cole, G. D. C.: *A History of Socialist Thought*, 3 Bde., London 1953—56.

Colman, E.: „Short Communication on the Unpublished Writings of Karl Marx

Dealing with Mathematics, the Natural Sciences and Technology ...", in: *Science at the Crossroad*, London 1931.

—: „Eine neue Grundlegung der Differentialrechnung durch Karl Marx", in: *Archeion* 15, 1933.

Colp Jr., R.: „The Contacts between Karl Marx and Charles Darwin", in: *Journal of the History of Ideas*, Vol. XXXV, 1974.

Comte, Auguste: *Cours de philosophie positive*, Werke in 6 Bänden, Paris 1830—42, fotomechanischer Nachdruck Paris 1968—69.

Cornu, A.: *Karl Marx und Friedrich Engels*, 4 Bde., Berlin (Ost) 1962—68

Darwin, Ch.: *The Origin of Species by Means of Natural Selection of the Preservation of Favoured Races in the Struggle for Life*, London 1859.

—: *The Descent of Man, and Selection in Relation to Sex*, London 1871.

Deborin, A. M.: „Lukács und seine Kritik des Marxismus", in: *Arbeiterliteratur*, Nr. 10, 1924 (Nachdruck in Deborin / Bucharin 1969)

— / Bucharin, N.: *Kontroversen über dialektischen und mechanischen Materialismus*, Frankfurt 1969.

Dicke, G.: *Der Identitätsgedanke bei Feuerbach und Marx*, Köln / Opladen 1960.

Dietzgen, J.: *Das Wesen der menschlichen Kopfarbeit. Dargestellt von einem Handarbeiter*, Hamburg 1869.

—: *Sämtliche Schriften in 3 Bänden*, hrsg. v. E. Dietzgen, Wiesbaden 1911.

—: *Das Wesen der menschlichen Kopfarbeit und andere Schriften*, hrsg. v. H. G. Haasis, Darmstadt / Neuwied 1973.

Dixon, H. B.: „Memoirs of the Late Carl Schorlemmer, L. L. D., F. R. S., F. C. S.", in: *Memoirs and Proceeding of the Manchester Literary & Philosophical Society*, Fourth Series, Vol. VII, Manchester 1893.

Dobb, M.: *Theories of Values and Distribution since Adam Smith. Ideology and Economic Theory*, London 1973.

Dooren, W., von: *Het Totalitetsbegrip bij Hegel en zijn Voorgangers*, Assen 1965.

Droz, J. (Hg.): *Histoire générale du socialisme*, 2 Bde., Paris 1972—74.

Dühring, E.: *Natürliche Dialektik, Neue logische Grundlagen der Wissenschaft und Philosophie*, Berlin 1865.

—: „Marx, Das Kapital, Kritik der politischen Oekonomie", 1. Band, Hamburg 1867, in: *Ergänzungsblätter zur Kenntnis der Gegenwart, Bd. 3, Berlin 1867*.

—: *Kritische Geschichte der Nationalökonomie und des Socialismus* (1865), Berlin ²1875.

—: *Sache, Leben und Feinde. Als Hauptwerk und Schlüssel zu seinen sämtlichen Schriften*, (1882), Leipzig ²1903.

Echeverría: „Critique of Marx's 1857 Introduction", in: *Economy and Society*, Vol. 7, No. 4, Nov. 1978, p. 333—336.

Eckert, G. (Hg.): *W. Liebknecht: Briefwechsel mit Karl Marx und Friedrich Engels*, Den Haag 1963.

Elkana, Y.: *The Discovery of the Conservation of Energy*, London 1974.

Endemann, W.: „Einleitung", in: Marx 1974.

Erlenmeyer, F.: *Lehrbuch der organischen Chemie*, Leipzig 1867.

Fetscher, I.: *Karl Marx und der Marxismus*, München 1967.

Feuerbach, L.: Sämtliche Werke, neu hrsg. von W. Bolin / F. Jodl, 2. unveränderte Aufl. Stuttgart-Bad Cannstatt.

— Bd. 2: *Philosophische Kritiken und Grundsätze* (1843), 1959.

— Bd. 6: *Das Wesen des Christenthums* (1841), 1960.

— Bd. 7: *Erläuterungen und Ergänzungen zum Wesen des Christenthums* (1846), 1960.

Fischer, E.: „Bemerkungen zur Ausarbeitung der ‚Dialektik der Natur' durch Friedrich Engels", in: *Deutsche Zeitschrift für Philosophie*. Vol. 26, Nr. 11, 1978.

Forbes, R. J.: *Studies in Early Petroleum History*, Leiden 1958.

—: *More Studies in Early Petroleum History* 1860—1880, Leiden 1959.

Gedö, A.: „Zu einigen theoretischen Problemen des ideologischen Klassenkampfes der Gegenwart", in: *Georg Lukács und der Revisionismus*, Berlin 1960.

Gemkow, H. u.a.: *Friedrich Engels. Eine Biographie*, Berlin 1970.

Gerratana V.: „Marx and Darwin", in: *New Left Review*, Nr. 82, 1973.

Geschichte der deutschen Arbeiterbewegung, hrsg. v. Institut für Marxismus-Leninismus, Bd. 1, Berlin (Ost) 1966.

Godelier, M.: *Horizon, trajets marxistes en anthropologie*, Paris 1973.

Grimaux, L. E.: „Les substances colloïdales et la coagulation", in: *Revue scientifique*, 3me série. T. LX. Paris 1885.

Grove, W. R.: *On the Correlation of Physical Forces* (1843), London [3]1855.

Grujić, P. M.: *Hegel und die Sowjetphilosophie der Gegenwart*, Bern 1969.

Gustafsson, B.: *Marxism och revisionism. Eduard Bernsteins kritik av marxismen och dess idéhistorika förutsättningar*, Uppsala 1969.

Habermas, J.: *Technik und Wissenschaft als „Ideologie"*, Frankfurt 1968.

—: *Theorie und Praxis. Sozialphilosophische Studien* (1963), Frankfurt [4]1971.

Haeckel, E.: *Generelle Morphologie der Organismen. Allgemeine Grundzüge der Formen-Wissenschaft, mechanisch begründet durch die von Charles Darwin reformierte Deszendenz-Theorie*, 2 Bde., Berlin 1866.

—: *Natürliche Schöpfungsgeschichte. Gemeinverständliche wissenschaftliche Vorträge über die Entwicklungslehre im Allgemeinen und diejenige von Darwin, Goethe und Lamarck im Besonderen*, Berlin 1868.

—: *Anthropogenie oder Entwicklungsgeschichte des Menschen. Gemeinverständliche wissenschaftliche Vorträge*, Leipzig 1874.

Hager, K.: „Die Weltanschauung Carl Schorlemmers", in: *Forschen und Wirken. Festschrift zur 150-Jahrfeier der Humboldt-Universität zu Berlin*, Bd. 3, Berlin 1960.

Hartmann, K.: *Die Marxsche Theorie. Eine philosophische Untersuchung zu den Hauptschriften*, Berlin 1970.

Hartog, P. J.: „Schorlemmer, Carl", in: *Dictionary of National Biography*, Vol. L., London 1897.

Hegel, G. W. .F.: *Sämtliche Werke. Jubiläumsausgabe in Zwanzig Bänden* neu hrsg. von Hermann Glockner, Stuttgart 1929—41.

— Bd. 2: *Phänomenologie des Geistes* (1807).

— Bd. 3: *Philosophische Propädeutik* (1810).

— Bd. 4—5: *Wissenschaft der Logik*, 2 Bde., (1812—16).

— Bd. 6: *Heidelberger Enzyklopädie* (1817).

— Bd. 7: *Rechtsphilosophie* (1821).

— Bd. 8—10: *Enzyklopädie der philosophischen Wissenschaften, 3 Bde.*, (1841).

— Bd. 11: *Geschichtsphilosophie* (1837).

— Bd. 17—19: *Geschichte der Philosophie*, 3 Bde. (1833—36).

Heinig, K.: „Das Dialektische war ihm die bewegende Seele des wissenschaftlichen Forschens", in: *Wissenschaftliche Zeitschrift der Humboldt-Universität zu Berlin*, Mat.-Nat.K. XX, 1971.

—: *Carl Schorlemmer, Chemiker und Kommunist ersten Ranges*, Berlin 1974.

Helmholtz, H.: *Über die Erhaltung der Kraft*, Leipzig 1847.

—: *Populäre wissenschaftliche Vorträge*, 2 Bde. (1865), [2]1876.

—: *Wissenschaftliche Abhandlungen*, 3 Bde., Berlin 1882—1895.

Heyer, P.: Marx and Darwin: *A Related Legacy on Man, Nature and Society*, Diss. manuskr. Rutgers Univ. 1975. Microfilm 75-24695.

Hirsch, H. (Hg.): *Eduard Bernsteins Briefwechsel mit Friedrich Engels*, Assen 1970.

Hook, S.: *Towards the Understanding of Karl Marx. A Revolutionary Interpretation*, New York 1933.

Huxley, T. H.: „On the Hypothesis that Animals are Automats, and its History", in: *Nature*, Vol. X, London 1874.

Iljenkow, E. W.: „Die Dialektik des Abstrakten und Konkreten im ‚Kapital' von Marx", in: *Beiträge zur marxistischen Erkenntnistheorie*, hrsg. A. Schmidt, Frankfurt 1969.

Janovskaja, S. A.: „Karl Marx, ‚Mathematische Manuskripte'", in: *Sowjetwissenschaft, Gesellschaftswissenschaftliche Beiträge*, 1. Halbjahr, Moskau 1969.

Jenkins, M.: *Friedrich Engels in Manchester*, Manchester 1951.

Jordan, Z. A.: *The Evolution of Dialectical Materialism. A Philosophical and Sociological Analysis*, London 1967.

Kant, I.: Gesammelte Schriften, hrsg. von der Königlichen Preußischen Akademie der Wissenschaften, Berlin.

— Bd. 4: *Metaphysische Anfangsgründe der Naturwissenschaft* (1786), 1903.

— Bd. 5: *Kritik der Urteilskraft* (1790), 1908.

Kautsky, B. (Hg.): Erinnerungen und Erörterungen von Karl Kautsky, Gravenhage 1960.

Kekulé, A.: *Lehrbuch der organischen Chemie oder Chemie der Kohlenstoffverbindungen*, 4 Bde. Erlangen 1859—87.

—: *Die wissenschaftlichen Ziele und Leistungen der Chemie.* Rede gehalten beim Antritt des Rectorats der Rheinischen Friedrich-Wilhelms-Universität am 18. Oktober 1877, Bonn 1878. (auch in: Anschütz 1929, Bd. 2).

Kirchhoff, G.: *Vorlesungen über mathematische Physik—Mechanik* (1874), Leipzig [2]1877.

Klaus, G.: *Kybernetik und Erkenntnistheorie*, Berlin 1966.

—: *Moderne Logik. Abriß der formalen Logik* (1966), Berlin [6]1972.

Koch, H.: „Theorie und Politik bei Georg Lukács, in: *Lukács und der Revisionismus*, Berlin 1960.

Kolakowski, L.: *Die Hauptströmungen des Marxismus*, Bd. 1, München 1977.

Kopp, H.: *Geschichte der Chemie*, 4 Bde., Braunschweig 1843—47.

—: *Die Alchemie in älterer und neuerer Zeit*, 2 Bde., Heidelberg 1866.

Krader, L.: „Einleitung", in: Marx 1976.

Kuhn, T. S.: *Die Struktur wissenschaftlicher Revolutionen* (1962), Frankfurt 1973.

Landauer, C.: *European Socialism. A History of Ideas and Movements*, Bd. 1, Berkely / Los Angeles 1959.

Landgrebe, L.: „Das Problem der Dialektik", in: *Marxismus-Studien*, Vol. III. Tübingen 1965.

Lange, F. A.: *Die Arbeiterfrage in ihrer Bedeutung für die Gegenwart und Zukunft* (1865), Winterthur ³1875.

—: *Geschichte des Materialismus und Kritik seiner Bedeutung in der Gegenwart* (1866), Iserlohn 1876.

—: *Über Politik und Philosophie. Briefe und Leitartikel 1862 bis 1875*, hrsg. v. G. Eckert, Duisburg 1968.

Lenin, W. I.: *Werke*, Berlin 1961—64.

— Bd. 5: *Was tun?* (1902).

— Bd. 14: *Materialismus und Empiriokritizismus* (1908).

— Bd. 25: *Staat und Revolution* (1917).

— Bd. 38: *Philosophische Hefte*.

Leontjev, L. A.: *Engels und die ökonomische Lehre des Marxismus*, Berlin 1970.

Levine, N.: *The Tragic Deception: Marx Contra Engels*, Oxford / Santa Barbara 1975.

Lichtheim, G.: *Marxism. A Historical and Critical Study*, London 1961.

—: *A short History of Socialism*, New York 1970.

—: *From Marx to Hegel and Other Essays*, London 1971.

Liedman, S.—E.: *Det organiska livet i tysk debatt 1795—1845*, Lund 1966.

—: „Kemist och kommunist. Om Carl Schorlemmer", in: *Vetenskapens träd. Idéhistoriska studier tillägnade Sten Lindroth*, Stockholm 1974.

Lukács, Georg: *Geschichte und Klassenbewußtsein* (1923), Neuwied 1968.

Lukas, E.: „Marx und Engels", in: *International Review of Social History*, 1964.

Mach, E.: *Die Geschichte und die Wurzel des Satzes von der Erhaltung der Arbeit. Ein Vortrag*, Prag 1872.

Maine, H.: *Ancient Law*, London 1861.

—: *The Effects of the Observation of India on Modern European Thought*, London 1875.

Mao Tse-tung: *Unrehearsed. Talks and Letters: 1956—71*. Ed. and Introduced by Stuart Schramm, Harmondsworth 1974.

Marcuse, H.: *Vernunft und Revolution* (1941), Darmstadt 1972.

Marx, K.: *Grundrisse der Kritik der politischen Ökonomie*, Frankfurt 1953.

—: *The Grundrisse*. Ed. D. Mc Lellan, London 1971.

—: *Die ethnologischen Exzerpthefte*, hrsg. v. L. Krader, Frankfurt 1976.

—: *Mathematische Manuskripte*, hrsg. v. W. Endemann, Kronberg 1974.

Marx, Karl / Engels, Friedrich: *Werke*, Berlin 1956—68 (MEW).

— / —: *Briefe über „Das Kapital"*, Berlin 1954.

Maurer, C. L. von: *Einleitung zur Geschichte der Mark-, Hof-, Dorf- und Stadt-Verfassung und der öffentlichen Gewalt*, München 1854.

—: *Geschichte der Dorfverfassung in Deutschland*, 2 Bde. Erlangen 1865—66.

Mayer, G.: *Friedrich Engels*, 2 Bde., Haag 1934.

Mc Lellan, D.: „Introduction", in: Marx 1971.

218

—: *Karl Marx. His Life and Thought*, London 1973.

Meyer, E. von: *Geschichte der Chemie* (1899), Leipzig [3]1905.

Mehring, F.: *Herr von Treitschke, der Sozialistentödter und die Endziele des Liberalismus. Eine sozialistische Replik*, Leipzig 1875.

Mill, J. S.: *A System of Logic* (1843), 2 Bde., London [3]1851.

—: *On Liberty*, London 1859.

—: Gesammelte Werke, 10 Bde., Aalen 1968.

Moore, J.: „The Conservation of Energy not a Fact, but a Heresy of Science", in: *Nature*, Vol. VI, 1872.

Morgan, L. H.: *Ancient Society, or Researches in the Life of Human progress from Savagery, throug Barbarism to Civilization*, London 1877.

Motteler, J.: „Congress der Sozialisten Deutschlands", in: *Der Volksstaat*, 1876.

Müller, J.: *Handbuch der Physiologie des Menschen*, Bd. 1 (1834), Koblenz [3]1838.

Müller-Markus, S.: *Einstein und die Sowjetphilosophie*, 2 Bde., Dordrecht 1966.

Nägeli, C. von: *Entstehung und Begriff der naturhistorischen Art* (1861), München [2]1865.

—: „Die Schranken der naturwissenschaftlichen Erkenntnis", in: *Tageblatt der 50. Versammlung deutscher Naturforscher und Aerzte in München 1877*, Beilage, München 1877.

Negt, O.: *Strukturbeziehungen zwischen den Gesellschaftsphilosophien Comtes und Hegels*, Frankfurt 1964.

—: „Marxismus als Legitimationswissenschaft. Zur Genese der stalinistischen Philosophie", in: Deborin / Bucharin 1969.

Nicolaus, M.: „The Unknow Marx", in: Blackburn 1972.

—: „Foreword", in: ders. (Hg.): *Karl Marx: Grundrisse*, Harmondsworth 1975.

Nordenstam, T.: *Empiricism and the Analytic-Synthetic Distinction*, Oslo 1972.

Oiserman, T. I.: *Die Entstehung der marxistischen Philosophie*, Berlin 1965.

Oken, L.: *Allgemeine Naturgeschichte für alle Stände*, 7 Bde., Stuttgart 1833—41.

Pannekoek, A.: *Lenin als Philosoph* (1938), hrsg. v. A. Schmidt, Frankfurt / Wien 1969.

Partington, J. R.: *A History of Chemistry*, Bd. 3 u. 4, London 1962—64.

Plechanov, G.: „Zu Hegels sechzigstem Todestag", in: *Die Neue Zeit* 1891/2, Bd. 1.

Popper, K. R.: *Conjectures and Refutations. The Growth of Scientific Knowledge* (1963), London & Hanley [4]1972.

Regnault, V. / Strecker, A.: *Kurzes Lehrbuch der Chemie*, 2 Bde., Braunschweig 1853/1863.

Reichelt, H.: *Zur logischen Struktur des Kapitalbegriffs bei Karl Marx*, Frankfurt / Wien 1970.

Reiprich, K.: *Die philosophisch-naturwissenschaftlichen Arbeiten von Karl Marx und Friedrich Engels*, Berlin 1969.

Ricardo, D.: *Principles of Political Economy and Taxation*, London 1817.

Roscoe, H. E.: *Kurzes Lehrbuch der Chemie nach den neuesten Ansichten der Wissenschaft* (1866), Braunschweig [2]1868.

—: „Carl Schorlemmer", in: *Proceedings of the Royal Society of London*, Vol. LII, London 1892.

—: „Carl Schorlemmer, L. L. D., F. R. S.", in: *Nature*, Vol. XLVI, 1895.

—: *The Life and Experiences of Sir Henry Ensfield Roscoe, Written by Himself*, London / New York 1906.

— / Schorlemmer, C.: *Ausführliches Lehrbuch der Chemie*, 3 Bde., Braunschweig 1877—84.

Rosdolsky, R.: *Zur Entstehungsgeschichte des Marxschen „Kapital"*, 2 Bde., Frankfurt 1969.

Rozental, M. M.: *Die dialektische Methode der politischen Ökonomie von Karl Marx*, , Berlin 1969.

Sandkühler, H.-J. / Vega, R. de la (Hg.): *Austromarxismus: Texte zu Ideologie und Klassenkampf*, Frankfurt 1970.

Sartre, J. P.: *Kritik der dialektischen Vernunft*, Reinbek 1967.

Schelling, F. W.: Sämtliche Werke, hrsg. v. K. F. A. Schelling (= in neuer Anordnung von M. Schröter), Stuttgart/Augsburg 1857—59 (= 1927)

—: Bd. 1/2: *Ideen zu einer Philosophie der Natur* (1797)
        Von der Weltseele (1798)

—: Bd. 1/3: *Erster Entwurf eines Systems der Naturphilosophie* (1799)

—: Bd. 1/4: *Bruno oder über das göttliche und natürliche Prinzip der Dinge* (1802)
        Vorlesungen über die Methode des akademischen Studiums (1803).

Schmidt, A.: *Der Begriff der Natur in der Lehre von Marx* (1962), Frankfurt [2]1971.

—: *Geschichte und Struktur. Fragen einer marxistischen Historik*, München 1971.

Schorlemmer, C.: „On the Action of Chlorine upon Methyl", in: *Proceedings of the Royal Society of London*, Vol. XII, London 1864.

—: „Researches on the Hydrocarbons of the Series C_nH_{2n+2}", Part 1—7, in: *Proceedings of the Royal Society of London*, Vol. XIV, 1865—XIX. London 1871.

—: „Researches on the Hydrocarbons", in: *Proceedings of the Royal Society of London*, Vol. XVIII. London 1868.

—: *Lehrbuch der Kohlenstoffverbindungen oder der organischen Chemie*, Braunschweig 1871.

—: „On the Normal Paraffine", in: *Philosophical Transactions*, Vol. CLXII, London 1872.

—: *The Rise and Development of Organic Chemistry*, Manchester 1879.

—: *Der Ursprung und die Entwickelung der organischen Chemie*, Braunschweig 1889.

Schramm, C. A.: „Der Tauschwert", in: *Volksstaat* 1872.

Smith, A.: *Lectures on Justice, Police, Revenue and Arms. Delivered in the University of Glasgow / .../* (1763), London 1896.

—: *Der Reichtum der Nationen*, München 1978.

—: *An Inquiry into the Nature and Causes of the Wealth of Nations* (1776), (Hg.) A. Cannan, London [6]1950.

Sofri, G.: *Il modo di produzione aseatico*, Torino 1969.

Stepanova, E. A.: *Friedrich Engels. Sein Leben und Werk*, Moskau 1958.

Stewart, B.: Rezension v. J. Clerk Maxwell, Theory of Heat, in: *Nature*, Vol. V, London 1872.

Struck, D. J.: „Marx and Mathematics", in: *Science and Society*, Vol. XII, London 1948.

220

Therborn, G.: *Klasser och ekonomiska system*, Lund 1971.

Thier, E.: „Etappen der Marxinterpretation", in: *Marxismusstudien*, Bd. 1, Tübingen 1954.

Thorpe, E.: *The Right Honourable Sir Henry Ensfield Roscoe. A Biographical Sketch*, London 1916.

Tiedemann, F.: *Physiologie der Menschen*, Bd. 1, Darmstadt 1830.

Traube, M.: „Experimente zur Theorie der Zellenbildung und Endosmose", in: Reicherts und Du Bois-Reymonds Archiv für Anatomie, Physiologie und wissenschaftliche Medicin, Berlin 1867.

—: „Über Zellenbildung", in: *Tageblatt der 47. Versammlung deutscher Naturforscher und Aerzte in Breslau 1874*, Breslau 1874.

Treviranus, G. R.: *Die Erscheinungen und Gesetze des organischen Lebens*, Bd. 1, Bremen 1831.

Tsuzuki, C.: *The Life of Eleanor Marx 1855—1898. A. Socialist Tragedy*, Oxford 1967.

Tyndall, J.: *Heat a Mode of Motion*, (1962), London [4]1870.

—: „Inaugural Address", in: *Nature*, Vol. X, London 1874.

—: „On Germs . . .", in: *Nature*, Vol. XIII, London 1876.

—: Fragments of Science (1871), 2 Bde., London [6]1879.

Ulrich, H. / Werchan, I.: „Die Entstehungs- und Wirkungsgeschichte des ‚Anti-Dühring'", in: Kirchoff, R. / Oiserman, T. (Hg.): *100 Jahre Anti-Dühring*, Berlin 1978.

Veblen, T.: *Absentee Ownership*, New York 1923.

Virchow, R.: *Die Cellularpathologie in ihrer Begründung auf physiologische und pathologische Gewebelehre* (1858), Berlin [4]1871.

Vorländer, K.: *Kant und Marx. Ein Beitrag zur Philosophie des Sozialismus*, Leipzig 1911.

Vranicki, P.: *Geschichte des Marxismus*, Bd. 1, Frankfurt 1972.

Wall, K. A.: *The Doctrine of Relation in Hegel*, Fribourg 1966.

Wetter, G. A.: *Der dialektische Materialismus*, Frankfurt 1960.

Wiedemann, G.: *Die Lehre vom Galvanismus und Elektromagnetismus* (1861), 2 Bde., Braunschweig [2]1872—74.

—: „Vorwort", in: Helmholtz 1895.

Wilson, A. M.: *Diderot*, New York 1972.

Witt-Hansen, J.: *Historisk materialisme*, Copenhagen 1973.

Wright-Mills, C.: *The Marxists.*, Harmondsworth 1962.

Wundt, W.: *Über die physicalischen Axiome*, Erlangen 1866.

Wurtz, A. (Hg.): *Dictionnaire de chimie pure et appliquée*, 3 Bde., Paris 1874—76.

Wygodski, W. S.: *Die Geschichte einer großen Entdeckung*, Berlin 1967.

Zelený, J.: *Die Wissenschaftslogik bei Marx und „Das Kapital"* (1962), Frankfurt 1970.

Zimmermann, H.: *Carl Schorlemmer — Chemist und Kommunist, Freund und Kampfgefährte von Karl Marx und Friedrich Engels*, Berlin 1964.

Reihe Campus Studium: Eine Auswahl

Claus Daniel

Hegel verstehen
Eine Einführung in sein Denken
Campus Studium Band 552
1982. 248 Seiten. ISBN 3-593-32552-7

Diese Einführung macht Hegels Denken auch für diejenigen fruchtbar, die nicht professionell Philosophie betreiben. Und sie ist eine Einladung: Hegel verstehen und ihn selber lesen zu können.

Claus Daniel

Kant verstehen
Einführung in seine theoretische Philosophie
Campus Studium Band 553
1984, 248 Seiten, ISBN 3-593-32553-5

Dieser Band bietet einen verständlichen Zugang in die theoretische Philosophie, also das erkenntniskritische Werk Kants. Einleitend werden Hauptthemen der abendländischen Philosophie dargestellt, die für das Verständnis der entsprechenden Fragestellungen bei Kant vorauszusetzen sind. Im Mittelpunkt der Einführung stehen zentrale Motive aus der »Kritik der reinen Vernunft«, die so erläutert werden, daß sie einen Zugang zur Lektüre des Kantschen Originaltextes ermöglichen.

V.M. Bader, J. Berger, H. Ganßmann, J. v.d. Knesebeck

Einführung in die Gesellschaftstheorie
Gesellschaft, Wirtschaft und Staat bei Marx und Weber
Campus Studium Band 525/526
Einbändige Sonderausgabe. 3. Auflage 1983. 517 S., ISBN 3-593-32813-5

Durch die Gegenüberstellung der theoriegeschichtlich und politisch wichtigsten Theorien von Karl Marx und Max Weber wird ein Verständnis dieser Grundfragen der Gesellschaftstheorie ermöglicht. Die Einführung ist zugleich eine Hilfe zur kritischen Interpretation der beiden Werke von Marx und Weber und sie schafft die Voraussetzung zur vertiefenden Beschäftigung mit der Thematik.

Campus Verlag — Myliusstraße 15 — 6000 Frankfurt 1

Reihe Theorie und Gesellschaft:

Band 1

Anthony Giddens

Die Konstitution der Gesellschaft
Grundzüge einer Theorie der Strukturbildung
Mit einer Einführung von Hans Joas
Aus dem Englischen von W.-H. Krauth und W. Spohn

1986. Ca. 400 Seiten, Leinen
ISBN 3-593-33611-1

Band 2

Robert Michels

Masse, Führer, Intellektuelle
Politisch-soziologische Aufsätze 1906—1932
Mit einer Einführung von Joachim Milles

1986. Ca. 300 Seiten, engl. Broschur
ISBN 3-593-33640-5

Band 3

Winfried Vogt

Theorie der kapitalistischen und einer laboristischen Ökonomie

1986. Ca. 180 Seiten, engl. Broschur
ISBN 3-593-33631-6

Band 4

Jon Elster

Subversion der Rationalität
Mit einer Einführung von Helmut Wiesenthal
Aus dem Englischen von Benedikt Burkard

1986. Ca. 240 Seiten, engl. Broschur
ISBN 3-593-33610-3

Campus Verlag — Myliusstraße 15 — 6000 Frankfurt 1